Diversity Management

Waxmann Verlag GmbH
Steinfurter Straße 555, 48159 Münster
info@waxmann.com

Studienreihe Bildungs- und Wissenschaftsmanagement

Herausgegeben von
Anke Hanft

Band 16

Die Studienreihe ist hervorgegangen aus dem berufsbegleitenden internetgestützten Masterstudiengang Bildungs- und Wissenschaftsmanagement (MBA) an der Carl von Ossietzky Universität Oldenburg.
www.mba.uni-oldenburg.de

Ute Klammer
Christian Ganseuer

Diversity Management

Kernaufgabe der künftigen
Hochschulentwicklung

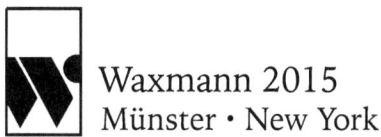 Waxmann 2015
Münster · New York

Bibliografische Informationen der Deutschen Nationalbibliothek
Die Deutsche Nationalbibliothek verzeichnet diese Publikation in der
Deutschen Nationalbibliografie; detaillierte bibliografische Daten sind
im Internet über http://dnb.d-nb.de abrufbar.

ISSN 1861-3284
Print-ISBN   978-3-8309-2792-1
E-Book-ISBN   978-3-8309-7792-6

© Waxmann Verlag GmbH, 2015
www.waxmann.com
info@waxmann.com

Umschlaggestaltung: Pleßmann Design, Ascheberg
Satz: Stoddart Satz- und Layoutservice, Münster

Gedruckt auf alterungsbeständigem Papier,
säurefrei gemäß ISO 9706

Inhalt

Vorwort der Herausgeberin

Wenn inzwischen mehr als 50 Prozent eines Altersjahrgangs studieren, ist davon auszugehen, dass die Heterogenität der Studierenden in den vergangenen Jahren gestiegen ist. Und sie wird weiter steigen, denn mit der Öffnung der Hochschulen für Studierende ohne schulische Zugangsvoraussetzungen wird auch der Anteil älterer Studierender und Studierender aus sozial niedrigeren Herkunftsfamilien steigen. Damit dies ein Beitrag zur Chancengleichheit und zu mehr Bildungsgerechtigkeit wird, ist es erforderlich, die Vielfalt der Studierenden bei der Gestaltung von Studium und Lehre zu berücksichtigen.

Viele Studierende haben vor ihrem Studium bereits eine Berufsausbildung absolviert. Die Hälfte der Studierenden ist neben dem Studium erwerbstätig, davon 38 Prozent laufend, so dass de facto nahezu ein Viertel der Studierenden heute als Teilzeitstudierende gelten muss. Viele Studierende kommen nicht nur mit beruflichen Erfahrungen an die Hochschulen, sondern müssen Berufstätigkeit, Familienleben und Studium vereinbaren und benötigen dafür entsprechend flexible Studienstrukturen. Viele haben auch das Interesse, nach Abschluss des Bachelor-Studiums berufstätig zu werden, um eventuell zu einem späteren Zeitpunkt zu einem – berufsbegleitenden – Masterstudium an die Hochschule zurückzukehren.

Trotz dieser sehr unterschiedlichen Lebensbedingungen und Studienbedürfnisse heterogener Studierender ist die Studienorganisation an deutschen Hochschulen nahezu vollständig an „normalen" Vollzeitstudierenden ausgerichtet. Studiert wird in über die gesamte Woche verteilten Lehrveranstaltungen in zweistündiger Taktung. Berufserfahrung ist unerheblich und für das Studium ohne Bedeutung. Eine Arbeitstätigkeit der Studierenden hat sich dem Studium unterzuordnen und sollte auf die Semesterferien begrenzt sein. Erwartet wird, dass Studierende nach Abschluss des Bachelors direkt in das Masterstudium wechseln und erst im Anschluss an den Master berufstätig sind. Als Zugangsvoraussetzung gilt das Abitur, das die Studierfähigkeit sicherstellen soll.[1] Und auf die mangelnde Teilnahme der Studierenden an Lehrveranstaltungen wird mit der Wiedereinführung von Anwesenheitspflichten reagiert, was Studierenden mit außerhochschulischen Verpflichtungen das Studium zusätzlich erschwert.

Die sehr monolithische Studienstruktur an deutschen Hochschulen mag dazu beitragen, dass das deutsche Hochschulsystem im Vergleich zu anderen Ländern als selektiv gilt und unserem Bildungssystem erhebliche sozialgruppenspezifische Unterschiede in der hochschulischen Bildungsbeteiligung bescheinigt werden.

Dass dieses Problem in Hochschulen mittlerweile durchaus erkannt wird, zeigt der Qualitätspakt Lehre. In diesem mit erheblichen Mitteln geförderten BMBF-Programm setzen die Hochschulen Schwerpunkte in den Themenfeldern Heterogenität und Gestaltung der Studieneingangsphase und stellen sich damit den be-

---

1 Kerres, M., Hanft, A., Wilkesmann, U., Wolff-Bendik, K. (Hrsg.) (2012): Studium 2020. Positionen und Perspektiven zum Lebenslangen Lernen an Hochschulen.

stehenden Herausforderungen. „Vielfalt und Diversität sollten als Chancen für die Hochschulen angesehen werden und mehr Wertschätzung erfahren", so auch die Forderung des HRK-Vizepräsidenten Holger Burckhardt.[2]

Die Vielfalt und Heterogenität als Chance zu betrachten, betrifft aber nicht nur die Studierenden, sondern alle Hochschulangehörigen. Mit innovativen personalpolitischen Maßnahmen können bislang nicht ausgeschöpfte Potentiale erschlossen und Diversität gefördert werden. Dies erfordert aber nicht nur die Bereitschaft, neue Wege zu gehen, sondern auch Engagement, Gestaltungswillen und Entschlossenheit, um auch Skeptiker davon zu überzeugen, dass Investitionen in die Gestaltung von Vielfalt sich lohnen.

Ich freue mich sehr, dass wir für diesen Band ein Autorenteam gewinnen konnten, das wie kaum andere in Deutschland über Erfahrungen im Management von Diversität verfügt: Wissenschaftler/-innen, die es in den vergangenen Jahren mit ihren Aktivitäten nicht nur geschafft haben, ihrer Universität ein klares diversitätsbewusstes Profil zu geben, sondern die darüber hinaus einen wichtigen Beitrag geleistet haben, das öffentliche Bewusstsein gegenüber dieser Thematik positiv zu beeinflussen. Ihre Anregungen zur Gestaltung von Vielfalt wurden inzwischen von vielen Hochschulen übernommen. Von ihren Erfahrungen zu lernen, war bislang weitgehend den Studierenden und Teilnehmenden des MBA-Studiengangs Bildungs- und Wissenschaftsmanagement der Universität Oldenburg vorbehalten, an dem die Autorin und der Autor das Modul „Diversity Management in Hochschulen" verantworten. Mit der Publikation der Studienmaterialien werden diese nun auch einer breiteren Öffentlichkeit zugänglich gemacht, was hoffentlich wiederum einen kleinen Beitrag zur Stärkung der Chancengleichheit an deutschen Hochschulen leistet.

Anke Hanft

---

2 http://www.hrk.de/presse/pressemitteilungen/pressemitteilung/meldung/hrk-vize-praesident-burckhart-im-vorstand-der-europaeischen-rektorenkonferenz-mit-ideen-und-perspekt/

Vorwort der Autorin und des Autors

Diversity Management als strategisches Handlungsfeld der Hochschulen hat seit Beginn des 21. Jahrhunderts einen enormen Aufwind im deutschsprachigen Bildungssystem erfahren. Unter dem Motto: „Gleiche Chancen bieten und alle Potenziale nutzen" werden an den Hochschulen und Bildungseinrichtungen Anstrengungen unternommen, die über eine Vermeidung von Diskriminierung aufgrund von ethnischer Herkunft, Geschlecht, Religion, Weltanschauung, einer Behinderung, des Alters oder der sexuellen Identität weit hinausgehen und aktiv an der Verwirklichung von mehr Chancengerechtigkeit arbeiten.

Diversity Management (DiM) ist vielerorts bereits als Managementansatz erkannt worden, um ...
* die Potenziale und Talente aller Hochschul- bzw. Organisationsmitglieder systematisch fördern und nutzen zu können und damit sowohl einen Beitrag zur Bildungsgerechtigkeit als auch zur Exzellenz zu leisten;
* Chancengerechtigkeit zu realisieren, indem strukturelle Rahmenbedingungen verändert werden, so dass eine institutionelle Diskriminierung weitgehend vermieden und allen Mitgliedern unabhängig von ihrer individuellen Ausgangssituation wie Geschlecht, Alter, sozialer wie nationaler Herkunft etc. die gleichen Zugangs- und Erfolgschancen ermöglicht werden können;
* das Innovationspotenzial von Diversity Management für die Forschung und Lehre gezielt nutzen zu können und auf diese Weise Change-Management-Prozesse in den Organisationen anzustoßen;
* eine erfolgreiche Profilbildung der Institutionen durch Leuchtturmprojekte des Diversity Managements unterstützen zu können und diversitätsbezogene Eigenschaften als Teil des Markenkerns der Organisationen zu implementieren.

Ziel der Publikation

Ziel der hier vorliegenden Publikation ist die lehrgeeignete und praxisnahe Aufbereitung des Diversity-Management-Ansatzes. Der Bedarf einer Aufbereitung für die wissenschaftliche Lehre und die Organisation von Hochschulen ergibt sich aus der immer stärker werdenden Herausforderung zur Formulierung und der reflektierten Umsetzung von Diversity-Management-Konzepten an Bildungseinrichtungen, im Speziellen Hochschulen, im deutschsprachigen Raum. Die bisher erarbeiteten bzw. publizierten wissenschaftlichen Grundlagen und Praxiserfahrungen bedürfen einer konkreten Kontextualisierung sowie einer Übertragung auf das mitteleuropäische, deutschsprachige Bildungssystem. Dies bezieht sich v.a. auf die rechtlichen wie politischen Rahmenbedingungen und die konkreten organisationstheoretischen wie auch strukturellen Gegebenheiten. Auch sind sie mit anderen aktuellen Querschnittsthematiken des Hochschulmanagements zu verbinden. Dieser Band der Studienreihe „Bildungs- und Wissenschaftsmanagement" versucht daher sowohl den wissenschaftlichen Bezug deutlich zu machen als auch die ganz konkreten Projekterfahrungen an vielen Orten zu integrieren. Zwangsläufig entsteht dadurch ein Text, der in der vorgelegten Form dem Jahr der aktuellen Auflage entspricht und der in seinen Beispielen ständig aktualisiert werden kann und muss.

Aufbau der Publikation

Der Band gliedert sich in vier Kapitel. Wir beginnen mit einer Einführung in die Diversity-Management-Theorie und deren Besonderheiten im Hochschulbereich und tasten uns über eine Darstellung der wichtigsten Diversity-Dimensionen mitsamt den sich aus den Dimensionen ableitenden Handlungsfeldern zu dem wichtigsten Teil des Bandes vor, der sich mit der Frage befasst, wie Diversity Management konkret gemacht werden kann. Im letzten Kapitel wird die Fragestellung reflektiert, wie aus Einzelmaßnahmen im Diversity Management eine Strategie werden kann.

- Der Text ist sehr bewusst durch Reflexionsfragen begleitet und mit vielen Praxisbeispielen angereichert, um Ihnen als Leserin und Leser Anregungen für die konkrete Arbeit vor Ort zu geben, möglicherweise neue Ideen für gute Diversity-Projekte näher zu bringen oder Sie auf dem Weg hin zu einer Diversity-Strategie zu begleiten.
- Die breite Anlage des Themas und die Querverbindungen zu anderen Hochschulmanagementfeldern wie allgemeinen Steuerungsfragen, Personalmanagement oder Hochschuldidaktik machen es nötig, die angesprochenen Themenfelder lediglich grundsätzlich zu reflektieren, wenngleich jedes der angesprochenen Felder, ganz gleich ob es sich um die Beziehungen des Diversity-Management-Blickwinkels zum student centered learning, zum lebensereignisorientierten Personalmanagement oder zu Fragen von Anerkennung und Anrechnung handelt, weitere Reflexionen nach sich ziehen könnte. In diesem Sinne versteht sich dieses Buch als Überblickswerk, das Orientierung und Hinweise zum Weiterlesen geben will.

Nach der Lektüre des Bandes werden Sie
a) die wesentlichen theoretischen Hintergründe von Diversity Management in Hochschulen kennen,
b) Kernzielgruppen für die Arbeit an Hochschulen identifizieren können und
c) facettenreiche Umsetzungsmöglichkeiten für Diversity Management kennengelernt haben.

Bei der Lektüre und der Planung und Umsetzung eigener Projekte und Maßnahmen wünschen wir viel Freude und Erfolg!

Ute Klammer und Christian Ganseuer

1 Einführung

1.1 Diversity und Diversity Management

Der Begriff „Diversität" oder „Diversity" lässt sich – so Aretz/Hansen (2003) – mit Verschiedenheit, Ungleichheit, Andersartigkeit, Heterogenität, Vielfalt oder auch Individualität übersetzen. Vedder (2006, S. 10) weist darauf hin, dass Diversität in der Regel positiv, Heterogenität dagegen eher negativ besetzt sei. Wie Krell (2004) herausgearbeitet hat, lassen sich in der Diversity-Literatur zwei unterschiedliche Varianten der Begriffsbestimmung identifizieren: Steht bei einem Verständnis von „Vielfalt als Unterschiede" das Anderssein von Personen im Mittelpunkt, fokussiert ein Verständnis von „Vielfalt als Unterschiede und Gemeinsamkeiten" stärker darauf, dass unterschiedliche Personengruppen stets auch vielfältige Gemeinsamkeiten aufweisen.

Diversity Management (DiM) kann als ein gleichstellungspolitisches Konzept bezeichnet werden, das darauf abzielt, Vielfalt – genauer: die Vielfalt von Personen in Organisationen – optimal zu managen. Dabei gibt es weder ein einheitliches Verständnis von „Vielfalt" bzw. „Diversität" noch ein allgemein anerkanntes, einheitliches Instrumentarium für das Management von Vielfalt und Heterogenität.

1.1.1 Ausgangs- und Ansatzpunkte des Diversity Managements

Der historische Entstehungskontext in den USA ist eng mit Bürgerrechtsbewegungen der 1950er bis 1970er Jahre verknüpft, in denen Gruppen wie die afroamerikanische und die indigene Bevölkerung, Frauen, Lesben und Schwule eine gleichberechtigte Teilhabe am gesellschaftlichen Leben einforderten. Mit dem „Affirmative Action"-Programm wurde seit Ende der 1960er Jahre in den USA ein Ansatz verfolgt, der die bevorzugte Behandlung bislang benachteiligter Gruppen zum Ziel hatte. Hieraus entwickelten sich in der Folgezeit gesetzliche Verpflichtungen und vielfältige anderweitige Strategien und Politikansätze mit dem Ziel der Herstellung von Chancengleichheit. Bis heute wacht in den USA die Equal Employment Opportunity (EEO) Commission darüber, dass niemand aufgrund von Geschlecht, Hautfarbe, ethnischer sowie nationaler Herkunft oder Religion diskriminiert wird (www.eeoc.gov).

Die ersten Publikationen, die den Begriff des Diversity Managements aufnahmen, erschienen in den USA in den 1980er Jahren. Einen entscheidenden Meilenstein für das Thema Diversity Management stellte dabei die Studie „Workforce 2000. Work and Workers for the Twenty-First Century" des Hudson Institute dar (Johnston/Packer 1987). Dieser Bericht wies nachdrücklich auf die Veränderungen des amerikanischen Arbeitsmarktes und die daraus voraussichtlich entstehenden Probleme bei der Rekrutierung von Fachkräften hin. Die zentrale Prognose war, dass der Anteil weißer Männer an der Erwerbsbevölkerung deutlich abneh-

men werde und die high potentials daher vermehrt innerhalb der Minderheiten-
gruppen zu finden seien. Hierfür, so die These, müssten neue Strategien entwickelt werden. Von den USA kam die Thematik nach Europa und erreichte über
Großbritannien schließlich Deutschland, wo die ersten Beiträge zu Diversity Management in den späten 1990er Jahren erschienen und das Konzept zunächst in
der Privatwirtschaft aufgegriffen wurde. Zu den ersten deutschen Unternehmen,
die sich ab Mitte der 1990er Jahre in Deutschland mit DiM beschäftigten, gehör-
ten Ford Deutschland, Daimler Benz, die Deutsche Bank und die Lufthansa (Vedder 2006, S. 8f.).

Während heute gerade in Deutschland häufig vor allem das ökonomische Potenzial von DiM und damit die *Business-Perspektive* betont und herausgestellt wird
(ebd.), ist die auf Gerechtigkeit, Chancengleichheit und Nichtdiskriminierung ab-
stellende *Equity-Perspektive* also von Beginn an ebenfalls eine zentrale Motivation
für die Entwicklung von DiM-Ansätzen gewesen (Krell 2008, Mense 2010). Dies
gilt heute auch für den Bereich der Hochschulen, in denen sich DiM-Strategien
bislang insbesondere auf den Umgang mit der Heterogenität der Studierenden
und die Verbesserung von Bildungsgerechtigkeit konzentriert haben.

1.1.2 Theorien und Kontexte

In der US-amerikanischen Literatur lassen sich verschiedene Konzepte unterscheiden, die mehrheitlich zu Beginn der 1990er Jahre entstanden sind und als Bezugspunkt häufig die erwähnte Studie „Workforce 2000" von Johnston und Packer aus
dem Jahre 1987 heranziehen. Dabei geht es i.d.R. um die Vielfalt auf dem Arbeitsmarkt (*workforce diversity*) beziehungsweise der in einer Organisation Beschäftigten (*workplace diversity*).

Diversity Management zur Förderung der Wettbewerbsposition in der Konkurrenz um knappe Ressourcen (Wettbewerbsmodell)

Unternehmen der Privatwirtschaft, die DiM einführen, versprechen sich davon
vor allem Wettbewerbsvorteile. Doch auch öffentlichen Einrichtungen wie Verwaltungen und Hochschulen kann DiM ökonomische Vorteile verschaffen. Betrachtet
man die Geschichte des Diversity-Management-Ansatzes in Deutschland, so ist
festzustellen, dass die Idee zunächst als Ansatz betriebswirtschaftlicher Reflexion
und Teil des betrieblichen Human Ressource Managements wahrgenommen wurde (vgl. Becker 2006). Ökonomisch betrachtet bietet Diversity Management Methoden und Wege, um anlassbezogen aus Heterogenität mehr Kapital zu schlagen
als aus Homogenität.

Als wichtigste Argumente können angeführt werden (angelehnt an Cox/Blake
1991; Krell 2004):

- Das Kostenargument: In einer Organisation mit vielfältigen Mitgliedern, in der
  diese Vielfalt nicht adäquat gemanagt wird, können Kosten durch Diskriminierung und mangelnde Integration einzelner Mitglieder entstehen.

- Das Beschäftigtenstrukturargument: Im Rahmen des demografischen Wandels erscheint eine Orientierung an der ursprünglich dominanten Gruppe und am „Normalarbeitnehmer" nicht mehr angemessen.
- Das Kreativitäts- und Problemlösungsargument: Vielfältig zusammengesetzte und diversitätssensibel gemanagte Gruppen sind kreativer als homogene Gruppen und finden tragfähigere Lösungen.
- Das Marketingargument: Spiegelt die Beschäftigtenstruktur die Kundenstruktur, so lässt sich besser auf die Wünsche und Bedürfnisse der Kundinnen und Kunden eingehen.
- Das Personalmarketingargument: Sprechen Organisationen mit Hilfe von DiM die Bedürfnisse unterschiedlicher Gruppen an, so haben sie bessere Chancen, qualifiziertes Personal zu gewinnen und zu halten.
- Das Flexibilitäts- und Modernisierungsargument: Organisationen mit DiM können flexibler auf Veränderungen reagieren und werden darin besser von der Belegschaft unterstützt.

Diversity Management als Management interkultureller Begegnungen (Organisationsentwicklungsmodell)

Ebenso in den frühen 1990er Jahren stellte Cox angesichts zunehmender globaler Vernetzungen im Wirtschaftssektor die Notwendigkeit heraus, mittels eines Managementansatzes eine Antwort auf die wachsende kulturelle Heterogenität von Belegschaftsstrukturen in Organisationen zu finden (Cox 1991). Auch Fine (1995) und Krell (1996) zielen ab auf eine organisationsentwickelnde Dimension des Diversity-Management-Ansatzes. Die Blickrichtung dieses Ansatzes ist die Veränderung einer Organisationsphilosophie, die am ‚homogenen Ideal' ausgerichtet ist, hin zu einer ‚multikulturellen Institution'. Die Argumente für stärker multikulturell ausgerichtete Institutionen sind primär ökonomischer Art und leiten sich teilweise aus den Nachteilen klassisch homogen strukturierter Organisationen in Anlehnung an Schreyögg (1989) her: Eine Tendenz zur Abschließung sowie die Blockierung von Innovationen geht einher mit bewusst gesetzten Implementierungsbarrieren bei beabsichtigten Neuerungen. Ebenso zeigt sich eine Fixierung auf traditionelle Erfolgsmotive, die man auch als Mangel an Flexibilität auslegen kann. Oftmals führt dies zu einer kollektiven Vermeidungshaltung, die sich als Kultur in Organisationen etabliert. Dem gegenüber steht in multikulturellen Organisationen die Wertschätzung von Pluralität und die vollständige strukturelle Integration aller Beschäftigtengruppen. Das Nichtvorhandensein von Vorurteilen und diversitätsbedingten Intergruppenkonflikten verbessert die Identifikation aller Beschäftigten mit der Institution (Cox 1991).

Diversity Management als sozio-moralischer Ansatz (Gesellschaftsmodell)

Im Rahmen des sozio-moralischen Ansatzes, der in den USA bereits in den 1960er und 1970er Jahren seine Wurzeln hatte, geht es in Abgrenzung zu den anderen Ansätzen vor allem um Fairness und Nichtdiskriminierung als verbriefte Organisationsprinzipien. Ziel ist es, durch Maßnahmen zur Kompetenzentwicklung Verhaltensänderungen zu erreichen und Normen in Richtung von Antidiskriminierung zu schaffen, um Diskriminierungsfälle zu vermeiden und Gleichbehandlung sicherzustellen. Thomas und Ely (1996) sind hier vor allem zu nennen. Sie vertreten die Beschäftigung mit „affirmative action policies", die die Gleichbehandlung vor allem historisch benachteiligter Gruppen zum Organisationsverständnis machen.

1.1.3 Rechtlicher Rahmen

Hochschulen – wie auch andere öffentliche Organisationen und privatwirtschaftliche Unternehmen – sind an gesetzliche Vorgaben gebunden, die darauf abzielen, alle Formen von Diskriminierung zu vermeiden. In Europa und auch in Deutschland lässt sich aus unterschiedlichen gesetzlichen Regelungen eine Verpflichtung zur Gleichbehandlung und Nichtdiskriminierung ableiten.

Einige Gesetze auf europäischer wie auch auf nationaler Ebene regeln das Recht auf Vielfalt und den diskriminierungsfreien Umgang mit Verschiedenheit. Gesetze sind insofern für die Wahrnehmung von Diversity Management essentiell, da sie den Rahmen des gesellschaftlichen Handelns bestimmen. Die Betrachtung internationaler Menschenrechte und entsprechender Erklärungen sei an dieser Stelle nicht unternommen. Der EG-Vertrag sieht in Artikel 13, Abs. 2 vor, geeignete Vorkehrungen zu treffen, „um Diskriminierungen aus Gründen des Geschlechts, der Rasse, der ethnischen Herkunft, der Religion oder der Weltanschauung, einer Behinderung, des Alters oder der sexuellen Ausrichtung zu bekämpfen". Art. 2 und 3 normieren die Gleichstellung der Geschlechter.

Vor allem durch Gesetze zur Regelung der Erwerbsarbeit werden die verfassungsmäßig garantierten Rechte operationalisiert und auf die Arbeitswelt heruntergebrochen. Wesentliche europäische Richtlinien, die an dieser Stelle lediglich benannt werden sollen, sind:

- Richtlinie 2000/43/EG des Rates vom 29. Juni 2000 zur Anwendung des Gleichbehandlungsgrundsatzes ohne Unterschied der Rasse oder der ethnischen Herkunft (ABl. EG Nr. L 180 S. 22) – (*Antirassismus-Richtlinie*);
- Richtlinie 2000/78/EG des Rates vom 27. November 2000 zur Festlegung eines allgemeinen Rahmens für die Verwirklichung der Gleichbehandlung in Beschäftigung und Beruf (ABl. EG Nr. L 303 S. 16) – (*Rahmenrichtlinie Beschäftigung)*;
- Richtlinie 2002/73/EG des Europäischen Parlaments und des Rates vom 23. September 2002 zur Änderung der Richtlinie 76/207/EWG des Rates zur Verwirklichung des Grundsatzes der Gleichbehandlung von Männern und Frauen

hinsichtlich des Zugangs zur Beschäftigung, zur Berufsbildung und zum beruflichen Aufstieg sowie in Bezug auf die Arbeitsbedingungen (ABl. EG Nr. L 269 S. 15) – (*Gender- oder Gleichbehandlungsrichtlinie*);

*   Richtlinie 2004/113/EG des Rates vom 13. Dezember 2004 zur Verwirklichung des Grundsatzes der Gleichbehandlung von Männern und Frauen beim Zugang zu und bei der Versorgung mit Gütern und Dienstleistungen (ABl. Nr. L 373 vom 21/12/2004 S. 37–43).

In Deutschland sind auf Verfassungsebene an dieser Stelle vor allem der in Artikel 1 des Grundgesetzes garantierte Schutz der Menschenwürde sowie die in Artikel 2 und Artikel 3 garantierten Rechte auf individuelle Selbstbestimmung und die Gleichstellung der Geschlechter zu nennen. Artikel 3 Abs. 3 GG verbietet die Diskriminierung aufgrund des Geschlechtes, der Abstammung, der ‚Rasse‘, der Sprache, der Heimat, der Herkunft, des Glaubens, der religiösen oder politischen Anschauungen und einer Behinderung.

Den gesetzlichen Rahmen zur Umsetzung der aufgeführten europäischen Richtlinien aus den Jahren 2000–2004 bietet in Deutschland zudem das *Allgemeine Gleichbehandlungsgesetz* (*AGG*) vom 14. August 2006.

Das AGG – umgangssprachlich auch Antidiskriminierungsgesetz genannt – ist ein deutsches Bundesgesetz. Ziel des Gesetzes ist es, Benachteiligungen aus Gründen der ‚Rasse‘ oder wegen der ethnischen Herkunft, des Geschlechts, der Religion oder Weltanschauung, einer Behinderung, des Alters oder der sexuellen Identität zu verhindern oder zu beseitigen (§ 1). Während der in Art. 3 Grundgesetz normierte Grundsatz der Gleichbehandlung nur für das Handeln des Staates gilt, regelt das AGG das Verhältnis der Bürgerinnen und Bürger untereinander. Die konkreten Diskriminierungsverbote des Art. 3 Abs. 3 GG sind allerdings nicht völlig deckungsgleich mit denen des AGG. Verboten wird zudem nicht jede Form der Ungleichbehandlung, sondern nur Ungleichbehandlungen in bestimmten gesetzlich genannten Situationen. Sie müssen an eines der o.g. personenbezogenen Merkmale anknüpfen. Liegen ungerechtfertigte Ungleichbehandlungen vor, hat der Mitarbeiter bzw. die Mitarbeiterin ein Beschwerderecht (§ 13 AGG). Der Arbeitgeber muss dann gegen die Beschäftigten, die gegen das Benachteiligungsverbot verstoßen, die geeigneten, erforderlichen und angemessenen Maßnahmen zur Unterbindung der Benachteiligung ergreifen (§ 12 AGG).

Darüber hinaus sind vor allem für die Gleichbehandlung behinderter Menschen das *Sozialgesetzbuch IX zur Rehabilitation und Teilhabe behinderter Menschen* (SGB IX) vom 19.06.2001, das *Gesetz zur Gleichstellung behinderter Menschen* (Behindertengleichstellungsgesetz – BGG) vom 27.04.2002, das *Bürgerliche Gesetzbuch* (BGB) und das *Betriebsverfassungsgesetz* (BetrVG) wesentliche Grundlagen. So fordert das Betriebsverfassungsgesetz in § 75, Abs. 1 die Gleichbehandlung aller Angehörigen der Belegschaft: „Arbeitgeber und Betriebsrat haben darüber zu wachen, dass alle im Betrieb tätigen Personen nach den Grundsätzen von Recht und Billigkeit behandelt werden, insbesondere, dass jede unterschiedliche Behandlung wegen ihrer Abstammung, Religion, Nationalität, Herkunft, politischen oder gewerkschaftlichen Betätigung oder Einstellung oder wegen ihres Geschlechts oder ihrer sexuellen Orientierung unterbleibt. Sie haben darauf zu achten, dass Arbeitnehmer nicht wegen Überschreitung bestimmter Altersstufen benachteiligt werden". Weitere relevante Antidiskriminierungsregelungen finden sich z.B. in § 611 BGB bezogen auf Männer und Frauen. Die erwähnten gesetzlichen Grundlagen ließen sich durch Rechtsverordnungen und Empfehlungen ergänzen (Vedder 2006, S. 12).

Seit 2006 bietet die *UN-Behindertenrechtskonvention* (CRPD) einen weiteren normativen Rahmen zur Gleichbehandlung behinderter Menschen, der in Artikel 24 auch das Ziel eines integrativen Bildungssystems regelt. In Deutschland wurde dies durch das *Gesetz zu dem Übereinkommen der Vereinten Nationen vom 13. Dezember 2006 über die Rechte von Menschen mit Behinderungen sowie zu dem Fakultativprotokoll vom 13. Dezember 2006 zum Übereinkommen der Vereinten Nationen über die Rechte von Menschen mit Behinderungen* vom 21.12.2008 ratifiziert.

1.2 Diversity Management in der Hochschule

Tertiäre Bildungsorganisationen sind in ihrem Selbstverständnis einem kontinuierlichen Wandel unterworfen. Hochschulen sind Orte des Lernens und Lehrens, des Forschens und kritischen Denkens. Sie sind aber auch Orte, die – spätestens seit den Bildungsreformen der späten 1960er Jahre – gesellschaftliche Veränderungen befördern, spiegeln und in ihren eigenen Organisationsformen vorleben oder nachvollziehen. Die Einführung eines strategischen Diversity Managements an Hochschulen kann daher nicht betrachtet werden, ohne deren gesellschaftliche und (hochschul-)politische Rahmenbedingungen zu reflektieren.

1.2.1 Gesellschaftliche und hochschulpolitische Herausforderungen

Demografischer Wandel

Im Rahmen des demografischen Wandels verändert sich, wie bereits sichtbar wird, sowohl die Zusammensetzung der Studierenden wie auch der Beschäftigten der Hochschule. Einhergehend mit der Bildungsexpansion steigt seit Jahren der Anteil der jungen Erwachsenen jeder Kohorte, die eine Hochschule besuchen und einen tertiären Bildungsabschluss anstreben. Dies ist vorwiegend darauf zurückzuführen, dass eine steigende Zahl junger Menschen eine Studienberechtigung erwirbt: Im Jahr 2012 waren dies rund 500.000 Personen (Autorengruppe Bildungsberichterstattung 2014, S. 295). Dagegen zeigte die Übergangsquote in ein Studium seit dem Jahr 2000 zunächst eine rückläufige, dann stagnierende Tendenz und ist erst in den letzten Jahren wieder leicht gestiegen. Mehr als 70% der Studienberechtigten eines Jahrgangs nehmen heute in Deutschland ein Studium auf (Prognosewerte 2012: 73–79%); die auf den gesamten Jahrgang bezogene, allerdings noch nicht um den Effekt der Schulzeitverkürzung bereinigte Studienanfängerquote erreichte 2013 56,1%. Eine um die Schulzeitverkürzung bereinigte Berechnung geht für das Jahr 2012 von 51,4% aus (ebd., S. 297). Damit überstieg die Quote deutlich die Zielmarke von 40%, die Bund und Länder beim Bildungsgipfel 2008 in Dresden vereinbart hatten, und nähert sich allmählich dem Durchschnittswert der OECD-Staaten an. Verstärkt nehmen auch Jugendliche mit Migrationshintergrund (Bildungsinländer/-innen, Studierende mit doppelter Staatsangehörigkeit, Eingebürgerte und Studierende mit mindestens einem Elternteil mit doppelter Staatsangehörigkeit) ein Studium auf. Ihr Anteil wurde in der 20. Sozialerhebung auf etwa 23% der Studierenden an deutschen Hochschulen beziffert (BMBF 2013, S. 19). Zudem trägt die hohe Zahl der Bildungsausländer/-innen zum Anstieg der Studienanfängerquote bei.

Aus den skizzierten Entwicklungen ergibt sich quasi zwangsläufig, dass die Studierendenschaft im Hinblick auf ihre soziale und kulturelle Herkunft, aber auch auf ihr Leistungsvermögen, heterogener geworden ist. Sowohl die steigende Zahl als auch die steigende Heterogenität der Studierenden stellt die Hochschulen vor neue Herausforderungen. Diversity Management kann hier dazu dienen, die Wahl des Studienfaches zu optimieren und die Abbrecherquoten zu reduzieren.

Vorausschätzungen zufolge haben die deutschen Hochschulen – bei Unterschieden zwischen Hochschulstandorten und -typen – trotz der kleiner werdenden Geburtsjahrgänge in den nächsten Jahren noch mit steigenden Studierendenzahlen zu rechnen. Wesentliche Ursachen sind die Auswirkungen der in vielen Bundesländern durchgeführten Verkürzung der Gymnasialzeit von 9 auf 8 Jahre (G8, „doppelter Abiturjahrgang") wie auch die weiter steigende Studierneigung. Für die Zeit nach dem „Studentenberg" ist jedoch mit deutlich sinkenden Studierendenzahlen bei steigendem Fachkräftebedarf zu rechnen. Die aktuellen Vorausberechnungen der Kultusministerkonferenz (2014–2025), die anhand der Schülerkohorten ermittelt werden, die voraussichtlich eine Hochschulzugangsberechtigung erwerben, gehen davon aus, dass bis 2025 die Gesamtzahl der Studienanfänger und -anfängerinnen nicht unter die Marke von 450.000 sinken wird. Interessant ist, dass die vorletzte Vorausberechnung aus dem Jahr 2012 noch moderater ausgefallen ist. Dort sollten die Zahlen bereits 2021 wieder das Niveau von 2010 erreicht haben und darüber hinaus dann im Zeitraum von 2021 bis 2025 die Zahl der Studienanfänger und -anfängerinnen auf etwa 422.000 zurückgehen (vgl. KMK Vorausberechnung der Studierendenzahlen 2012/2014). Tafelberg-Szenarien sind den aktuellen Vorausberechnungen gemäß auch 2025 nicht zu erwarten. Obwohl zunächst durch die Zahlen kein akuter Handlungsdruck gegeben ist, weist der allgemeine Bevölkerungsrückgang deutliche Tendenzen auf, so dass hier in mittlerer Zukunft Handlungsdruck entstehen kann. Dies geht einher mit dem Problem regionaler Disparitäten in der Entwicklung der Zahlen. So sind einzelne Bundesländer, dies sind eher die Stadtstaaten Berlin, Hamburg, Bremen sowie die ostdeutschen Flächenländer, weniger stark von Schwankungen betroffen als die großen westdeutschen Flächenländer. Dies liegt überwiegend an teilweise sehr niedrigen absoluten Zahlen, die dann im Zeitverlauf kaum variieren, zum anderen natürlich auch am gezielten Ausbau von Kapazitäten in den westdeutschen Ballungsräumen. Nordrhein-Westfalen beispielsweise verzeichnet 2013 etwa

129.000 Studienanfänger und -anfängerinnen, 2025 jedoch nach aktuellen Prognosen nur noch 114.000, was einem Rückgang um knapp 12% entspricht. Auch Baden-Württemberg, Bayern und Hessen liegen bei einem prognostizierten Rückgang der Anfängerzahlen zwischen 12 und 15%.

Hier wird zukünftig dem Studierendenmarketing eine verstärkte Bedeutung zukommen und es wird darauf ankommen, vermehrt „nichttraditionelle" Studieninteressierte anzusprechen wie beruflich Qualifizierte ohne Abitur und Personen, die in späteren Lebensphasen, z.B. für einen Master, an die Universität zurückkehren. Individuelle, an den jeweiligen Vorkenntnissen und der Lebenssituation ausgerichtete Studien- und Mentoringprogramme können hier im Hochschulwettbewerb einen entscheidenden Pluspunkt beim Studierendenrecruiting darstellen. Das Gleiche gilt für Angebote im Bereich der wissenschaftlichen Weiterbildung („lebenslanges Lernen").

Globalisierung

Die zunehmende internationale Vernetzung und Mobilität von Wirtschaft und Gesellschaft macht zum einen den Campus „bunter": Internationale Austauschprogramme ziehen nach sich, dass die Bedarfe von „incoming students" und „outgoing students" wahrgenommen und unterschiedliche (wissenschafts-)kulturelle Hintergründe in der Gestaltung der Studienprogramme und der Lehre berücksichtigt werden müssen. So kam 2010 jede/-r siebte Studienanfänger/-in aus dem Ausland zum Studium nach Deutschland. Doch auch inländische Studierende, die nicht ins Ausland gehen (können), bedürfen später der Fähigkeit zu interkulturell und interdisziplinär vernetztem Denken und Handeln. Erst recht setzen Wissenschaftlerkarrieren zunehmend internationale Mobilität voraus. Internationalisierungsstrategien, die auch die Internationalisierung auf dem heimischen Campus mit im Blick haben („Internationalisation at Home") stellen hier eine wichtige Aufgabe im Rahmen des DiM dar.

Die HRK geht sogar noch weiter und mahnt in ihren 2008 verabschiedeten Leitlinien zur Internationalen Strategie der HRK die „Transnationalität jeder Hochschule als ganzer" an, denn: „Eine Hochschule, die die Globalisierungsprozesse und die damit verbundenen Herausforderungen ignoriert, ist mittel-, wahrscheinlich schon kurzfristig chancenlos" (HRK 2008, S. 5).

Chancengleichheit

Ungleiche Bildungschancen in Abhängigkeit von der sozialen Herkunft sind in der deutschen Bildungsforschung seit Jahren ausführlich dokumentiert und kritisiert worden. Bis heute ist die Wahrscheinlichkeit, ein Studium zu beginnen, stark von der Bildungssituation des Elternhauses abhängig. Die Tendenz zur sozialen Reproduktion hat sich über viele Jahre sogar – wenn man den Hochschulbereich betrachtet – verstärkt. Auf der Grundlage der im Rahmen der Sozialerhebung des Studentenwerks entwickelten Klassifikation von vier sozialen Herkunftsgruppen hat sich der Anteil der Herkunftsgruppe „hoch" in Bezug auf Bildungschancen zwischen 1985 und 2009 auf 24% verdreifacht. Zugleich sind die Anteile der beiden Herkunftsgruppen „mittel" und „niedrig" immer weiter gesunken (von 43% bzw. 29% im Jahr 1985 auf 39% bzw. 10% im Jahr 2009). Dieser langfristige Trend wurde seit 2006 zunächst insofern durchbrochen, als dass die Zahlen seitdem mit Abweichungen von 1–2 Prozentpunkten stagnieren. Doch auch heute noch ist die Chance, eine Studienberechtigung zu erwerben und ein Studium zu beginnen, stark vom Bildungsstatus des Elternhauses abhängig. Während von 100 Kindern, deren Eltern selbst studiert hatten, 77% ein Studium aufnehmen, ist dies nur bei 23% der Kinder der Fall, deren Eltern keinen akademischen Abschluss haben (BMBF 2013, S. 112). Bei Familien, in denen die Eltern nur einen Hauptschulabschluss oder gar keinen Schulabschluss haben, liegt die Quote noch deutlich niedriger. Maßnahmen im Rahmen des Diversity Managements, die auf die frühe Ansprache und Begleitung von Kindern aus Nichtakademikerhaushalten und sog. „bildungsfernen Schichten" abzielen, können dazu beitragen, die Chancen dieser „first generation students" auf einen tertiären Bildungsabschluss zu erhöhen und damit einen Beitrag zur Bildungsgerechtigkeit zu leisten.

Die vielfältigen Lebenssituationen der Studierenden spiegeln sich auch darin, dass nicht wenige von ihnen – und zwar auch dann, wenn sie in ein Vollzeitstudium eingeschrieben sind – faktisch nicht Vollzeit studieren (können), da sie z.B. neben dem Studium erwerbstätig sind oder Fürsorgeaufgaben mit dem Studium vereinbaren müssen. Den Daten der Sozialerhebungen des Deutschen Studierendenwerks zufolge hat der Anteil der Vollzeitstudierenden seit 1988 – damals noch 89% – bis 2006 auf 75% kontinuierlich abgenommen (BMBF 2013, S. 346). Auch wenn 2009 und schließlich 2012 der gleichen Datenquelle zufolge der Trend nach längerer Zeit erstmals durchbrochen wurde und der Anteil der Vollzeitstudierenden – möglicherweise bedingt durch die Strukturreformen – im Vergleich zu 2006 wieder leicht zugenommen hat (2009: 79%, 2012: 78%), wird in der 20. Sozialerhebung davon ausgegangen, dass nach wie vor mehr als ein Fünftel der Studierenden im Erststudium faktisch ein Teilzeitstudium mit weniger als 25 Stunden pro Woche betreibt (ebd., S. 34). Etwa 4% der Studierenden im Vollzeit-Erststudium – 5% der Frauen, 4% der Männer – haben mindestens ein Kind und müssen daher Fürsorgeaufgaben mit dem Studium koordinieren. Deutlich häufiger gilt es für die Studierenden, Erwerbstätigkeit und Studium zu verbinden: Zwei Drittel aller Studierenden im Erststudium arbeiten neben dem Studium. Als Grund für die Erwerbstätigkeit neben dem Vollzeitstudium wird von den Studierenden am häufigsten der Grund „notwendig für den Lebensunterhalt" (40% mit voller Zustimmung) genannt. Bei 27% der Studierenden steigt das für Studium und Erwerbstätigkeit aufgebrachte Zeitvolumen dabei auf mehr als 50 Stunden in der Woche an (ebd., S. 335). Hier kann ein gezieltes Diversity Management mit passgenauen Angeboten für diese Gruppen, z.B. dem Ausbau von Teilzeitstudiengängen oder Blended Learning, dazu beitragen, dass die Studienabbruchquoten sinken.

Hochschule im Wettbewerb

Das tertiäre Bildungswesen in Deutschland und den deutschsprachigen Nachbarländern ist seit den späten 1990er Jahren tiefgreifenden Veränderungen unterworfen.

Bis in die 2000er Jahre waren die Hochschulen nachgeordnete Behörden der jeweiligen Kultus- oder Wissenschaftsministerien der Länder, sie waren – manche mögen bis heute eine entsprechende Haltung kultiviert haben – z.B. im Sinne der Dienstherreneigenschaft keine eigenständigen Institutionen mit autonom gestaltbaren Ziel- und Entwicklungsperspektiven. Erst durch die jüngsten Hochschulreformen, die sich über den in der humboldtschen Tradition definierten kontinentaleuropäischen Hochschulraum seit etwa Ende der 1990er und zu Beginn der 2000er Jahre erstreckt haben, gewinnt die Organisation als solche eine zunehmende Bedeutung in einem stärker wettbewerblich orientierten Institutionengefüge.

Die daraus erwachsende Notwendigkeit zur Profilbildung einzelner Institutionen ist in den vergangenen Jahren durch die Bildungsorganisationen angenommen und mit unterschiedlichem Eifer und Erfolg betrieben worden. Dies hat dazu geführt, dass sich der deutsche Hochschulraum in einer Phase (binnen-)institutioneller Ausdifferenzierung und Stratifizierung befindet. Als wichtigste Elemente neuer Differenzierungsmuster im tertiären Bildungsbereich sind auf der einen Seite die Initiative zur Stärkung der Spitzenforschung in Deutschland, die sog. Exzellenzinitiative des Bundes und der Länder, und auf der anderen Seite der Ausbau des deutschen Fachhochschulsystems zu nennen, der die Entwicklung neuer Hochschultypen mit einschließt.

Die Stärkung des Wissenschaftsstandorts Deutschland von der Spitze weg war und ist die politische Zielsetzung der Exzellenzinitiative des Bundes und der Länder. Das Grundkonzept der Exzellenzinitiative besteht darin, die Stratifizierung durch Profilierung im deutschen Hochschulsystem durch wettbewerbsartige Spitzenförderung voranzutreiben und über die Formung von Forschungsexzellenz und die Generierung neuer Strukturinnovationen dem System im Ganzen zu mehr Wettbewerbsfähigkeit zu verhelfen. Neben einem Bruch mit dem humboldtschen Universitätsmodell geht mit der Exzellenzinitiative auch die Revision des Gleichheitsanspruchs („Jeder kann an jedem Ort jedes Fach gleich gut studieren") einher, indem der politische Wille zur Stratifizierung des Systems (und zum Aufbau von Konkurrenz zwischen den Hochschulen) die Hochschulparadigmen der bundesrepublikanischen Nachkriegsära brach. Die hochschulstrukturellen Bewegungsmuster im gesamten System infolge der Ausschreibungen 2005 und 2010 sind immens, wollten doch viele Einrichtungen bei der deutschen Elitenbildung mit von der Partie sein. Insgesamt wurde für die Jahre 2006 bis 2012 eine Gesamtfördersumme von 1,9 Mrd. € bewilligt, für die Jahre 2012 bis 2017 sind weitere 2,7 Mrd. € zur Förderung eingeplant.

Neben einer sich vermeintlich absetzenden Spitzengruppe der forschungsstarken Universitäten drängt auch eine Gruppe forschungsstarker Fachhochschulen darauf, die einst so starre Grenze zwischen Universitäts- und Fachhochschulsystem zu nivellieren. Die mittlerweile wachsende Zahl der „Universities of Applied Science", vor allem der auf das Promotionsrecht drängende Zusammenschluss der

UAS7, lässt die Grenzen zwischen Universität und Fachhochschule stärker verschwimmen.

Ähnliche Bewegungsmuster hin zu einer stärkeren Differenzierung des tertiären Bildungsbereichs lassen sich auch in Österreich erkennen. Der dort überwiegend privatrechtlich organisierte Fachhochschulsektor ist überhaupt erst zu Beginn der 1990er Jahre entstanden. Im Wintersemester 1994/95 gingen die ersten 10 Fachhochschulstudiengänge an den Start. Heute gibt es 12 wachsende Fachhochschulen, dazu seit 2004 eine speziell auf Wissenschaftliche Weiterbildung ausgerichtete Universität und seit 2008 eine Einrichtung zur Stärkung der Forschungselite (I.S.T. Austria).

Der deutsche Wissenschaftsrat betont die Notwendigkeit einer funktionalen Differenzierung in seinen *Empfehlungen zur Differenzierung der Hochschulen* von 2010 und treibt den Prozess weiter an, fordert und beobachtet neben einer institutionellen Differenzierung aber auch eine binneninstitutionelle Differenzierung der tertiären Einrichtungen (Wissenschaftsrat 2010).

Die institutionelle wie auch binneninstitutionelle Profilierung wird dabei vor allem durch ein Hochschulfinanzierungsmodell gestützt, das die staatliche Grundfinanzierung von Hochschulen vermehrt an Leistungsindikatoren festmacht (pay for performance, leistungsorientierte Mittelvergabe). Zunehmend sind Hochschulen zudem auf den Erfolg bei der Einwerbung wettbewerblich ausgeschriebener Drittmittel angewiesen.

Fragt man nun nach der Rolle des Diversity Managements im Rahmen des hier eröffneten Raumes, so wird deutlich, mit welch unterschiedlichen Blickwinkeln hier ‚Vielfalt' institutionell befördert werden muss. Die Konkurrenz der Institutionen wird derzeit (noch) nicht in der Logik des ‚survival-of-the-fittest' ausgetragen, die erstarkte ‚Koopetition', die Verbindung von scheinbar konträren Logiken von Kooperation (bspw. in Forschungsverbünden) und Konkurrenz, beschränkt sich noch überwiegend auf den Bereich der Forschung. Diversity Management kann in diesem Feld als Instrument zur Profilbildung, zur Potenzialförderung und zur binneninstitutionellen Differenzierung genutzt werden.

1.2.2 Zusammenhang mit New Public Management – neue Steuerung

Den bereits benannten europäischen und nationalen Hochschulreformen gemein ist die Orientierung am Ansatz des *New Public Management* (NPM), der in Deutschland zunächst als neuer Steuerungsansatz in der Öffentlichen Verwaltung (dort auch unter dem Begriff *Neues Steuerungsmodell*) etwa seit Beginn der 1990er Jahre etabliert wurde. In Österreich und der Schweiz ist *NPM* auch unter dem Begriff der *Wirkungsorientierten Verwaltungsführung* bekannt. Drei Kernzielsetzungen und -wirkungsebenen der Reformen lassen sich dabei identifizieren (Budäus/Finger 1999):

• Neu zu definieren war zunächst die *Rolle von Staat und Verwaltung in der Gesellschaft*. So stellte sich die Frage, ob der Staat und die Verwaltung weiterhin alle Prozesse des staatlichen Handelns selbst betreiben müssten oder ob etwa Leistungen auf den Markt verlagert (privatisiert) werden könnten oder gar gänzlich wegfallen sollten.

- Zum Zweiten ging es um die *Reform organisationsrahmender Strukturen.* Hier steht die Schaffung von Wettbewerbsstrukturen im öffentlichen Sektor im Vordergrund, der Leistungsnutzer zunehmend zu Kunden mit rationalen (Kauf-) Entscheidungen macht. Wo Mechanismen der rationalen Wahl bislang keine Rolle spielten, wurden nun zum Zwecke einer besseren Kundenorientierung *Vergleichsmaßstäbe entwickelt,* die in Form von Benchmarking mehr Konkurrenz unter den Anbietern öffentlicher Leistungen schafften.
- Die dritte Dimension lässt sich unter dem Stichwort der *Binnenmodernisierung der öffentlichen Institutionen* beschreiben, die eine effektivere und effizientere Verwaltungsführung zum Ziel hat und Organisationsformen und -prozesse reformiert.

New Public Management (NPM) kann daher in unserem Kontext als betriebswirtschaftlich orientierte Steuerungslehre für die Öffentliche Verwaltung verstanden werden, die anhand der Kriterien der *Effizienz* und *Effektivität* Prozesse reformiert und wirkungsorientiert gestaltet.

Kernelemente des New Public Management, die in den Hochschulreformen der 2000er Jahre Verwirklichung fanden, sind vor allem:

1) Eine deutliche Definition von *Zielen, Leistungen und Leistungsmessgrößen*, darunter fallen die Stichworte: „Governing by objectives", Definition von Erfolgsindikatoren und Kontraktmanagement.
2) Ein größerer Wert der *Output-Steuerung*, darunter subsumieren lässt sich die Haltung, dass Mittelzuweisung und Honorierung an erreichten Zielgrößen festgemacht werden und Hochschulen somit teilweise ex-post finanziert werden.
3) Eine *Professionalisierung von Leitungs- und Projektmanagementstrukturen*, was unter den Stichworten erstarkter Präsidien/Rektorate, der Einführung von Hochschul- oder Aufsichtsräten und ‚entmachteter' Gruppenuniversitätsstrukturen genauso zu definieren wäre wie die Tendenz zur stärkeren Hauptamtlichkeit wie auch die Herausbildung einer neuen Gruppe von „Hochschulprofessionellen", die Veränderungsprozesse in der Organisation managen. Nicht zuletzt sind hier die Entwicklungen im Wissens- und Qualitätsmanagement innerhalb von Wissensorganisationen herauszustellen.
4) Eine Präferenz für wettbewerblich orientierten Leistungsvergleich und routinisierte Vergleichsformen (*Benchmarking*). Hier zu nennen sind Rankings, wettbewerblich vergebene Mittel zur Strukturförderung sowie mehrere Benchmarkingclubs zu unterschiedlichen Performanzfeldern im Hochschulbereich.
5) Eine *effiziente und effektive Nutzung von knapper werdenden oder stagnierenden Ressourcen*. Hier wurden vor allem Berichts- und Controllingaufgaben in den Hochschulen verankert. Ebenso wurden neue Mittelverteilungssysteme etabliert, die Haushalts- und Wirtschaftsführung kaufmännisch ausgerichtet, teilweise Gebäude und Gebäudebewirtschaftung übereignet, wirtschaftliche Betätigung gefördert und Personalhoheitsrechte übertragen.

Vergegenwärtigt man sich in diesem Zusammenhang Rolle und Bedingungsfaktoren des Diversity Managements an Hochschulen, so kann zweierlei – aus zwei unterschiedlichen Perspektiven – festgehalten werden. Zum einen, dass DiM sich als Leistung einer Hochschule mit jenen Kernelementen ins Verhältnis setzen muss: Es muss *anhand von Zielsetzungen implementiert, entlang messbarer Faktoren gesteuert, von professionellen Leitungsstrukturen verantwortet, über die Grenzen der Institution vergleichbar gemacht* und *effizient strukturiert* sein. Zum anderen kann DiM anderen Leistungsbereichen der Hochschule als Managementtechnik dienen, um jene Kernelemente effektvoll umzusetzen.

1.2.3 Bologna-Prozess und Diversity Management

Der Bologna-Prozess ist der zentrale gesamteuropäische Hochschulreformprozess der 2000er Jahre und hat weitreichende Folgen für die Gestaltung und Entwicklung der Lehre. Insgesamt 47 Staaten (Stand: 2014) sind an der Schaffung eines europäischen Hochschulraums beteiligt und verständigen sich seit 1997 auf Kernziele und -prozesse.

Das im eigentlichen Sinne noch nicht zum Bologna-Prozess zählende Abkommen der *Lissabon-Konvention* vom 11. April 1997 zur gegenseitigen Anerkennung von Studienabschlüssen erarbeitete der Europarat zusammen mit der UNESCO. Neben der durch nationalstaatliche Konditionen abgefederten generellen Anerkennung von Studienabschlüssen im Kreise der Unterzeichnerstaaten enthielt das Abkommen auch die Übereinkunft für Regelungen zur Beilegung eines Diploma Supplement, welches die einzelnen Leistungen transparenter machen sollte.

Der Beginn der stärkeren Vereinheitlichung des bestehenden europäischen Hochschulbetriebs, die 1999 dann in der *Bologna-Erklärung* mündete, beruht auf einer gemeinsamen Erklärung der Bildungsminister Frankreichs, Deutschlands, Italiens und des Vereinigten Königreichs, der sogenannten *Sorbonne-Erklärung* vom 25. Mai 1998. Die *Sorbonne-Erklärung* beinhaltete bereits einige wesentliche Vereinbarungstatbestände, die durch die *Bologna-Erklärung* aufgegriffen wurden. Zentrale Punkte waren die unbürokratische Anerkennung von erbrachten Leistungen im neu geschaffenen gemeinsamen Hochschulraum, die Förderung der studentischen Mobilität und die flächendeckende Etablierung eines Credit-Point-Systems. Am 19. Juni 1999 wurde die *Bologna-Erklärung* von 30 europäischen Bildungsministern beschlossen. Sie enthielt über die in der *Sorbonne-Erklärung* benannten Zielsetzungen hinaus die Verabredungen zur Einführung eines konsekutiven, zweistufigen Studiensystems (Bachelor und Master) wie auch die Verabredung zur europäischen Kooperation bei der Implementierung von Verfahren der Qualitätssicherung. Festgehalten wurde zudem, dass der Prozess bis zum Jahr 2010 weitestgehend etabliert sein sollte. Um ein regelmäßiges Monitoring zu sichern, wurden ferner Folgekonferenzen verabredet, die fortan im zweijährigen Rhythmus in Prag (2001), Berlin (2003), Bergen (2005), London (2007), Leuven (2009), Budapest und Wien (2010) und in Bukarest (2012) stattfanden. Essenz der Folgekonferenzen waren jeweils Kommuniqués, die die vereinbarten Ziele um zentrale Problemstellungen und gemeinsame Perspektiven erweiterten.

Kernziele des Bologna-Prozesses sind (kurz zusammengefasst):

Einrichtung und Stärkung eines europäischen Hochschulraumes, der gekennzeichnet ist durch…

* Mobilität der Studierenden, Alumni und Beschäftigten;
* internationale Wettbewerbsfähigkeit;
* gegenseitige Anerkennung von Studienleistungen und Abschlüssen;
* die Vergleichbarkeit von Strukturen und Abschlüssen (gestuftes Studienmodell);
* die Zusammenarbeit in der Qualitätssicherung;
* die Verwendung gemeinsamer Transparenz schaffender Instrumente wie des ECTS-Systems, des Diploma Supplements und eines einheitlichen Qualifikationsrahmens;
* eine Kultur lebenslangen Lernens;
* eine Kultur studentischer Beteiligung und studienzentrierten Lernens;
* die Verzahnung des europäischen Hochschulraums mit dem europäischen Forschungsraum durch den Einbezug der Promotionsphase als drittem Zyklus;
* die Integration der sozialen Dimension in alle benannten Zielsetzungen.

Der Bologna-Prozess hat durch seine strategische Ausrichtung vor allem die Steuerungsmechanismen in Hochschulen verändert. So entstanden aus den hochschuldidaktischen und evaluationsbasierten (Hochschul-)Reformströmungen der 1968er Jahre, die in den 1980er Jahren innerhalb der Hochschulen eine Durststrecke beklagen mussten, Mitte der 2000er Jahre unter dem Vorwand extrinsischer studienstruktureller Reformorientierung erstarkte Organisationsformen, die sich mit Qualitäts-, Hochschulstruktur- und Personalentwicklung auseinandersetzen. In diesem Zusammenhang sei auch die Verbindung des Bologna-Prozesses zum Feld des kontinentaleuropäisch entstehenden Diversity Managements umrissen: Die mit dem Bologna-Prozess initiierte Orientierung an der Vermittlung von Kompetenzen, die notwendigerweise einen ,shift from teaching to learning' in deutschen Hörsälen bewirken muss, stellt die Heterogenität von Lehr-/Lernansätzen auch in den Hochschulen in den Mittelpunkt der Reformbemühungen. Die Zielsetzung wechselseitig anerkennbarer Wissens- und Kompetenzfelder basiert im Umkehrschluss darauf, dass die in den Studiengängen einer Hochschule angelegten Lernprozesse theoretisch so auch an jedem anderen Hochschulstandort strukturiert werden könnten, um ein definiertes Lernergebnis zu erreichen. Notwendigerweise muss an dieser Stelle die Diversität von Lernerinnen und Lernern berücksichtigt werden, um Lernwege zu finden, die es zulassen, anstelle ausschließlich funktionalen Wissens Kompetenzen zu erwerben. Die durch die Bologna-Reformen intendierte stärkere Mobilität von Studierenden verstärkt die Notwendigkeit des Sich-Einlassen-Könnens auf heterogene Lernstände und -umgebungen, auf der Seite der Studierenden selbst wie auf der Seite der Lehrenden. Vor allem die Ministerkonferenz 2009 in Leuven, die die bisherigen Schwächen des Prozesses reflektierte und positive Zielsetzungen für die folgenden zehn Jahre formulierte, griff die hier benannten Verknüpfungen zu Fragen des Diversity Managements verstärkt auf.

Wie sehr DiM notwendige Folge und Bedingung des Bologna-Prozesses sein kann, vermag auch ein anderes Beispiel zu veranschaulichen: Im Zuge der europäischen Bologna-Reformen lässt sich derzeit wieder (nach dem Ende der Gesamthochschulen in den späten 1990er Jahren) ein stärkerer Trend zur Durchlässigkeit von der beruflichen Bildung hin zur Hochschule ausmachen. Der Begriff des lebenslangen Lernens aktualisiert die Wertschätzung für die Biografien beruflich Qualifizierter (Wolter 2008) und kann einen Reflexionsprozess v.a. an den deutschen Universitäten extrinsisch motivieren, der für die Frage der Bedeutung des Diversity Managements nicht folgenlos bleiben wird.

Zuletzt sei an dieser Stelle der Blick geschärft für die „soziale Dimension" des Bologna-Prozesses (Banscherus et al. 2009, S. 17). Ein wesentlicher Teil der „sozialen Dimension" besteht beispielsweise darin, dass das Studium durch eine „bessere Übersichtlichkeit" (ebd., S. 17) auch für nichttraditionelle Studierende geöffnet und so der sozialen Selektivität des Studiums entgegengewirkt werden kann. Dieser für Fragen des DiM recht wichtige ‚Nebeneffekt' wurde jedoch trotz regelmäßiger Interventionsversuche der Studierenden anlässlich der Folgekonferenzen erst im bereits benannten *Leuvener Kommuniqué 2009* ausführlicher reflektiert. Nicht unwesentlich war ebenso die Positionierung zugunsten einer stärkeren Geschlechtergerechtigkeit in den neuen Studienstrukturen, die im *Berliner Kommuniqué* 2003 im Kontext der „sozialen Dimension" des Prozesses aufgegriffen wurde.

Kommuniqué von Leuven/Louvain-la-Neuve vom 28.–29. April 2009
Bologna-Prozess 2020 – Der Europäische Hochschulraum im kommenden Jahrzehnt

Dieses Kommuniqué stellte fest, dass im Bologna-Prozess Fortschritte erzielt wurden und dass der EHR sich seit der Erklärung von Bologna 1999 gut weiterentwickelt hat. Einige der Zielsetzungen wurden jedoch noch nicht vollständig erreicht und sind noch nicht auf europäischer, nationaler und institutioneller Ebene umgesetzt worden. Der Bologna-Prozess soll daher über 2010 hinaus fortgesetzt werden. Für das neue Jahrzehnt wurden folgende Prioritäten gesetzt:

- Schaffung der Chancengleichheit in Bezug auf qualitativ hochstehende Bildung – der Zugang zur Hochschulbildung sollte verbreitert werden. So sollte vor allem die Beteiligung von Studierenden aus unterrepräsentierten Gesellschaftsgruppen gefördert werden;

- Verbesserung der Teilnahme am lebenslangen Lernen – die Zugänglichkeit, die Qualität, aber auch die Informationstransparenz müssen gewährleistet werden. Die damit verbundenen Maßnahmen sollten zusammen mit nationalen Qualifikationsrahmen und durch enge Partnerschaften zwischen allen Beteiligten umgesetzt werden;

- Förderung der Beschäftigungsfähigkeit – die betroffenen Akteure sollten zusammenarbeiten, um Ausgangsqualifikationen zu verbessern und die Erneuerung einer hoch qualifizierten Arbeitnehmerschaft sicherzustellen, aber auch um die Bereitstellung, die Zugänglichkeit und die Qualität ihrer Beratungsdienstleistungen in Bezug auf Beruf und Karriere zu verbessern. Außerdem sollten in Studiengänge eingebettete Praktika sowie die Ausbildung am Arbeitsplatz stärker gefördert werden;

- Entwicklung des studierendenzentrierten Lernens und der Lehrauftrag der Hochschulen – dies sollte die Entwicklung internationaler Referenzpunkte für unterschiedliche Fachgebiete und die Verbesserung der Qualität der Lehre umfassen;
- Verflechtung von Bildung, Forschung und Innovation – der Erwerb von Forschungskompetenzen sollte verbessert werden. Die Forschung sollte besser in Promotionsprogramme integriert werden und die Karrieremöglichkeiten für Nachwuchsforscherinnen und -forscher sollten attraktiver gestaltet werden;
- Öffnung der Hochschulen für internationale Foren – Europäische Hochschulen sollten ihre Tätigkeit stärker international ausrichten und weltweit zusammenarbeiten;
- Erhöhung der Möglichkeiten für die Mobilität und Verbesserung ihrer Qualität – bis 2020 sollten 20% der Graduierten einen Studien- oder Praktikumsaufenthalt im Ausland absolviert haben;
- Verbesserung der Datenerhebung – um die Fortschritte bei der Erreichung der Ziele in Bezug auf den Bologna-Prozess zu überwachen und zu bewerten, müssen Daten erhoben werden;
- Entwicklung multidimensionaler Transparenzinstrumente – um detailliertere Informationen über Hochschulen und ihre Programme zu erhalten, sollten Transparenzinstrumente in enger Absprache mit den wichtigsten betroffenen Akteuren entwickelt werden. Diese Transparenzinstrumente müssen sich auf vergleichbare Daten und zweckmäßige Indikatoren stützen und sich an den Grundsätzen des Bologna-Prozesses orientieren, insbesondere der Qualitätssicherung und der Anerkennung der Abschlüsse;
- Gewährleistung der Finanzierung – es sollten neue und diversifizierte Finanzierungsquellen gefunden werden, um die öffentliche Finanzierung zu ergänzen.

Quelle: *http://europa.eu/legislation_summaries/education_training_youth/lifelong_learning/c11088_de.htm*, Zugriff: 06.03.2015

1.2.4 Besonderheiten der Hochschule als Organisation

Zum besseren Verständnis der Ausgangsbedingungen von Diversity-Management-Prozessen an Hochschulen ist es notwendig, ihre besondere Konstitution genauer zu betrachten.

Hochschulen sind keine ‚normalen' öffentlichen Einrichtungen. Sie unterscheiden sich in ihrer Organisationsform und in der Bindung ihrer Mitglieder an die Organisation von anderen öffentlichen Einrichtungen und Non-Profit-Organisationen, erst recht von privatwirtschaftlichen Organisationsformen. Sie sind lose gekoppelte (Weick 1976) Expertenorganisationen (Pellert 2000, S. 39) oder organisierte Anarchien (Cohen/March/Olsen 1972), die sich dadurch auszeichnen, dass die „individuelle Leistungserbringung einen hohen Wert hat" (Pellert/Widmann 2008, S. 19) und eine zielgerichtete institutionelle Entwicklung oftmals durch die hohe Selbstreflexivität von fachlich autonomen Individualisten mit nur schwachem institutionellen Zugehörigkeitsgefühl behindert wird.

Es ist ebenso zu berücksichtigen, dass die Organisation Hochschule ein oftmals dichotomes Verhältnis von Wissenschaftsbereich (Fakultäten) und Verwaltung charakterisiert. Bei der Etablierung von Diversity-Management-Konzepten ist daher darauf zu achten, die Empfindlichkeiten und Ansprüche beider Bereiche – fachlicher wie persönlicher Art – angemessen zu berücksichtigen. Breisig/Kahlen weisen in ihren Betrachtungen zu Personalentwicklung an Hochschulen explizit darauf hin, dass es einigen Wissenschaftler/-innen schwer fallen wird, „aufgrund ihrer großen Autonomie und eines entsprechend gepflegten Selbstverständnisses eine flächendeckende Öffnung für fachbereichsinterne PE-Initiativen wie auch in Zusammenarbeit mit den Verwaltungsbereichen zu erzielen", dass vielmehr mit einer Verwahrung gegen ein ,Hineinregieren' zu rechnen sei (Breisig/Kahlen 2000, S. 221).

Die Gestaltung des Wandels an den deutschen Hochschulen ist eine schwierige Aufgabe, es gilt die Stakeholder einer Expertenorganisation am organisationalen Wandel nicht nur zu beteiligen, sondern sie teilhaben zu lassen. DiM-Ansätze an Hochschulen müssen die besonderen Bedingungen von Hochschulen als Organisationen berücksichtigen, sie werden jedoch, ähnlich wie andere Change-Management-Ansätze und Management-Konzepte, Durchsetzungsformen finden müssen, die die Rolle von Akteuren als Experten in nur lose gekoppelten Systemen hinreichend berücksichtigen.

1.2.5 Gleichstellungspolitik und Gender Mainstreaming

Eine besonders enge Verbindungslinie besteht zwischen Ansätzen des DiM und der Gleichstellungspolitik bzw. des „Gender Mainstreaming". Unter Gender Mainstreaming wird die Strategie verstanden, Gleichstellungspolitik, die sich zuvor überwiegend auf eine gezielte Frauenförderung konzentriert hat, „in den Hauptstrom" des Handelns zu bringen, d.h. als Querschnittsaufgabe von Politik zu begreifen. Das Konzept des Gender Mainstreaming verbreitete sich international im Anschluss an die Vierte Weltfrauenkonferenz in Peking im Jahr 1995, bei der es als neue Gleichstellungsstrategie im Abschlussdokument als verpflichtende Empfehlung verankert wurde. Anschließend wurde es von den Vereinten Nationen, wenn auch nicht völkerrechtlich bindend, übernommen und fand Einzug in die Gleichstellungspolitik der EU-Länder (Frey 2004). In der viel zitierten Definition des Europarates von 1998 (in der Übersetzung in Krell et al. 2008, S. 100) wird Gender Mainstreaming wie folgt beschrieben:

„Gender Mainstreaming besteht in der (Re)Organisation, Verbesserung und Evaluierung aller Entscheidungsprozesse mit dem Ziel, dass die an der politischen Gestaltung beteiligten Akteurinnen und Akteure den Blickwinkel der Gleichstellung in allen Bereichen und auf allen Ebenen einnehmen".

Ziel ist es also, alle Vorgänge und Maßnahmen aus einer geschlechtersensiblen Perspektive auf ihre Auswirkungen auf beide Geschlechter zu überprüfen und sicherzustellen, dass kein Geschlecht benachteiligt oder diskriminiert wird. Dies geschieht mittels Genderanalysen, für die unterschiedliche Methoden und Instrumente entwickelt wurden. Gender Mainstreaming basiert auf einem Top-Down-

Ansatz und setzt bei den Beteiligten Gender-Kompetenz voraus, die zunächst entwickelt werden muss.

Angesichts einer Situation an (deutschen) Universitäten, bei der Frauen unter den Studierenden zwar inzwischen in der Mehrzahl sind, ihr Anteil aber von Stufe zu Stufe auf der akademischen Karriereleiter abnimmt und unter den Professorinnen und Professoren immer noch bei einem Anteil von rund 20%, d.h. (nur) einem Fünftel liegt, geht es bei Gleichstellungsstrategien vorwiegend um die Frage, wie Prozesse und Strukturen an der Universität so gestaltet werden können, dass Frauen ähnliche Erfolgs- und Karrierechancen haben wie Männer. Doch sind Gleichstellung und das Konzept des Gender Mainstreamings keineswegs auf die Gleichstellung von Frauen begrenzt. In bestimmten Bereichen wie z.B. im Grundschullehramt kann es auch darum gehen, männlichen Perspektiven adäquat Gewicht zu verschaffen und männliche Studierende und Lehrende für den entsprechenden Bereich zu gewinnen.

Mit dem Einzug des Gender Mainstreamings war ein tiefgreifender Wandel der zuvor betriebenen Frauenförderpolitik verbunden, wobei Gender Mainstreaming Frauenförderpolitik nicht ersetzt, sondern im Sinne einer Doppelstrategie erweitert (Mense 2010). Für den öffentlichen Sektor und damit auch für den Hochschulbereich ist heute eine Gemengelage kennzeichnend, in der gesetzliche Vorgaben (wie die Gleichstellungsgesetze des öffentlichen Dienstes, das AGG und die Europäischen Vorgaben zur Gleichstellung und Nichtdiskriminierung) mit prozessorientierten Ansätzen wie dem Gender Mainstreaming und neuen Steuerungsinstrumenten wie dem sog. Professorinnenprogramm oder den Forschungsorientierten Gleichstellungsstandards der DFG zusammenwirken, ohne dass die Auswirkungen der einzelnen Instrumente immer separierbar wären.

Die Bezüge zwischen Gleichstellungspolitik bzw. Gender Mainstreaming und dem Diversity Management an Hochschulen sind eng. Zum einen werden Geschlechterverhältnisse, wie im Rahmen der sog. Intersektionalitätsforschung untersucht wird, durch Kategorien der Vielfalt wie Ethnizität, Schicht, Alter, sexuelle Orientierung und Behinderung entscheidend geprägt und überlagert. Dies ist ein Grund dafür, dass Gender und Diversity Management heute zunehmend – auch organisatorisch – verknüpft werden oder gar verschmelzen. Eine Gemeinsamkeit zeigt sich auch darin, dass die Gleichstellung der Geschlechter wie auch die Berücksichtigung von Vielfalt in Konzepten des Diversity Management heute nicht nur unter der Perspektive der Beseitigung bestehender Ungerechtigkeiten gesehen werden. Vielmehr tritt der Argumentationszusammenhang in den Mittelpunkt, dass die adäquate Berücksichtigung der heterogenen Potenziale einen (auch ökonomischen) Nutzen und Mehrwert für die Organisation Hochschule hat.

1.2.6 Internationale Beispiele

Während Diversity Management erst seit einigen Jahren mehr und mehr in die Strategien deutscher Hochschulen Eingang gefunden hat, zeigen Beispiele aus dem Ausland, dass das Thema für Hochschulen keineswegs neu ist. In den USA, in Australien, aber z.B. auch in europäischen Nachbarländern wie den Niederlanden oder dem Vereinigten Königreich, gibt es seit langem DiM-Strategien, die z.B. auf die Nichtdiskriminierung oder auch positive Förderung bestimmter Studierendengruppen abheben oder eine diversitätsgerechte Personalentwicklung im Blick haben. Für den internationalen Vergleich gilt allerdings wie auch für den Vergleich verschiedener in Deutschland eingesetzter Strategien, dass es kein einheitliches Muster gibt, sondern unterschiedliche Schwerpunkte gesetzt werden. Einige internationale Beispiele mögen das breite Spektrum illustrieren:

Internationale Beispiele für Diversity-Management-Strategien in Hochschulen:

- Massachusetts Institute of Technology (MIT)/USA:
  http://diversity.mit.edu
- Universität Wien/AT: http://diversity.univie.ac.at
- Cornell University/USA: http://www.ilr.cornell.edu/hcd/dm.html
- University of Melbourne/AUS: http://equity.unimelb.edu.au
- University of Queensland/AUS: http://www.uq.edu.au/about/valuing-diversity
- University of British Columbia/CA: http://diversity.ubc.ca
- Ohio State University/USA: http://odi.osu.edu
- University of Southampton/UK: http://www.southampton.ac.uk/diversity

---

Die im gesamten vorliegenden Kapitel thematisierten Kontext- und Bedingungsfaktoren von Diversity Management zeigen, wie sehr der Ansatz mit anderen Themen und Entwicklungsperspektiven des deutschen und europäischen Hochschul-, Bildungs- und Gesellschaftssystems verwoben ist. Die internationalen Beispiele machen darüber hinaus deutlich, dass nicht etwa nur ein europäischer Referenzrahmen eröffnet werden kann, sondern auch eine internationale Tendenz wahrnehmbar ist, DiM als strategische Aufgabe von Hochschulen zu verstehen. Im nachfolgenden Kapitel werden die Kerndimensionen von Diversity Management konkreter beschrieben und ihre universitären Handlungsfelder beleuchtet.

Fragen zur „Einführung in das Diversity Management"

- Unter welchen besonderen Bedingungen kann Diversity Management in Hochschulen eingeführt werden?
- Welche gesellschaftlichen Gründe sprechen für Diversity Management in Hochschulen?
- Reflektieren Sie, welcher Diversity-Management-Ansatz in Ihrer Hochschule/ Bildungseinrichtung Antrieb zur Einführung eines strategischen Diversity Managements sein könnte!

Literatur zur Vertiefung

Gardenswartz, L./Rowe, A. (1998): Managing Diversity. A Complete Desk Reference and Planning Guide. New York: McGraw-Hill.

Vedder, G. (2006): Die historische Entwicklung von Managing Diversity in den USA und in Deutschland. In: Krell, G./Wächter, H. (Hg.): Diversity Management. Impulse aus der Personalforschung. München, S. 1–23.

2 Kerndimensionen und ihre Handlungsfelder in der Hochschule

2.1 Dimensionen der Diversität – Vorbemerkungen

Weder Wissenschaftler und Wissenschaftlerinnen noch Praktiker und Praktikerinnen haben bisher ein abschließendes Verständnis von Diversity und Diversity Management und den zu adressierenden Dimensionen und Themenfeldern entwickelt – dies gilt allgemein, wie auch in Bezug auf die Organisation Hochschule. Immer noch gilt, was Dass und Parker schon 1999 feststellten:

> „Diversity has been defined, studied, and approached in quite different ways" (Dass/Parker 1999, S. 69).

Dieser noch heute gültige Befund ist allerdings nicht als Defizit oder Schwäche der Diversity-Forschung oder des Diversity Managements zu sehen, sondern zeugt von unterschiedlichen Phänomenen, die aus der Perspektive von Diversity/Vielfalt/Heterogenität untersucht werden, und unterschiedlichen Ausgangslagen und Zielsetzungen, die mit DiM-Ansätzen praktisch adressiert werden. Gemeinsam ist den unterschiedlichen Ansätzen, dass sie sich mit Verschiedenheit beschäftigen, d.h. mit dem, worin sich Menschen unterscheiden – und damit mit bestimmten, definierten Dimensionen von Diversität. Diversity Management ist in der Folge ein Konzept der Unternehmensführung, mit welchem die Verschiedenartigkeiten gemanagt werden. Andere Autorinnen und Autoren betonen, dass für DiM auch der Umgang mit Gemeinsamkeiten zentral sei:

> „Diversity refers to any mixture of items characterized by differences and similarities" (Thomas 1996, S. 5).

So kann die Lebenssituation zweier Personen mit unterschiedlichem kulturellen Hintergrund vor allem durch die Gemeinsamkeit bestimmt sein, dass sie junge Eltern sind, oder die Zugehörigkeit zu unterschiedlichen Religionsgemeinschaften tritt zurück gegenüber der verbindenden Erfahrungen als behinderter Mensch.

Soziale Ungleichheit und Intersektionalität sozialer Ungleichheitsprozesse sind somit zentrale Inhalte für die Grundlagen von Diversity Studies und eine wesentliche Basis für das Diversity Management. Doch welche Unterschiede und Gemeinsamkeiten, welche Dimensionen von Diversität spielen für das DiM faktisch eine Rolle? In der klassischen DiM-Literatur liegt das Augenmerk vor allem auf den folgenden Kategorien von Differenz: Geschlecht, Nationalität/ethnische Zugehörigkeit, Behinderung, sexuelle Orientierung, Alter sowie Religion/Weltanschauung. Ein Kern von Diversität betrifft die Persönlichkeit, d.h. Werte, Einstellungen und das Verhalten von Individuen. Adressiert werden aber auch Dimensionen wie der berufliche Status, der Familienstand, der Bildungsgrad, das Einkommen oder die geografische Lage (s. u.a. Bendl et al. 2004, Krell 2008, Mense 2010). Die Literatur zur Ungleichheit geht dabei davon aus, dass Diversität auch im gesellschaftlichen Prozess durch Zuschreibung (mit) hergestellt wird. Insbesondere das „doing race, class and gender" ist dabei vielfältig – auch in seinen Zusammenhängen – untersucht worden (vgl. hierzu z.B. Klinger/Knapp/Sauer 2007, Acker 2006 sowie Kapitel 2.3). Im Rahmen von Diversity-Strategien gilt es, die Hintergründe entsprechender Zuschreibungen zu dekonstruieren, um Maßnahmen nicht vorschnell an angenommenen Unterschieden und Bedarfen zu orientieren.

In diesem Kapitel soll zunächst danach gefragt werden, welche Dimensionen von Diversität im hochschulischen Kontext von besonderer Relevanz sind. Einigen der bereits genannten, allgemein im Fokus stehenden Dimensionen – wie Geschlecht und Ethnie – kommt auch in hochschulischen DiM-Strategien regelmäßig eine hohe Bedeutung zu, andere – z.B. sexuelle Orientierung, aber auch Alter – sind ebenfalls von Bedeutung, allerdings bisher wenig(er) aufgegriffen worden (vgl. jedoch die Hochschulbeispiele im Endbericht des im Auftrag der Antidiskriminierungsstelle des Bundes durchgeführten Projekts „Diskriminierungsfreie Hochschule", Antidiskriminierungsstelle des Bundes 2012). Dafür hat sich auf der Basis der bildungspolitischen Debatte andererseits ein für die hochschulische Diskussion zu DiM charakteristisches Themenfeld herauskristallisiert, das ansonsten in der Theorie und Praxis von DiM keine prominente Rolle spielt: die Dimension der sozialen Herkunft unter der besonderen Perspektive des Bildungsaufstiegs. Im Folgenden werden ausgewählte Diversity-Dimensionen, denen in hochschulischen DiM-Strategien bisher oft ein besonderes Gewicht zukommt, detaillierter beleuchtet.

2.2 Zentrale Diversity-Dimensionen im Rahmen hochschulischer Diversity-Management-Strategien

2.2.1 Geschlecht und familiärer Kontext

Die Dimension ‚Geschlecht' nimmt bei der Betrachtung und dem Management von Diversität eine besondere, herausgehobene Rolle ein, da in diesem Fall rechtliche Regelungen zur Nichtdiskriminierung und auch zur aktiven Förderung sowohl auf nationaler wie auch auf der EU-Ebene eine lange Tradition haben und im Laufe der Zeit vielfältige theoretische und praktische Ansätze entwickelt wurden (vgl. Kap. 1).[1] Basis für die gesetzliche Grundlage zur Gleichstellung von Frauen und Männern ist in Deutschland das Grundgesetz. In der ursprünglichen Fassung von 1949 wurde die Gleichheit vor dem Gesetz in Art. 3,2 festgeschrieben: „Männer und Frauen sind gleichberechtigt". Später folgten gesetzgeberische Initiativen auf Bundes- und Landesebene in Form von Frauenförderungsgesetzen und dem Zweiten Gleichberechtigungsgesetz von 1994.

---

[1] Genau diese besondere Bedeutung und lange Tradition der Frauenförderung und Gleichstellungspolitik erklärt allerdings auch, weshalb die „Einverleibung" der Kategorie Geschlecht in Konzepte des Diversity Management durchaus ambivalent beurteilt wird (vgl. z.B. Andresen et al. 2009).

Aus der Erkenntnis heraus, dass die rein formalrechtliche Gleichstellung allein nicht ausreicht, um die faktische Gleichstellung herbeizuführen, wurde 1994 Art. 3,2 des Grundgesetzes um einen wichtigen Zusatz ergänzt: „Der Staat fördert die tatsächliche Durchsetzung der Gleichberechtigung von Frauen und Männern und wirkt auf die Beseitigung bestehender Nachteile hin." Dieser Zusatz legte den Grundstein zur Legitimation aktiver Maßnahmen, die dem Ziel der Gleichstellung der Geschlechter dienen. In Deutschland wurden Gleichstellungsgesetze für den öffentlichen Dienst verabschiedet, während die politischen Anläufe, ein Gleichstellungsgesetz für die Privatwirtschaft zu etablieren, bisher am Widerstand der Wirtschaft gescheitert sind.

Eine bedeutende Rolle für die rechtliche Durchsetzung von Gleichstellung spielt zudem seit vielen Jahren die Europäische Union. Schon früh hat vor allem der Europäische Gerichtshof (EuGH) immer wieder Urteile zu Gleichstellungsfragen gefällt. Seit dem 1980 erlassenen EG-Anpassungsgesetz zur Gleichbehandlung von Männern und Frauen am Arbeitsplatz (Arbeitsrechtliches EG-Anpassungsgesetz, Bundesgesetzblatt I 1980, S. 1308) wurden konkrete arbeitsrechtliche Vorschriften formuliert. Mit dem neuen gleichstellungspolitischen Instrument des „Gender Mainstreaming" wurde 1998 in Europa eine neue Strategie gesetzlich verbindlich gemacht (Europarat 1998, S. 15). Gender Mainstreaming definiert Gleichstellung als Querschnittspolitik und meint die (Re-)Organisation, Verbesserung und Entwicklung von Entscheidungsprozessen mit dem Ziel, dass die an Prozessen beteiligten Akteurinnen und Akteure die Perspektive der Gleichstellung in allen Abläufen und Entscheidungsprozessen berücksichtigen. Kennzeichnend für die Dimension ‚Geschlecht' ist heute eine ‚Mehrebenenpolitik', in der sich gesetzliche Vorgaben verschiedener Ebenen (EU, Bund, Länder) und vielfältige Fördermaßnahmen und Anreizsysteme überlagern.

In Hochschulen hat Gleichstellungspolitik eine deutlich längere und (bisher) gewichtigere Tradition als Ansätze, die andere Diversitätsdimensionen adressieren. Bei der Novellierung des Hochschulrahmengesetzes im Jahr 1985 wurden die Universitäten dazu verpflichtet, bei der Wahrnehmung ihrer Aufgaben gezielt auf die Beseitigung der für Wissenschaftlerinnen bestehenden Nachteile hinzuwirken (Hochschulrahmengesetz-Novelle, Bundesgesetzblatt I 1985, S. 2090). In die gleiche Periode fallen die Einrichtung der ersten Gleichstellungsstellen an Hochschulen und der Beginn einer gezielten Frauenförderung, wie sie im englischen Sprachraum mit „affirmative action" oder „positive action" charakterisiert wird. Die gleichstellungspolitische Strategie des Gender Mainstreaming stellt (auch) an Hochschulen die Anforderung, Geschlechterfragen zum selbstverständlichen Bestandteil aller Prozesse der Organisation zu machen.

Immer noch ist in Deutschland nur etwa jede fünfte Professur mit einer Frau besetzt. Ein Schwerpunkt der Frauenförderung war und ist daher weiterhin die Erhöhung des Frauenanteils auf den unterschiedlichen Stufen der akademischen Karriereleiter überall dort, wo Frauen bisher unterrepräsentiert sind. Bei der Formulierung von Zielen, z.B. im Rahmen von hochschulweiten oder fakultätsspezifischen Frauenförderplänen/Gleichstellungsplänen, wird dabei häufig auf das sogenannte ‚Kaskadenmodell' zurückgegriffen, das die angestrebte Anhebung des

Frauenanteils in einer Stufe an dem in der darunterliegenden Stufe bereits erreichten Frauenanteil festmacht (Bsp: Anhebung des Anteils der Frauen unter den Habilitandinnen und Habilitanden auf den Anteil der Frauen unter den Promovierenden). Dieser Ansatz folgt der Erkenntnis, dass die bisherige deutliche Unterrepräsentation von Frauen unter den Professorinnen nicht allein durch geschlechtersensible Berufungsverfahren angegangen werden kann, sondern Frauenförderung „von unten her" aufgebaut werden muss und alle Stufen des wissenschaftlichen Werdegangs begleiten werden sollte.

Neben dem vergleichsweise hohen Grad der Verrechtlichung im Bereich Frauenförderung/Gleichstellung, z.B. über die Landesgleichstellungsgesetze, sind für den Hochschulbereich auch vielfältige Anreizsysteme relevant. Exemplarisch sei hier das sog. Professorinnenprogramm benannt, in dessen Rahmen Hochschulen Gelder für die (Erst-)Berufung von Frauen auf Professuren beantragen können, oder die 2012 in NRW eingeführte Berücksichtigung des Professorinnenanteils im Rahmen der „leistungsorientierten Mittelvergabe" (LOM) an die jeweilige Hochschule. Auch die DFG fordert und fördert durch ihre im Jahr 2008 eingeführten ‚forschungsorientierten Gleichstellungsstandards' nachdrücklich die Berücksichtigung von Frauenförderung bzw. Gleichstellung im Rahmen der Forschung. In koordinierten Anträgen – z.B. für Sonderforschungsbereiche oder Graduiertenkollegs – werden Aussagen darüber erwartet, wie Gleichstellungsaspekte im Rahmen des Vorhabens berücksichtigt werden; hierfür werden im Bewilligungsfall entsprechend Gelder von der DFG bereitgestellt. Ein im Internet verfügbarer „Instrumentenkasten" mit Good-Practice-Beispielen gibt Anregungen zu möglichen Maßnahmen (www.instrumentenkasten.dfg.de, Zugriff 17.10.2014). Über den Stand der Gleichstellung und einschlägige Aktivitäten informieren die Abschlussberichte der Hochschulen an die DFG (http://www.dfg.de/foerderung/grundlagen_rahmen-be dingungen/chancengleichheit/forschungsorientierte_standards/abschlussberichte/ index.html, Zugriff 18.10.2014). Obwohl aus den Berichten deutlich wird, dass die Geschlechtergleichstellung an Hochschulen ungeachtet einiger Fortschritte bei weitem noch nicht erreicht ist, hat die Mitgliederversammlung der DFG im Juli 2013 beschlossen, die Forschungsorientierten Gleichstellungsstandards nicht in der bisherigen Form weiterzuführen. Stattdessen wurde ein Maßnahmenpaket verabschiedet, welches einen stärkeren Fokus auf die zahlenmäßige Entwicklung der Frauenanteile setzt. Zu diesem Maßnahmenbündel gehört eine jährliche Abfrage bei den Mitgliedshochschulen zu den Frauenanteilen auf den verschiedenen wissenschaftlichen Karrierestufen, die erstmals 2014 gestartet wurde (zum Verfahren s. http://www.dfg.de/foerderung/grundlagen_rahmenbedingungen/chance ngleichheit/forschungsorientierte_standards/abfrage_ab_2014/index.html, Zugriff 18.10.2014).

Die Dimension Geschlecht steht allerdings nicht nur in Bezug auf die Gruppe der akademisch Beschäftigten im Mittelpunkt vieler hochschulischer Aktivitäten. Auch in Bezug auf das wissenschaftsunterstützende Personal in der Verwaltung und in den Fakultäten sind Gleichstellungsfragen relevant. Wichtige Handlungsfelder sind z.B. die geschlechtssensible Arbeitsplatzbewertung (Stichwort: geringe Bezahlung von typischen Frauenarbeitsplätzen wie Sekretariatsstellen trotz deutlich gestiegener Anforderungen) oder die Erhöhung des Frauenanteils in Leitungspositionen in der Verwaltung.

Bezüglich der Studierenden steht inzwischen vor dem Hintergrund des deutlich gestiegenen Anteils weiblicher Studierender und auch weiblicher Absolventinnen und Absolventen – die inzwischen deutschlandweit und auch in vielen anderen europäischen Ländern bereits in der Überzahl sind – nicht mehr die allgemeine Erhöhung des Frauenanteils im Fokus, sondern die stark geschlechtsspezifisch orientierte Wahl des Studienfachs mit der bekannten Konzentration von weiblichen Studierenden auf die Buchwissenschaften und männlichen Studierenden auf die MINT-Fächer. Maßnahmen wie Girls' Days und inzwischen auch Boys' Days sollen helfen, die Geschlechtersegregation aufzubrechen und Mädchen und Jungen für jeweils „geschlechtsuntypische" Studienfächer und Berufe zu interessieren. Bisher zeichnen sich – von wenigen Fächern wie z.B. der Medizin abgesehen – allerdings nur mäßige Erfolge der Bemühungen um ein ausgeglicheneres Verhältnis beider Geschlechter in ‚typisch weiblichen‘ respektive ‚typisch männlichen‘ Studienfächern ab. Aktuelle Programme zielen überwiegend darauf ab, angesichts des prognostizierten Fachkräftemangels junge Frauen stärker für die MINT-Fächer zu gewinnen. Dabei ist allerdings zu beachten, dass ein vergleichbarer Arbeitskräftemangel für die bisher von Frauen dominierten sozialen Dienstleistungsberufe zu erwarten ist (BMFSFJ 2011, S. 181).

Ohne Zweifel ist die Dimension ‚Geschlecht‘ heute nach wie vor diejenige Diversitätskategorie, der in Hochschulen über alle Statusgruppen hinweg die meiste Aufmerksamkeit geschenkt wird. Zu den vielfältigen Handlungsfeldern gehören neben direkt auf die gleichstellungsorientierte Personalentwicklung bezogenen Instrumenten und Maßnahmen Aspekte wie die geschlechtssensible Kommunikation in der Hochschule oder die Berücksichtigung der Dimension Geschlecht in der Lehre (Lehrinhalte, Didaktik, Akkreditierung von Studiengängen) wie auch in der Forschung und im Qualitätsmanagement (Evaluationen) (aus der vielfältigen Literatur zum Thema s. z.B. Macha et al. 2011, Auferkorte-Michaelis et al. (Hg.) 2009 oder die praxisorientierten Veröffentlichungen aus dem Netzwerk Frauen- und Geschlechterforschung NRW, www.netzwerk-fgf.nrw.de).

Eng mit der Dimension ‚Geschlecht‘ verknüpft ist die Frage der familiären Situation von Beschäftigten und Studierenden. Sucht man nach den Ursachen für mögliche strukturelle Benachteiligungen von Frauen im Hochschulsystem, insbesondere in der akademischen Karriere, so liegt die Verbindung mit den Themen ‚Kinder‘ und ‚Familie‘ nahe. In der Tat belegen die vorliegenden Studien, dass die Frauen im Wissenschaftssystem vor allem dann auf strukturelle Hürden treffen, wenn sie Studium oder Wissenschaftskarriere mit Kindern oder anderen familiären Aufgaben unter einen Hut bringen müssen. Es ist daher nachvollziehbar (und sinnvoll), dass die Zuständigkeit für die Dimension ‚familiärer Kontext‘ bzw. für die Familienfreundlichkeit der Hochschule in der Regel bei der Gleichstellungsbeauftragten und ihrem Team liegt. Auch viele der existierenden Programme und Instrumente mit Gleichstellungsbezug – wie die forschungsorientierten Gleichstellungsstandards der DFG – setzen explizit oder implizit insbesondere an familiären Verpflichtungen (z.B. der Frage der Kinderbetreuung) an. Dennoch macht es Sinn, beide Felder differenziert zu betrachten. So zeigt einerseits die Familien- und Geschlechterforschung, dass mehr Familienfreundlichkeit alleine nicht ausreicht, um die Chancen und die Präsenz von Frauen im Studium und auf allen Stufen der akademischen Karriereleiter zu verbessern. Geschlechterstereotype u.v.a. können auch solche Frauen auf dem wissenschaftlichen Karriereweg behindern, die gar keine Kinder haben. Andererseits haben angesichts veränderter Rollenbilder zunehmend auch Männer „Vereinbarkeitsprobleme". So legen Studien von Metz-Göckel und Team (z.B. Selent et al. 2011) nahe, dass vor allem befristete Beschäftigungsverhältnisse und unsichere berufliche Perspektiven im akademischen Mittelbau bei beiden Geschlechtern eine Ursache für die in dieser Gruppe besonders hohe Kinderlosigkeit sein könnten. Auch die Erwartungen an die Mobilität junger Wissenschaftlerinnen und Wissenschaftler, insbesondere auch in Bezug auf internationale Erfahrungen, sowie Altersbegrenzungen für Stipendien und Förderprogramme können sich als Hürden und Stolpersteine für junge Eltern beiderlei Geschlechts auf dem akademischen Karriereweg erweisen.

Wo Kinder zu betreuen sind, ist dabei keineswegs nur die Frage der Existenz und Bezahlbarkeit von Kinderbetreuungsinfrastruktur (an der Hochschule wie im regionalen Umfeld) von Bedeutung. Für Beschäftigte mit Fürsorgeaufgaben – Kindererziehung, aber auch Pflege – spielen z.B. die Verlässlichkeit, aber auch die Flexibilität und Gestaltbarkeit von Arbeitszeit und Arbeitsort eine große Rolle. Für Studierende mit Kindern können z.B. E-Learning- und Blended-Learning-Angebote, Eltern-Kind-Arbeitsplätze in der Bibliothek oder Wahlmöglichkeiten bei Veranstaltungs- und Prüfungsterminen hilfreich sein. Bei der Entwicklung eines für die Hochschule „passenden" Sets an Angeboten kann das ‚audit familiengerechte Hochschule' der gemeinnützigen Hertie-Stiftung hilfreich sein, auf das näher in Kapitel 3 eingegangen wird. Durch die zur Durchführung der Auditierungsverfahren 1998 gegründete berufundfamilie gGmbH werden neben Hochschulen und Unternehmen der Privatwirtschaft seit 2008 auch Kommunen auf dem Weg zu mehr Familienfreundlichkeit begleitet. Zudem ist basierend auf dem deutschen Audit inzwischen ein „European work and family audit" entwickelt worden, welches einen verbindlichen europäischen Mindeststandard garantiert (http://www.beruf-und-familie.de/index.php?c=22). Erfolg verspricht ein entsprechender Schwerpunkt im Rahmen einer Diversity-Strategie aber vor allem dann, wenn die Einzelmaßnahmen in die Entwicklung einer familienfreundlichen Organisationskultur eingebunden werden.

Aufgabe:
Beschäftigen Sie sich mit dem Gleichstellungskonzept Ihrer Hochschule bzw. Bildungseinrichtung. Welche Gruppen werden adressiert – und mit welchen Maßnahmen? In welchem Verhältnis stehen Maßnahmen, die am familiären Kontext der Beschäftigten ansetzen, zu Maßnahmen, die an der Kategorie Geschlecht ansetzen? Sehen Sie mögliche Ansätze zur Weiterentwicklung des Konzepts Ihrer Hochschule bzw. Bildungseinrichtung, z.B. unter Bezugnahme auf die DFG-Gleichstellungsstandards?

2.2.2 Sexuelle Orientierung

In den USA adressieren Diversity-Strategien von Hochschulen regelmäßig auch die Dimension der sexuellen Orientierung. Ziel der LGBT- oder: LGBTQ-Politik von amerikanischen Hochschulen[2] ist es vor allem, dass Studierende und Beschäftigte mit nicht heteronormativer sexueller Orientierung frei von Diskriminierung studieren und arbeiten können. Darüber hinaus geht es häufig darum, Erfahrungsräume für den Austausch sich entsprechend zuordnender Personen zu schaffen und sie z.B. im Prozess des Coming Out zu unterstützen. LGBT-Maßnahmen zielen aber auch darauf ab, alle Hochschulmitglieder für die Belange von schwulen, lesbischen, bisexuellen oder Trans-Personen zu sensibilisieren und Stereotypen abzubauen.

Einfache Beispiele sind die Möglichkeit, sich nicht einem der beiden Geschlechter männlich/weiblich zuordnen zu müssen, z.B. bei der Einschreibung oder bei Prüfungen. Hierzu können auch geschlechtsneutrale Toiletten einen Beitrag leisten, wie das unten abgebildete Beispiel aus der University of Ohio zeigt (Abb. 1).

Der Auswertung einer 2011 erschienenen Studie von Prognos zur „Diskriminierungsfreien Hochschule" zufolge verfügen in den USA insgesamt 17 Staaten über ein Anti-Discrimination Law, das den Aspekt der sexuellen Identität mit berücksichtigt.

> „Als besonders fortschrittlich im vorurteilsfreien Umgang mit Homo-, Bi- und Transgender weist sich die Princeton University aus, die [...] nach eigenen Angaben unter die Top 20 „Best of the Best" Universitäten in den USA zählt. In diesem Zusammenhang hat die Hochschule mit dem Princeton University Lesbian, Gay, Bisexual, and Transgender (LGBT) Center ein eigenes Zentrum für Schwule, Lesben, Bi- und Trans*Personen gegründet, das aktiv in den Prozess der Hochschule eingebunden wird. Damit trägt es zu einem diskriminierungsfreien Klima auf dem Campus bei, indem es spezielle Bedürfnisse für diese Gruppe artikuliert und in verschiedenen Maßnahmen aufgreift und diese koordiniert." (Antidiskriminierungsstelle des Bundes 2011, S. 16f. Vgl. auch http://www.princeton.edu/lgbt/, Zugriff 06.03.2015).

---

2 LGBTQ: Lesbian, gay, bisexual, transgender, queer.

Abbildung 1:
Geschlechtsneutrale Toiletten an der University of Ohio

Quelle: U. Klammer (privat).

Insgesamt nimmt das Thema „sexuelle Orientierung" in den Diversity-Strategien und -Aktivitäten deutscher Hochschulen bisher eher eine nachgeordnete Rolle ein, obwohl die „sexuelle Identität" zu den in §1 des Allgemeinen Gleichbehandlungsgesetzes (AGG) genannten Dimensionen gehört, deren Nichtdiskriminierung sicherzustellen ist.

2.2.3 Behinderung

Auch die Nichtdiskriminierung von Behinderten ist in Deutschland seit langem gesetzlich vorgegeben. Schon in Art. 1, Abs. 3 des Grundgesetzes von 1949 heißt es: „Niemand darf wegen seiner Behinderung benachteiligt werden". Der Gleichstellung von Behinderten ist seitdem in Deutschland viel Aufmerksamkeit gewidmet worden, u.a. durch die Bestimmungen im Rahmen des Sozialgesetzbuches IX (SGB IX: Rehabilitation und Teilhabe behinderter Menschen). Bekräftigt wurde das Gebot der Nichtdiskriminierung von Behinderten schließlich erneut im Rahmen des AGG (§ 1). Eine wichtige Grundlage in Bezug auf die Rechte Behinderter ist zudem das 2006 von der Generalversammlung der Vereinten Nationen beschlossene „Übereinkommen über die Rechte von Menschen mit Behinderungen" (Convention on the Rights of Persons with Disabilities, kurz „Behindertenrechtskonvention"). Die UN-Behindertenrechtskonvention beinhaltet, neben der Bekräftigung allgemeiner Menschenrechte auch für behinderte Menschen, eine Vielzahl spezieller, auf die Lebenssituation behinderter Menschen abgestimmte Regelungen (http://www.behindertenrechtskonvention.info/, Zugriff: 06.03.2015). Mit

Artikel 24 Absatz 5 stärkt sie zudem explizit die Situation von Studierenden mit Behinderung, wonach „Menschen mit Behinderung ohne Diskriminierung und gleichberechtigt mit anderen Zugang zu allgemeiner Hochschulbildung, Berufsbildung, Erwachsenenbildung und lebenslangem Lernen haben".

Für den Hochschulbereich hat die Hochschulrektorenkonferenz (HRK) im Jahr 2009 eine einschlägige Empfehlung zur Berücksichtigung der Bedarfe von behinderten und chronisch erkrankten Studierenden verabschiedet. Die Empfehlung mit dem Titel „Eine Hochschule für alle" skizziert Herausforderungen und mögliche Handlungsfelder entlang der einzelnen Phasen des Studienverlaufs, um die chancengleiche Teilhabe für beeinträchtigte Studierende sicherzustellen. (http://www.hrk.de/uploads/tx_szconvention/Entschliessung_HS_Alle.pdf, Zugriff: 06.03.2015). Auch das Hochschulrahmengesetz (HRG) gibt klare Vorgaben für die Inklusion behinderter und chronisch erkrankter Studierender: Danach haben die Hochschulen die Aufgabe, „dass behinderte Studierende in ihrem Studium nicht benachteiligt werden und die Angebote der Hochschule möglichst ohne fremde Hilfe in Anspruch nehmen können" (§ 2 Abs. 4 HRG). Gleichzeitig müssen Prüfungsordnungen „die besonderen Belange behinderter Studierender zur Wahrung ihrer Chancengleichheit berücksichtigen" (§ 16 Satz 4 HRG).

In Hochschulen liegt die Zuständigkeit für Anliegen von behinderten und chronisch erkrankten Beschäftigten vor allem bei der gesetzlich vorgeschriebenen Schwerbehindertenvertretung, deren gesetzliche Grundlagen in den §§ 93ff. des SGB IX geregelt sind. Die Schwerbehindertenvertretung hat die Eingliederung schwerbehinderter Menschen zu fördern, ihre Interessen zu vertreten und ihnen beratend und helfend zur Seite zu stehen. Sie begleitet u.a. Einstellungsverfahren, beantragt für die Betroffenen Gesundheits- und Weiterbildungsmaßnahmen bei den zuständigen Stellen und vermittelt bei Problemen mit dem Arbeitgeber bzw. der Arbeitgeberin.

Die Belange behinderter und chronisch erkrankter Studierender werden dagegen bisher nicht einheitlich und systematisch behandelt. Bei Art und Ausmaß der Berücksichtigung der Belange beeinträchtigter Studierender finden sich große Unterschiede. Einzelne Hochschulen haben spezielle Beratungsstellen für behinderte und chronisch erkrankte Studierende institutionalisiert. Beispiele sind die Universität Dortmund mit der Beratungsstelle DoBuS (http://www.dobus.tu-dortmund.de/, Zugriff: 06.03.2015) oder die Beratungsstelle für Inklusion bei Behinderung und chronischer Erkrankung an der Universität Duisburg-Essen (http://www.uni-due.de/inklusionsportal/beratungsstelle.html, Zugriff: 06.03.2015).

Vielfach haben Hochschulen auch Ansätze entwickelt, die sich auf bestimmte Formen der Beeinträchtigung konzentrieren. Ein Beispiel ist das Projekt der ‚hörsensiblen Universität Oldenburg' (s. Kasten).

Beispiel: Hörsensible Universität Oldenburg

„Das Hauptanliegen der Hörsensiblen Universität Oldenburg ist es, die Qualität der Studien- und Arbeitsbedingungen aller Studierenden und Mitarbeiter_innen der C.v.O. Universität Oldenburg zu optimieren. Es werden die akustischen Rahmenbedingungen überprüft und Vorschläge für Verbesserungen abgeleitet. Ein Ergebnis dieser Aktivitäten stellen zwei barrierefreie Gruppenarbeitsräume in der Universitätsbibliothek dar, die seit April 2010 zur Verfügung stehen.

Außerdem werden im Rahmen eines durch die Randstad-Stiftung geförderten Forschungsprojektes zwei Stipendien an Studierende mit Beeinträchtigungen im Sprachverstehen vergeben. Weiterhin sind Stellen für studentische Hilfskräfte zu vergeben.

Ein weiteres Ziel der AG ist es, die Oldenburger Kompetenzen aus den Bereichen Wissenschaft und Praxis zum Thema „Hören/Beeinträchtigung im Hören" zu bündeln und Visionen zu entwickeln, wie eine hörsensible Universität für Personen mit und ohne Beeinträchtigungen im Hören gestaltet werden kann.

Entstanden ist das Projekt „Hörsensible Universität Oldenburg" im Januar 2006 aus einem Gremium von Studierenden und Wissenschaftler_innen. Mittlerweile hat sich aus dieser Initiative ein interdisziplinäres Netzwerk aus Studierenden, Absolvent_innen, Lehrenden und professionellen Berater_innen entwickelt. In diesem sind die Fachbereiche Rehabilitationspädagogik, Physik, Psychologie, Soziologie und Pädagogik aktiv."

Quelle: *http://www.uni-oldenburg.de/hoersensible-uni/*, Zugriff: 06.03.2015.

Das Deutsche Studentenwerk unterhält mit der Informations- und Beratungsstelle Studium und Behinderung eine zentrale Stelle, die umfangreiche Informationen und Materialen rund um das Thema Studium mit Behinderung bereithält und berät auch dezentral an den einzelnen Hochschulstandorten (http://www.studentenwerke.de/de/content/beratung, Zugriff: 06.03.2015; s. auch die Publikation „Studium und Behinderung" in der 7. Auflage von 2013 des Deutschen Studentenwerks).

Wo sich Hochschulen mit den Bedürfnissen behinderter und chronisch erkrankter Studierender befassen, steht zumeist das Thema ‚Barrierefreiheit' im Mittelpunkt der Diskussion und Bemühungen. Vor allem in älteren Hochschulen ist die Barrierefreiheit der Gebäude auf dem Campus bisher häufig nicht durchgängig gewährleistet. Zu berücksichtigen ist dabei, dass Hörsäle nicht nur für körperlich beeinträchtigte Studierende (und Lehrende) barrierefrei zugänglich sein sollten, sondern dass z.B. auch die Bedarfe seh- und hörbehinderter Studierender zu berücksichtigen sind. Dies berührt die Frage der Raumausstattung, aber auch Fragen des Medieneinsatzes und der Gestaltung barrierefreier Lehrmaterialien inklusive der Bereitstellung besonderer Hilfsmittel (wie spezieller Audiosysteme oder eigener Laptops für sehbehinderte Studierende).

Ein in den Augen vieler beeinträchtigter Studierender besonders wichtiges Handlungsfeld stellen Regelungen zum Nachteilsausgleich bei Prüfungen dar. Informations- und Sensibilisierungsveranstaltungen für Lehrende und anderes Hochschulpersonal mit Studierendenkontakten können dazu beitragen, die berechtigten Bedarfe behinderter und chronisch erkrankter Studierender angemessen zu berücksichtigen.

Zunehmend zeigt sich, dass neben den ‚klassischen' Anforderungen in der Beratung behinderter und chronisch erkrankter Studierender – z.B. zur Studienfinanzierung, zu Hilfsmitteln, Mobilitätsfragen oder Wohnmöglichkeiten – psychologische Beratungsangebote nachgefragt werden. Die Hintergründe für diese Entwicklung werden deutlich aus den vorliegenden Zahlen zur Verteilung verschiedener Beeinträchtigungen unter den Studierenden: 2011 führte das Deutsche Studentenwerk eine umfassende Erhebung zur Situation der Studierenden mit Behinderung und chronischer Krankheit durch, durch die erstmals ausführliche Daten zur Studiensituation von Studierenden mit Handicap vorgelegt wurden (Deutsches Studentenwerk 2012). Den vorliegenden Daten zufolge weisen rund 8% der Studierenden eine studienerschwerende Beeinträchtigung auf, ein nicht unbeträchtlicher Teil der Studierenden nennt mehrfache Beeinträchtigungen (vgl. Tab. 1).

Art der Beeinträchtigung	Frauen In %*	Männer In %*	Gesamt In %*
Mobilitäts- und Bewegungsbeeinträchtigung	3	5	4
Hör-/Sprechbeeinträchtigung	3	4	3
Sehbeeinträchtigung	5	6	5
Psychische Beeinträchtigung/ seelische Erkrankung	47	42	45
Chronisch-somatische Krankheit	20	19	20
Teilleistungsstörung	4	7	6
Sonstige Beeinträchtigung/Erkrankung	4	5	5
Psychische Beeinträchtigung UND chronisch-somatische Krankheit	4	3	3
Andere Mehrfachbeeinträchtigung	10	10	10
Summe	100	100	100

*: Anteile an allen Studierenden mit Beeinträchtigung (8% der Studierenden).

Tabelle 1:
Art der Beeinträchtigung, die sich am stärksten im Studium auswirkt (bei Studierenden mit Beeinträchtigung).

Quelle: Deutsches Studentenwerk (2012, S. 21), best-Umfrage 2011.

Wie die Tabelle 1 deutlich macht, handelt es sich um ein breites Spektrum an körperlichen und psychischen Beeinträchtigungen, unter denen die Mobilitäts- und Bewegungsbeeinträchtigungen nur einen vergleichsweise geringen Teil ausmachen, während psychische bzw. seelische Erkrankungen inzwischen besonders häufig sind. Rund ein Viertel der Beeinträchtigungen ist dabei nach Aussage der Studierenden erst während des Studiums aufgetreten. Die wenigsten Studierenden mit Handicap verfügen über einen Schwerbehindertenausweis und auch der klassische ‚Rollifahrer' stellt unter den Studierenden mit Behinderung und chronischer Erkrankung nur eine kleine Minderheit dar. Viele der Beeinträchtigungen (der genannten Umfrage des Studentenwerks zufolge fast zwei Drittel) sind für Außenstehende nicht ohne Weiteres zu erkennen – hieraus ergeben sich besondere Anforderungen für die Einschätzung und Berücksichtigung der Bedarfe behinderter und chronisch erkrankter Studierender in der Hochschule. Zu erwarten ist, dass das Thema „Inklusion" für Hochschulen – wie allgemein im Bildungsbereich – weiter an Bedeutung gewinnen wird.

2.2.4 Ethnische und kulturelle Diversität

Im Rahmen des Diversity Managements an US-amerikanischen Universitäten kommt der Dimension ‚ethnische/kulturelle Diversität' seit jeher eine besondere Bedeutung zu. Auch an deutschen Hochschulen spielt das Thema ethnische und kulturelle Vielfalt inzwischen eine gewichtige Rolle. Die Studierendenschaft hat sich im demografischen Wandel und vor dem Hintergrund der allgemeinen Bildungsexpansion, aber auch angesichts der zunehmenden internationalen Mobilität von Studierenden deutlich gewandelt und ist „bunter" geworden: Jede sechste Studienanfängerin bzw. jeder sechste Studienanfänger (16,1%) kam 2012 aus dem Ausland zum Studium nach Deutschland (Autorengruppe Bildungsberichterstattung 2014, Tab. F2-16.web). Hinzu kommen weitere 3,2% der Studienanfängerinnen bzw. Studienanfänger mit ausländischem Pass, die ihre Hochschulzugangsberechtigung in Deutschland erworben haben (sogenannte „Bildungsinländer"). Diese Zahlen enthalten noch nicht die deutlich gestiegene Zahl von Studierenden mit Migrationshintergrund und deutschem Pass, die ihre Hochschulzugangsberechtigung in Deutschland erworben haben.

Sogenannte „Bildungsausländer", die ihre Hochschulzugangsberechtigung im Ausland erworben haben, stellen in der Regel gänzlich andere Anforderungen an die Betreuung und Integration ins Studium als sogenannte „Bildungsinländer" bzw. Menschen mit Migrationshintergrund, die bereits das deutsche Schulsystem besucht haben und ihre Hochschulzugangsberechtigung in Deutschland erworben haben. Einige Daten und mögliche Problemfelder bei der Integration von international mobilen Studierenden lassen sich der Sozialerhebung des Deutschen Studentenwerks entnehmen:

International mobile Studierende in Deutschland – Ausgewählte Befunde aus der 19. Sozialerhebung des Deutschen Studentenwerks

„Die Zahl international mobiler Studierender hat sich von 2,7 Mio. im Jahre 2005 auf 3,3 Mio. im Jahre 2008 erhöht. China, Indien und Südkorea sind zurzeit die Länder, aus denen die meisten Studierenden ins Ausland gehen. Ziel dieser Mobilitätsströme sind die entwickelten Industrieländer (…).

Den größten Anteil unter den in Deutschland studierenden Bildungsausländern stellen Studierende aus China mit 12,8 %. Mit deutlichem Abstand folgen Studierende aus der Russischen Föderation (5,4 %), aus Polen (5,2 %) und Bulgarien (5,1 %). Fast die Hälfte der in Deutschland studierenden Bildungsausländer kommt aus anderen europäischen Staaten (48,5 %) (…).

Die neuen Länder werden für Bildungsausländer attraktiver: Während 2006 von den Bildungsausländern in Deutschland 11,7 % in den neuen Ländern studierten, sind es 2009 12,5 % (…).

81 % der Bildungsausländer haben den Studienaufenthalt in Deutschland selbst organisiert. 19 % sind im Rahmen eines Mobilitäts-, Partnerschafts-, Kooperations- oder Austauschprogramms nach Deutschland gekommen (…).

Nach der Einkommenssituation im Herkunftsland stammen 40 % der Bildungsausländer aus Staaten mit einem geringen bzw. einem geringen mittleren Pro-Kopf-Einkommen. Aus Staaten mit einem hohen Pro-Kopf-Einkommen kommen 23 % der Bildungsausländer (…).

Als Begründung für ein Studium in Deutschland wird am häufigsten angegeben, dass sich dadurch die Berufschancen verbessern (81 %), gefolgt von der Absicht, spezielle Fachkenntnisse erwerben zu wollen (69 %) (…).

Bildungsausländer im Erststudium bestreiten den Lebensunterhalt in Deutschland mit Einnahmen, die im Durchschnitt zu 34 % durch eigene Erwerbstätigkeit neben dem Studium erworben und zu 32 % von den Eltern bereitgestellt werden. Daneben sind Stipendien die wichtigste Einnahmequelle der ausländischen Studierenden: 15 % der Einnahmen werden durch Stipendien bereitgestellt (…). Bildungsausländern, die für ein vollständiges Erststudium oder ein Teilstudium in Deutschland sind, stehen im Durchschnitt monatliche Einnahmen in Höhe von 724 € bzw. 734 € zur Verfügung. Die vergleichbaren deutschen Studierenden (Bezugsgruppe „Normalstudent") verfügen mit 812 € über deutlich höhere monatliche Einnahmen. Als schwierig ist die finanzielle Situation der Bildungsausländer einzuschätzen, die aus Ländern mit einem geringeren Pro-Kopf-Einkommen nach Deutschland kommen. Vor allem diese Studierenden sind zur Finanzierung ihres Lebensunterhalts auf eigenen Verdienst angewiesen (…).

Danach gefragt, mit welchen Schwierigkeiten sie sich während des Studienaufenthalts in Deutschland konfrontiert sehen, wurden am häufigsten die Orientierung im Studiensystem, die Finanzierung des Studiums und der Kontakt mit deutschen Kommilitonen genannt. 37 % bis 40 % der Bildungsausländer haben diesbezüglich große Schwierigkeiten (…)."

Quelle: *19. Sozialerhebung des Deutschen Studentenwerks, BMBF (2010b), S. 5–6.*

Diversity-Strategien, die sich auf ausländische Studierende beziehen, können sich z.B. auf den bewussten Ausbau der internationalen Mobilität und gezielte Instrumente zur Rekrutierung internationaler Studierender beziehen (zu möglichen Strategien s. z.B. den Praxisleitfaden von GATE Germany, Bode et al. 2008), oder sie können angesichts der o.g. Problemfelder auf eine verbesserte Integration der ausländischen Studierenden abzielen. Aussichtsreich sind Ansätze, die nicht nur auf Anpassungsbedarf bei den ausländischen Studierenden – z.B. eine Verbesserung der Sprachkompetenz und Kontaktaufnahme – fokussieren, sondern die auf eine Sensibilisierung *aller* Hochschulmitglieder für interkulturelle Differenzen, auch im Wissenschaftssystem, abzielen.

Deutlich schwieriger ist die Identifizierung der Gruppe der migrantischen Studierenden und ihrer möglichen Bedarfe. Während zu den Bildungsinländern mit ausländischem Pass über die Erhebung der Nationalität bei der Einschreibung verlässliche Daten vorliegen, ist dies bisher für Studierende mit Migrationshintergrund, die die deutsche Staatsangehörigkeit haben, nicht der Fall. Insofern liegen Informationen zur Dimension ‚Migrationshintergrund' in der Regel an der Hochschule nicht oder allenfalls basierend auf freiwilligen Befragungen vor. Für einige wenige Informationen kann auf die Daten des HIS-Studienberechtigtenpanels zurückgegriffen werden. Die Daten weisen darauf hin, dass die vielfach belegten Selektionsmechanismen zu Lasten von Migrantinnen und Migranten im Bildungssystem offensichtlich vor allem *vor* dem Erreichen der Hochschulreife stattfinden, sich jedenfalls nicht in den Übergangsquoten der Studienberechtigten in die Hochschule belegen lassen: Haben Migrantenkinder erst einmal eine Hochschulzugangsberechtigung in der Tasche, so sind ihre Übergangsquoten in die Hochschule sogar geringfügig höher als in der vergleichbaren Gruppe ohne Migrationshintergrund. Nach Schätzungen im Bildungsbericht 2014 für 2012 ist davon auszugehen, dass von den Studienberechtigten ohne Migrationshintergrund etwa 72–79% ein Studium aufnehmen, aus der entsprechenden Gruppe mit Migrationshintergrund dagegen 76–83% (s. Autorengruppe Bildungsberichterstattung 2014, S. 296).

Gezielte Programme für Studierende mit Migrationshintergrund sind vor dem Hintergrund dieser Zahlen sorgfältig zu prüfen bzw. zu hinterfragen. Sie können Sinn machen, wenn es angesichts der bisherigen Unterrepräsentation von Menschen mit Migrationshintergrund in den Institutionen der höheren Bildung und in Entscheidungspositionen in Deutschland darum geht, die Zugangswege zur Universität zu verbessern, durch Vorbilder zu ermutigen (‚Testimonials'), Netzwerke zu unterstützen oder die Motivation zur Wahl von bisher von den entsprechenden Gruppen nur selten gewählten Studienfächern zu stärken. Das letztgenannte Ziel verfolgen z.B. diverse Initiativen, die sich auf Migrantinnen und Migranten in Lehramtsstudiengängen und -berufen beziehen, wie das in mehreren deutschen Regionen von der Hertie-Stiftung aufgelegte Stipendienprogramm „Hertie-Horizonte" (www.horizonte.ghst.de, Zugriff: 06.03.2015) oder das 2007 in NRW gestartete „Netzwerk Lehrkräfte mit Zuwanderungsgeschichte" (http://www.lmz-nrw.de, Zugriff: 06.03.2015). Angesichts der großen Heterogenität der Gruppe in Bezug auf Nationalität, soziale Lage, Dauer des bisherigen Aufenthalts in

Deutschland, individuelle Kompetenzen u.a. kann aber keinesfalls von homogenen, gruppenspezifischen Charakteristika oder gar Bedarfen ausgegangen werden. Zum anderen besteht leicht die Gefahr der ‚Schubladisierung' bzw. positiven Diskriminierung. Unterstützungsangebote – z.B. zur Verbesserung der Schreib- oder Sprachkompetenz – sollten daher vorzugsweise so ausgerichtet werden, dass unterschiedliche Studierendengruppen je nach Bedarf hierdurch angesprochen werden, während die Einbringung möglicher (inter-)kultureller Kompetenzen durch ausländische und migrantische Studierende vor allem durch eine alle Mitglieder der Hochschule umfassende, kulturell offene und potenzialorientierte Organisationskultur begünstigt werden kann.

Unterschiedliche kulturelle Hintergründe spielen zunehmend auch für das Personal von Hochschulen eine Rolle. Maßnahmen können sich hier darauf beziehen, im Rahmen der angestrebten Internationalisierung bewusst Wissenschaftlerinnen und Wissenschaftler für Forschung und Lehre aus dem Ausland zu gewinnen und damit auch den Campus vor Ort zu internationalisieren (Internationalisation at Home, s. Kap. 3.1.1). Hieraus können sich zugleich Herausforderungen an die Integration aus dem Ausland kommender Beschäftigter in den Forschungs- und Lehrbetrieb der Hochschule ergeben (Stichworte: Willkommenskultur, Dual Career Service, Informationsangebote zur Organisations- und Wissenschaftskultur im Land und zur Freizeitgestaltung, Sprachkurse, vertragsrechtliche Gleichbehandlungsprobleme in Bezug auf den Beamtenstatus). Strategien können sich aber auch auf die bewusste Rekrutierung von Personal mit Migrationshintergrund oder aus dem Ausland für die Verwaltung beziehen, um auch auf der Beschäftigtenebene die veränderte demografische Zusammensetzung der Gesellschaft und der Studierenden besser abzubilden.

2.2.5 Soziale Herkunft – „Bildungsaufstieg"

Während in der öffentlichen bildungspolitischen Diskussion bis heute unterschiedliche Positionen und Erfolge von Kindern und Jugendlichen im Bildungssystem vor allem mit der Dimension ‚Ethnie' bzw. ‚Migrationshintergrund' in Verbindung gebracht werden, hat die bildungswissenschaftliche Forschung nach dem PISA-Schock deutlich gemacht, dass vor allem das Milieu und der familiäre Bildungshintergrund Faktoren sind, die mit Bildungserfolg korrelieren, weniger der Migrationshintergrund ‚an sich'. Dies hat dazu geführt, dass sich ‚soziale Herkunft' für Hochschulen in den letzten Jahren zu einer wichtigen Ziel-Dimension von Diversity-Maßnahmen entwickelt hat.

Zu den zentralen Aufgaben des öffentlich finanzierten Bildungssystems gehört es, alle Personen unabhängig von Merkmalen der Herkunft oder des Geschlechts zu fördern, sodass sie sich entsprechend ihrer Voraussetzungen, Neigungen und Interessen optimal entwickeln können. Da jedoch die Aufwachsensbedingungen von Kindern und Jugendlichen sehr unterschiedlich sind, insbesondere mit Blick auf den Anregungsgehalt in den Familien, hat hier das Bildungssystem die wichtige Funktion, zur Minderung von Disparitäten und zur Schaffung von Chancengleichheit beizutragen.

Durch internationale Leistungsstudien sowie nationale Surveys ist immer wieder belegt worden, dass in Deutschland nach wie vor ein enger Zusammenhang zwischen Herkunftsmerkmalen, Bildungsbeteiligung sowie Kompetenz- und Zertifikatserwerb besteht. Diese Zusammenhänge untermauern auch die vorliegenden Daten zur Bildungsberichterstattung, die belegen, dass die Chance, eine Studienberechtigung zu erwerben und ein Studium zu beginnen, vom Bildungsstatus des Elternhauses abhängt. Dieser Befund bestätigt sich auch bei multivariater Prüfung, d.h. bei der Kontrolle von Drittvariablen, die einen Einfluss haben könnten. Von 100 Kindern, deren Eltern selbst studiert haben, nahmen 2009 77 ein Studium auf, während es bei Kindern, deren Eltern einen Hauptschulabschluss haben, nur 13 waren (Autorengruppe Bildungsberichterstattung 2012, S. 125 – vgl. Kap. 1). Während die erste Gruppe das hohe Ausmaß an Selbstreproduktion und Statusvererbung spiegelt, zeigt die zweite Gruppe, in welchem Umfang Hochschulen einen Bildungsaufstieg ermöglichen. Auch wenn Jugendliche eine Studienberechtigung erreicht haben, variiert die Studierwahrscheinlichkeit mit dem Bildungshintergrund im Elternhaus – selbst bei gleicher Schulleistung. Nahmen 2012 von den Jugendlichen mit Hochschulzugangsberechtigung aus akademischen Elternhäusern 82% ein Studium auf, waren es unter denjenigen, deren Eltern keinen Abschluss oder höchstens eine abgeschlossene Lehre haben, nur 61% (Autorengruppe Bildungsberichterstattung 2014, Tab. F2-5web).

Werden die familiären Sozialisationsbedingungen von Kindern und Jugendlichen betrachtet, so wächst noch immer ein nicht unbeträchtlicher Anteil in Risikolagen auf. Zwar zeigen sich in den letzten Jahren Verbesserungen durch den Rückgang des Anteils an Kindern aus bildungsfernen Elternhäusern, dennoch ist der Anteil armutsgefährdeter Kinder (18%) sowie der Anteil an Kindern, deren Eltern beide erwerbslos sind (10%), unverändert hoch. Für Kinder mit Migrationshintergrund stellt sich diese Situation nochmals problematischer dar, denn sie sind in höherem Ausmaß von sozialen und finanziellen Risiken sowie vom Risiko eines bildungsfernen Elternhauses betroffen. Darüber hinaus ist ihr Anteil unter den Kindern mit der Kumulation aller drei Risikolagen mit 7% mehr als doppelt so hoch wie bei Kindern ohne Migrationshintergrund (ebd.). Diese Risikolagen implizieren auch verschiedene Gelegenheitsstrukturen für familiale Bildungsprozesse. Nach wie vor verlässt ein höherer Anteil ausländischer Jugendlicher die Schule ohne allgemeinbildenden Schulabschluss. Umgekehrt ist die Wahrscheinlichkeit für ausländische Schülerinnen und Schüler, die Hochschulreife zu erlangen, auffällig geringer als bei den deutschen, selbst wenn die erzielte Fachleistung berücksichtigt wird. Wurde allerdings einmal die Hochschulzugangsberechtigung erlangt, so zeigen sich, wie bereits ausgeführt, in der Studienaufnahme keine nennenswerten Differenzen zwischen Jugendlichen deutscher Herkunft und Jugendlichen mit Migrationshintergrund.

Doch selbst wenn sie mit Erreichen der allgemeinen Hochschulreife quasi das Ticket zur Universität schon gelöst haben, können so genannte ‚first generation students‘, die als erste ihrer Familien studieren, mit besonderen Herausforderungen konfrontiert sein. Der Mangel an Vorbildern im familiären Umfeld kann zu einem geringen Informationsstand bezüglich möglicher Studienfächer und akademischer Berufe und in der Folge zu einer Orientierungslosigkeit in Bezug auf die Studienwahl führen. Auch bezüglich einer strategischen Karriereplanung (gezielte Wahl einer Hochschule, Planung eines Auslandssemesters oder von Praktika) kann das soziale Umfeld hier oft weniger helfen als bei Studierenden aus Akademikerfamilien. Die vorliegenden Daten belegen entsprechend, dass die Bildungsherkunft die regionale Mobilität zu Beginn und im Verlauf des Studiums beeinflusst: Studierende mit Eltern, die keinen Hochschulabschluss haben, verlassen die Region oder das Land weniger häufig zur Studienaufnahme und sind auch während des Studiums weniger mobil (Autorengruppe Bildungsberichterstattung 2014, S. 124f.).

Allerdings wäre es falsch anzunehmen, dass Eltern ohne hohe eigene Bildungsabschlüsse desinteressiert an den Bildungswegen ihrer Kinder wären. Auch vielen Eltern, die selbst keine hohe formale Bildung haben, ist die Bedeutung von hohen und erfolgreichen Bildungsabschlüssen für die Zukunftschancen ihrer Kinder heute sehr bewusst. Eltern ohne eigene entsprechende Bildungserfahrung fehlen jedoch oft die Kenntnisse, wie sie ihre Kinder unterstützen können, und sie haben Schwellenangst, vor allem auch Sorge vor den finanziellen Belastungen eines Studiums. Deshalb werden selbst vorhandene Informationsangebote der Schulen und Hochschulen oft nicht genutzt, es kommt immer noch zu eingeschränkten oder „falschen" Studiengangswahlen. Trotz deutlich verbesserter Beratungsangebote wird immer noch studiert, was aus der Schule bekannt ist oder später Prestige und ein gutes Einkommen verspricht – hier könnten gute (Self-)Assessment-Verfahren, auf die die Beratungsangebote abgestimmt werden sollten, hilfreich sein.

Der Habitus des Studierens muss erst eingeübt werden, inklusive der (fach-)sprachlichen Kenntnisse. Weiterhin fehlt es zu Hause in oft beengten Wohnverhältnissen am Verständnis dafür, dass Studieren auch am Abend und am Wochenende stattfindet und hierfür Raum und Ruhe benötigt werden. Hinzu kommt häufig die Notwendigkeit (manchmal auch der Wunsch), neben dem Studium durch Erwerbsarbeit hinzuzuverdienen. Teilzeitstudienangebote sind jedoch rar bzw. das ‚Studieren in unterschiedlichen Geschwindigkeiten' ist offiziell keine Option – unter anderem, weil das BAföG bis heute nicht an die Realität diverser Studienbedingungen und -verläufe angepasst worden ist.

Und es gibt weitere Hürden:
- Die Bologna-Reform, aber auch die Ausgestaltung der Hochschulfinanzierung und Erwartungen zukünftiger Arbeitgeber führen zu einer starken Fokussierung auf den Studienabschluss in der Regelstudienzeit. Das ist vor allem für Studierende, die sich erst akklimatisieren und/oder jobben müssen, oft ein Problem.
- Mobilität und Internationalisierung: Wer erfolgreich im Beruf durchstarten will, muss heute möglichst schon im Studium internationale Erfahrungen gesammelt haben. Die Zahlen belegen jedoch, dass dies gerade für viele ‚first

generation students' (Migrantinnen und Migranten, Studierende aus ökonomisch schwachen Elternhäusern) ein Problem darstellt: Die Auslandsmobilität variiert nach wie vor deutlich in Abhängigkeit von der sozialen Herkunft der Studierenden. Studierende der Herkunftsgruppe „hoch" haben anteilig fast doppelt so häufig einen studienbezogenen Auslandsaufenthalt absolviert als Studierende der Herkunftsgruppe „niedrig" (20 % vs. 11 %). Gegenüber 2006 sind die Unterschiede zwischen den Herkunftsgruppen allerdings etwas geringer geworden (12 % vs. 9 %) (19. Sozialerhebung, BMBF 2010b).

- Gelingt schließlich das Studium und damit der Bildungsaufstieg, so geht mit der Habitustransformation, wie El-Mafaalani (2012) gezeigt hat, eine Entfernung vom Milieu der Herkunftsfamilie einher, die zusätzliche familiäre Spannungen und Belastungen mit sich bringen kann.

Diversity-Maßnahmen, die sich auf die Dimension „soziale Herkunft" beziehen, zielen daher darauf ab, Studierenden unabhängig von ihrer Herkunft Wege zur Universität zu öffnen, ihnen die Eingewöhnung in der Studieneingangsphase zu ermöglichen und ihnen faire Chancen zu geben, ihr Studium erfolgreich abzuschließen. Mögliche Bausteine richten sich z.B. auf

- niedrigschwellige Angebote für Eltern und Schüler/-innen, die bereits deutlich vor dem möglichen Beginn des Studiums einsetzen[3];
- die Kooperation mit Schulen und die Bereitstellung von Materialien zur Studienorientierung während der Schulzeit;
- Self-Assessment-Verfahren;
- Brückenkurse und Angebote in der Studieneingangsphase, die die Eingewöhnung an der Hochschule erleichtern;
- Mentoringprogramme, die die Herkunft der Studierenden berücksichtigen;
- gezielte Beratung über Finanzierungsmöglichkeiten inklusive Stipendienprogrammen;
- Programme, die auch solchen Studierenden, die nicht zum Studium ins Ausland gehen können, internationale Erfahrungen am heimischen Campus ermöglichen (s. die Ausführungen zu ‚Internationalisation at Home').

---

3   S. hierzu z.B. das Programm „Chance hoch 2 – Das Programm für BildungsaufsteigerInnen" an der Universität Duisburg-Essen, das motivierte und begabte Jugendliche aus Nichtakademikerfamilien ab der Klasse 9/10 bis zu einem ersten akademischen Abschluss fördert und begleitet (www.uni-due.de/chancehoch2/, Zugriff: 06.03.2015).

Beispiel: „FH-Integrativ" an der Westfälischen Hochschule in Gelsenkirchen

Im Rahmen des mehrfach prämierten strategischen Projektes „FH-INTEGRATIV" arbeitet die Westfälische Hochschule in Gelsenkirchen an intensivierten bzw. teilweise auch neuen zielgruppenspezifischen Beratungs- und Betreuungsangeboten im Vorfeld der Ausbildungsentscheidung, in der Studieneingangsphase, im Studienverlauf und nach Abschluss des Studiums. Das Programm ist vor allem an die Zielgruppe von Studierenden aus Zuwandererfamilien adressiert, deren Familien bisher keine hochschulischen Erfahrungen haben. FH-INTEGRATIV richtet sich folglich auch an alle Akteure, die zu einer besseren Aktivierung und Entfaltung der an Menschen aus Zuwandererfamilien gebundenen Potenziale beitragen können. Entwickelt wurde eine integrative Strategie, die sich am Potenzialgedanken ausrichtet. Das Programm konzentriert sich auf drei Zeitfenster: die Schulphase, die Studieneinstiegsphase und den Studienverlauf. Als erste Hochschule bundesweit hat die Westfälische Hochschule mit dem Aufbau einer Talentförderung begonnen, um Talenten aus den Einzugsbereichen der Hochschule über niedrigschwellige, individuelle Beratungs- und Betreuungsangebote in Kooperation mit weiterführenden Schulen Perspektiven für ein Studium aufzuzeigen, Einblicke in den Hochschulalltag zu eröffnen und Zugänge zu Stipendien und Begabtenförderungswerken zu verbessern. Die Westfälische Hochschule gehört zu den Initiatoren und Gründungspartnern der Initiative TalentMetropole Ruhr, die seit Oktober 2012 vom Initiativkreis Ruhr koordiniert wird.

Quelle: *De Ridder/Jorzik (2012), S. 44–45.*

Die gezielte Beratung und Unterstützung von Nichtakademikerkindern auf dem Weg ins Studium hat sich auch die aus einer studentischen Initiative entstandene, inzwischen an vielen Hochschulstandorten aktive Organisation „Arbeiterkind.de" (www.arbeiterkind.de) zum Ziel gemacht.

2.2.6 Alter

Der Begriff des „Alters" verweist auf die gesellschaftliche Gliederung des Lebens in verschiedene Phasen. „Alter und Altersgrenzen sind dabei als soziale Konstrukte zu verstehen, die über unterschiedliche Größen (...) bestimmt, in gesellschaftlichen Prozessen definiert und hergestellt werden" (Antidiskriminierungsstelle des Bundes 2012, S. 20). Auch die Kategorie „Alter" gehört zu denjenigen Diversitätsdimensionen, die in §1 des Allgemeinen Gleichbehandlungsgesetzes als mögliche Ursache von Diskriminierungen angesprochen werden.

In Hochschulen spielt die Dimension „Alter" in unterschiedlichen Zusammenhängen eine Rolle. Neben dem kalendarischen Alter ist bei Studierenden z.B. auch die Semesteranzahl, bei Beschäftigten das Dienstalter relevant.

Tendenziell sind die Studierenden – vor allem die Studienanfänger/-innen – in jüngster Zeit durch die Verkürzung der Gymnasialzeit und den Wegfall der Wehrpflicht deutlich jünger geworden. Lag der Anteil der unter 20-jährigen Studienanfänger/-innen 2010 noch bei unter einem Viertel, war er bis 2012 bereits auf über ein Drittel gestiegen. An den Universitäten betrug er zuletzt über

40% (Autorengruppe Bildungsberichterstattung 2014, Tab. F2-15web). Neue Fragestellungen kommen in diesem Zusammenhang vor allem deshalb auf, weil im Zuge der Schulzeitverkürzung immer mehr Minderjährige ein Studium aufnehmen. Die Probleme, die minderjährige Studierende mit sich bringen, sind für die Hochschulen zunächst juristischer und struktureller Art. Unter-18-Jährige gelten als nicht geschäftsfähig und können sich folglich ohne Zustimmung der Eltern weder immatrikulieren noch einen Bibliotheksausweis erhalten. Rechtlich kritisch könnte es auch dort werden, wo Minderjährige auf nichtjugendfreie Studien- oder Forschungsinhalte treffen, etwa auf pornografisches Material in Bibliotheken oder kulturwissenschaftlichen Lehrveranstaltungen, oder wo die Minderjährigen beaufsichtigt werden müssten, beispielsweise beim Alkoholausschank auf Immatrikulationsfeiern (Scholle 2011).

Doch ist die Thematik der sehr jungen Studierenden auch auf einer sozialen Ebene angesiedelt – die kritische Auseinandersetzung mit bestimmten Fächern und Themen, bspw. in der Medizinausbildung oder in den sozial- und geisteswissenschaftlichen Fächern, bedarf einer gewissen persönlichen Reife. Deutsche Hochschulen verstehen sich bislang als Orte der Erwachsenenbildung, entsprechend sind die Inhalte hochschulischer Lehrveranstaltungen (zumindest implizit) konzipiert. Im Unterschied zu den USA, Großbritannien oder auch Belgien, wo Hochschulen von den Wohn- über die Sportangebote bis zu den Lehrveranstaltungen (auch) für minderjährige Studierende ausgerichtet sind, steht in Deutschland die bildungspolitische Debatte, inwieweit die neuen Rahmenbedingungen eine Anpassung des Selbstverständnisses von Hochschulen erfordern, noch aus (ebd.).

Doch auch die Bedarfe überdurchschnittlich alter Studierender sind in den Blick zu nehmen. Im Allgemeinen ist die finanzielle Belastung älterer Studierender höher als die finanzielle Belastung jüngerer Studierender, da sie häufiger bereits aus dem Elternhaus ausgezogen sind und eine eigene Familie gegründet haben (CHE-Consult, 2012). Studierende der Fachhochschulen sind im Durchschnitt älter als Studierende der Universitäten. Dies bedeutet auch, dass vor allem Studierende an Fachhochschulen häufig(er) in einer Lebensphase sind, in der sie bereits Familie haben und vor der Herausforderung stehen, Studium und familiäre Aufgaben zu verbinden.

Ältere Studierende müssen häufiger Studium und Erwerbsarbeit verbinden – nicht zuletzt aufgrund bestehender Altersgrenzen beim BAföG und bei der Vergabe von Stipendien. Grundsätzlich können Studierende nicht über das BAföG gefördert werden, wenn sie zu Beginn des Ausbildungsabschnitts schon das 30., bei Masterstudiengängen das 35. Lebensjahr vollendet haben. In den folgenden Fällen kann Ausbildungsförderung allerdings auch bei Überschreiten der jeweiligen Altersgrenze geleistet werden (https://www.bafög.de/de/altersgrenze-385.php, Zugriff 06.03.2015):

• bei Absolvent/-innen des Zweiten Bildungsweges,
• bei Studierenden, die ohne Hochschulzugangsberechtigung aufgrund ihrer beruflichen Qualifikation eingeschrieben wurden,
• bei Personen in einer weiteren Ausbildung, die für den angestrebten Beruf rechtlich erforderlich ist,

- bei Personen in einer Zusatzausbildung, zu der der Zugang durch die vorherige Ausbildung eröffnet wurde,
- bei Auszubildenden, die aus familiären Gründen an der früheren Aufnahme der Ausbildung gehindert waren,
- bei Auszubildenden, die aufgrund einer einschneidenden Änderung der persönlichen Verhältnisse bedürftig wurden.

Die Studienförderwerke sehen bei der Vergabe von Stipendien mehrheitlich ähnliche Altersgrenzen vor wie das BAföG. Ebenso können die Altersobergrenzen für das Kindergeld (25 Jahre), für die Krankenversicherung für Studierende (30 Jahre) oder den Bildungskredit (36 Jahre) für Studierende bei Überschreiten der entsprechenden Altersgrenzen Probleme aufwerfen. Seit April 2013 hat die Kreditanstalt für Wiederaufbau (KfW) ihren Studienkredit stark ausgeweitet – insbesondere wurde die Altersgrenze angehoben. Personen über 35 werden allerdings weniger lange gefördert als jüngere Studierende.

Zwar verweist der CHE-Diversity-Report (CHE-Consult 2012) darauf, dass ältere Studierende zielgerichteter studieren. Wenn sie jedoch aufgrund zeitlicher Restriktionen faktisch nicht Vollzeit studieren können und aus ihrer Studienkohorte herausfallen, erleben Studierende dies häufig als stigmatisierend. Dies zieht Gestaltungsbedarf in Bezug auf die zeitliche Lage und Flexibilität der Studienangebote nach sich.

Zusammenfassend lässt sich festhalten, dass die Idee des „Lebenslangen Lernens" in Deutschland bisher in den Förderstrukturen für grundständig Studierende noch keinen Niederschlag findet. Bei der Gestaltung von Studienstrukturen unter Diversity-Gesichtspunkten sollte den unterschiedlichen Bedarfen von Studierenden in unterschiedlichen Lebensphasen jedoch Rechnung getragen werden.

In Deutschland richten sich stattdessen bisher vor allem Angebote der wissenschaftlichen Weiterbildung an Studieninteressierte in fortgeschrittenem Lebensalter und entsprechenden (beruflichen, familiären) Lebenssituationen. Obgleich die wissenschaftliche Weiterbildung seit der Novellierung des Hochschulrahmengesetzes laut § 2 Abs. 1 HRG – übereinstimmend in den Hochschulgesetzen der Länder – den Hochschulen als Kernaufgabe neben Forschung und Lehre zugewiesen ist, sind die Angebote bisher nur vergleichsweise zögerlich ausgebaut worden. Vor allem in öffentlichen Hochschulen behindern strukturelle Hürden (wie die Nichtanrechenbarkeit auf das Lehrdeputat, erforderliche Anschubinvestitionen, konkurrierende Raumbedarfe und die besonderen Anforderungen an die zeitliche/mediale Gestaltung der Lehrformate) bisher den weiteren Ausbau entsprechender Angebote. Eine Ungleichbehandlung zwischen Studierenden in den sogenannten „konsekutiven Master-Studiengängen" und den (zumeist älteren) Studierenden, die in einem „weiterbildenden Masterstudiengang" studieren, besteht darin, dass bisher an öffentlichen Hochschulen nur die Weiterbildungsmaster kostenpflichtig sind.

Wissenschaftliche Weiterbildung wird von Hochschulen und anderen Bildungseinrichtungen in einer Vielzahl von Veranstaltungsformaten angeboten – vom einzelnen Zertifikatskurs bis zum mehrjährigen Studiengang mit Hochschulabschluss (vgl. auch Autorengruppe Bildungsberichterstattung 2012, insbesondere S. 149f.). Wenn viele öffentliche Hochschulen sich mit Angeboten auch bislang zurückhalten, so gewinnen weiterbildende Studiengänge, die auf einem ersten Hochschulabschluss aufbauen oder auf der Grundlage von beruflicher Ausbildung und Erfahrung zu einem ersten Hochschulgrad führen, an einzelnen Hochschulen doch immer mehr an Bedeutung. Eine Vorreiterrolle unter den deutschen Universitäten nimmt bspw. das Center for Lifelong-Learning (C3L) an der Universität Oldenburg ein. Neben unterschiedlichen Zertifikatskursen werden hier zwei Bachelor– und fünf Masterstudiengänge angeboten (Stand: März 2015), die sich vor allem an den Kompetenzen und Bedarfen berufstätiger Studierender orientieren (http://www.uni-oldenburg.de/c3l/, Zugriff 06.03.2015). Mit der Eröffnung des Lifelong Learning Campus im Dezember 2011 hat die Universität Oldenburg ihre führende Stellung auf dem Gebiet der wissenschaftlichen Weiterbildung weiter untermauert (http://www.uni-oldenburg.de/lifelong-learning-campus/, Zugriff 06.03.2015). Eine allgemeine Übersicht über die unterschiedlichen Angebote im Bereich der wissenschaftlichen Weiterbildung bietet die Suchmaschine des Deutschen Bildungsservers für Weiterbildungskurse (http://www.iwwb.de, Zugriff 06.03.2015), eine gute regionale Informationsquelle stellt das Portal für wissenschaftliche Weiterbildung und berufsbegleitendes Studium an Hamburger Hochschulen dar (http://www.wisswb-hamburg.de/weiterbildungsangebote.html, Zugriff 06.03.2015).

Weit verbreitet sind an Universitäten und Fachhochschulen dagegen inzwischen Angebote für Studierende im Seniorenalter. Informationen zum Seniorenstudium und einen Überblick über einschlägige Angebote finden sich auf der Website des Akademischen Vereins der Senioren in Deutschland (AVDS) (http://senioren-studium.de/2011-08-07-02-51-05/was-ist-senioren-studium-de, Zugriff 06.03.2015). Die Zahl der Seniorenstudent/-innen an deutschen Hochschulen stieg seit den frühen 1980er Jahren ausgehend von einem niedrigen Niveau kontinuierlich an, bevor es Mitte der 2000er Jahre – möglicherweise bedingt durch die Umstellung auf Bachelor/Master und die Einführung von Studiengebühren – zu einem deutlichen Rückgang kam; inzwischen sind die Zahlen wieder steigend. Nach Recherchen von Tremmel et al. (2014, S. 203ff.) waren im WS 2012/2013 unter den ca. 2,5 Mio. immatrikulierten Studierenden zwar nur rund 4.000 Seniorenstudierende über 60, unter den 33.574 registrierten Gasthörern stellten sie aber knapp mehr als die Hälfte der Studierenden, d.h. knapp 17.000. Zudem besucht Studien zufolge ein nicht unbeträchtlicher Teil der Senioren Lehrveranstaltungen ohne jede Einschreibung (ebd.). Die Motivation von Personen im Ruhestand zur Aufnahme eines Studiums ist vielfältig. Sie können von dem Wunsch, die Kenntnisse in einem bestimmten Feld zu erweitern über die mentale Gesunderhaltung, eine sinnvolle Freizeitgestaltung bis zum Aufbau neuer sozialer Kontakte reichen. Das Nebeneinander von Jung und Alt im Hörsaal verläuft nicht immer konfliktfrei. Ansätze des Diversity Management können jedoch dazu beitragen, das gemeinsame Studium von jungen Studierenden und Senioren für einen intergenerationalen Austausch zu nutzen, von dem beide Gruppen profitieren.

Zudem bringen Senioren oft berufliche Erfahrungen mit, die in Lehrveranstaltungen mit eingebracht werden können.

Da sich hinter dem Stichwort „Seniorenstudierende" sehr unterschiedliche Motivationen der entsprechenden Bevölkerungsgruppe und entsprechend unterschiedliche Studienformen verbergen (vom Gasthörer, der aus persönlichem Interesse einzelne Hochschulveranstaltungen besucht, bis zu regulär eingeschriebenen Studierenden, die ganze Studiengänge oder sogar eine Promotion nach Beendigung ihrer Berufstätigkeit absolvieren), wird auf diese Gruppe im Weiteren nicht näher eingegangen.

Anders als in den USA, wo der Age Discrimination in Employment Act von 1968 die berufliche Altersdiskriminierung unterbindet, spielen Altersgrenzen in Deutschland auch in der wissenschaftlichen Karriere eine bedeutende Rolle. Insbesondere gilt das für die Verbeamtung von Professorinnen und Professoren, die je nach Bundesland teilweise nur bis zum 45. Lebensjahr, teilweise bis zum 52. Lebensjahr möglich ist. In Nordrhein-Westfalen konnten die Hochschulen über 45 Jahre alte Professorinnen und Professoren bislang nur einstellen, wenn sie einen Ausgleichsbetrag von 210.000 bis 260.000 € (gestaffelt nach Lebensalter) zur Abdeckung der Pensionslasten an das Land entrichten. Wank (2009) interpretiert dies als eine Form der mittelbaren Altersdiskriminierung. Ähnlich argumentierend hat das Oberverwaltungsgericht Nordrhein-Westfalen (OVG NW) mit Urteil vom 22. Januar 2013 (Aktenzeichen 6 A 1171/11) entschieden, dass die Hochschule bei ihrer Ermessensentscheidung derartige finanzielle Folgen nicht berücksichtigen darf.

2.3 Von einzelnen Diversity-Dimensionen zu Intersektionalitätsansätzen

Es lässt sich festhalten: Die erfolgreiche Umsetzung des Bologna-Prozesses erfordert merkliche Veränderungen in der Organisationskultur von Hochschulen und eine veränderte Haltung gegenüber Differenzen sowie eine Auseinandersetzung mit den gegebenenfalls zu adressierenden Dimensionen von Diversität. Frühe Empfehlungen (Kram und Hall 1996, Quinlan 1999) konzentrierten sich auf die Entwicklung von gruppenspezifischen Mentoringprogrammen. Empfohlen wurden praktische Maßnahmen wie z.B. die Bereitstellung von Informationen über nationale und lokale Idiosynkrasien, örtliche Kultur- und Freizeitangebote oder Sprachkurse. Zum verbreiteten Repertoire gehören zudem Diversity-Trainings, die darauf abzielen, Stereotypen über einzelne Gruppen abzubauen, um subtile Diskriminierungsmechanismen aufzudecken und zu vermeiden. Inzwischen ist eine große Bandbreite an unterschiedlichen theoretischen Ansätzen und praktischen Programmen entwickelt worden, die an den tatsächlichen oder vermeintlichen Bedarfen unterschiedlicher Gruppen anknüpfen, einerseits Diskriminierungen verhindern und Chancengleichheit sicherstellen sollen, andererseits – einen Schritt darüber hinausgehend – die Potenziale bestimmter, vor allem kultureller, Differenzen positiv in der Organisation zu nutzen versuchen (s. hierzu z.B. die Beiträge in Krell et al. 2007 sowie in Heitzmann/Klein 2012). Die Ansätze folgen – bei unterschiedlichen Ausprägungen – den drei schon von Thomas/Ely (1996) skizzierten Paradigmen des Diversity Managements, nämlich „Fairness and Discrimination", „Access and Legitimacy" und „Learning and Effectiveness" (s.a. Hansen/ Müller 2003, S. 21–31). Gefahren liegen dabei in der ungeprüften Zuschreibung von Differenzen wie auch in einer – wohlmeinenden, aber nicht immer unkritischen – positiven Diskriminierung bestimmter Gruppen, z.B. von Studierenden mit Migrationshintergrund. Oft liegt zwischen Nichtdiskriminierung und positiver Diskriminierung nur ein schmaler Grat. Zu beachten ist schließlich die Gefahr einer „Schubladisierung", bei der Menschen nur (noch) durch die Brille einer einzigen Diversitätskategorie, z.B. ethnischer bzw. Migrationshintergrund gesehen werden. Faktisch können für die Betroffenen andere Charakteristika (z.B. ihre Situation als Mann/Frau, als Eltern, als Behinderte/-r oder die Herkunft aus einem bestimmten sozialen Milieu) eine deutlich größere Rolle spielen. Zudem können sich Dimensionen überlagern oder es kann sich die Gewichtung der Bedeutung einzelner Merkmale im Laufe der Biografie verschieben.

Die Forschung zu den Dimensionen von Diversität konzentriert sich daher in jüngeren Studien vor allem auf Fragen der Intersektionalität, die das Verhältnis und Zusammenspiel verschiedener Ungleichheitsdimensionen wie Klasse, Geschlecht und Ethnizität beleuchten (vgl. in einem gesellschaftstheoretischen Horizont Klinger et al. 2007, Klein/Heitzmann 2012, als Beispiel für eine praxisorientierte Studie z.B. CEWS 2008 zu Wissenschaftlerinnen mit Migrationshintergrund). Axeli-Knapp (2012, S. 429f.) weist darauf hin, dass sich die Arbeiten zur Intersektionalität inzwischen selbst auf eine unübersichtliche Vielfalt von möglichen Interferenzen zwischen unterschiedlichen Kategorien sozialer Strukturierung beziehen, ausgehend „von der klassischen Dreifaltigkeit des Black Feminism (Race, Class, Gender) über das begrifflich etwas weiter gefaßte [sic] Ethnizität, Klasse, Geschlecht/Sexualität bis hin zu längeren Listen all der ‚differences', die sich als empirisch vorfindliche Distinktionsmerkmale zwischen Gruppen sowie Individuen dingfest machen lassen". Die inzwischen übliche Verwendung des Plurals ‚intersectionalities' charakterisiere eine Offenheit für vielfältige Referenzen – für unterschiedliche Kategorien, Achsen, Relationen, Ebenen und Aggregationsniveaus, auf denen Überschneidungen in den Blick genommen werden können (ebd.). Auch wenn hieraus ersichtlich wird, dass die Forschung zu den Dimensionen von Diversität und zur Intersektionalität keinesfalls als abgeschlossen gelten kann und bisher keine verlässliche Folie für die praktische Entwicklung von Diversity-Strategien an Hochschulen bieten kann, zeigt sich doch deutlich, dass dem möglichen Zusammenspiel verschiedener Diversitätskategorien auch in der Praxis eine hohe Aufmerksamkeit geschenkt werden muss.

Aufgabe:

Diskutieren Sie – mit Bezug auf die einschlägige Literatur und/oder Erfahrungen aus Ihrer Hochschule/Bildungseinrichtung – mögliche Zusammenhänge einzelner Diversitätsdimensionen im Sinne der Intersektionalität. Wie können diese im Rahmen des Diversity Managements berücksichtigt werden?

Frage zu den „Kerndimensionen und ihren Handlungsfeldern in der Hochschule"

- Reflektieren Sie, welche Rolle die unterschiedlichen Dimensionen an Ihrer Hochschule oder Bildungseinrichtung spielen? Fassen Sie jeweils in fünf Stichworten zusammen, welche institutionellen Annahmen (ggf. auch Vorurteile) mit den Dimensionen verbunden sind.

Literatur zur Vertiefung

Axeli-Knapp, G. (2012): Verhältnisbestimmungen: Geschlecht, Klasse, Ethnizität in gesellschaftstheoretischer Perspektive. In: Axeli-Knapp, G.: Im Widerstreit. Feministische Theorie in Bewegung. Wiesbaden: VS-Verlag/Springer, S. 429–460.

Klein, U./Heitzmann, D. (Hg.) (2012): Hochschule und Diversity. Theoretische Zugänge und empirische Bestandsaufnahme. Weinheim und Basel: Beltz Juventa.

Klinger, C./Axeli-Knapp, G./Sauer, B. (Hg.) (2007): Achsen der Ungleichheit. Zum Verhältnis von Klasse, Geschlecht und Ethnizität. Frankfurt a.M./New York: Campus Verlag.

Krell, G./Riedmüller, B./Sieben, B./Vinz, D. (Hg.) (2007): Diversity Studies. Grundlagen und disziplinäre Ansätze. Frankfurt a.M./New York: Campus Verlag.

3 Diversity Management konkret

Die Konkretisierung von Diversity Management in der Hochschule bezieht sich im besonderen Maße auf Studium und Lehre (3.1), doch das Themenfeld steht auch in enger Verbindung zu den Inhalten und Strukturen der Forschung (3.2). Eine wichtige Rolle spielt Diversity Management zudem im Hinblick auf die Barrierefreiheit im Bereich IT und Infrastruktur (3.3). Die besondere Personalrelevanz des Themas rechtfertigt auf der Ebene von Konkretionen ebenfalls, die Rolle von Diversity Management für die Hochschule als Arbeitgeberin (3.4) genauer zu fassen.

Aus diesem Grund werden in diesem Kapitel Näherungen und Präzisierungen von Handlungsbedarfen im Hinblick auf Vielfalt und Heterogenität an Hochschulen präsentiert und Handlungsansätze des Diversity Management in den benannten, ausgewählten Feldern vorgestellt.

3.1 Diversity Management in Studium und Lehre

Mit Diversity Management in der Lehre ist ein weites Feld eröffnet, das auf einem breiten hochschulpolitischen Diskurs seit den 1968er Jahren im deutschsprachigen Europa beruht. Letztlich handelt es sich bei der Gestaltung von Diversity Management in der Lehre um zwei wesentliche Zielsetzungen. Auf der einen Seite geht es um die Verbesserung bzw. Erreichbarkeit von *Chancengleichheit* oder *Bildungsgerechtigkeit*. Zum anderen geht es um die Realisierung von *evidenzbasierten Change-Management-Prozessen*, die für den Bereich der Lehre immer schon gefordert, jedoch bisher mit gemischtem Erfolg umgesetzt wurden. Bereits in der Einleitung wurde die Frage thematisiert, inwiefern der Bologna-Prozess Diversity-Management-Fragen aufwirft und in den Aufgabenkatalog der Hochschulen einschreibt: *Das Leuvener Kommuniqué* hat hier mit den Forderungen nach mehr Studierendenzentrierung besonders wesentliche Maßstäbe gesetzt. Die Aufmerksamkeit für eine bewusste Veränderung von Lehr-/Lernstrukturen war seit den 1968er Jahren nicht mehr so stark wie heute, damals wie heute (damals eher bottom-up, heute eher top-down) hat die Politik mit finanziellen Anreizen und Maßnahmen reagiert bzw. stimuliert.

Diversity Management in der Lehre bezieht sich auf Strukturen (3.1.1), Lehr-/Lernformen (3.1.2), Beratungsformen (3.1.3) und Inhalte (3.1.4) mit einem deutlichen Schwerpunkt auf den beiden erstgenannten Themen. Die nachfolgenden Ausführungen geben Antworten auf wichtige Fragestellungen zur Operationalisierung von DiM in der Lehre.

3.1.1 Diversity-sensible Studienstrukturen

Propädeutik

Im Zuge der Diskussionen um heterogene Eingangsvoraussetzungen von Studierenden erfährt auch die aktive Wissenschaftspropädeutik eine wiedergewonnene
Aktualität in der Hochschullandschaft. Viele Hochschulen verlassen sich nicht nur
auf die eigentlich der Sekundarstufe II zugerechnete Aufgabe der „Vorbildung"
[gr.: pró (‚vor'), paideuein (‚bilden', ‚lehren')], sondern werden zunehmend selbst
aktiv.

Angesichts der Diskurse um den vermeintlichen Niveauverlust der Allgemeinen Hochschulreife (Abitur) und auch aufgrund zunehmender Öffnungsklauseln
bezüglich des bislang stark über das Abitur geregelten Hochschulzugangs (z.B. für
beruflich Qualifizierte ohne Hochschulzugangsberechtigung) sind an vielen Universitäten und Fachhochschulen Angleichungs-, Brücken- oder Vorkurse eingerichtet worden, die oftmals vor Aufnahme des Fachstudiums als so genanntes ‚null-
tes Semester' vorgeschaltet und meist direkt durch die Fächer organisiert werden.
Darüber hinaus haben es sich bereits einige Hochschulen zum Programm gemacht, eine überfachliche Studieneingangsphase zu gestalten, die eine propädeu-
tische Sozialisation im System Hochschule vorsieht. Den Bestrebungen gemein ist
die assimilatorische Haltung der Programme, die Individuen mit heterogenen Voraussetzungen den vorfindbaren Strukturen und Erwartungen ‚angleichen' möchte.

Die Erfahrung der hochschulischen Wissenschaftspropädeutik (auch vieler
Brückenkurssysteme des historisch gewordenen Gesamthochschulmodells) zeigt,
dass wissenschaftspropädeutisches Lernen vielerorts leider nicht über die Ak-
tualisierung von erwarteten Wissensständen hinausgeht. Notwendig wäre es jedoch, die Auffrischung von Wissensbeständen mit Orientierungswissen zu verbinden, um Zusammenhänge und Strukturen von Wissenslandschaften erschließen
zu können und somit einen Zugang zu einem Fachgebiet zu öffnen. Neben Wis-
sensfeldern spielen hier vor allem Methodik/Arbeitstechnik, die Generierung er-
kenntnisgeleiteten Interesses als wissenschaftliche Grundhaltung und die Förderung von Reflexionsfähigkeit eine besondere Rolle.

In der Orientierungsfunktion, der Förderung von ‚Verknüpfungs'-Fähigkeit, besteht auch die besondere Rolle der Propädeutik für das Diversity Management in
der Lehre. Gute Propädeutik schafft es, Studierenden Zugänge zu den Wissensbeständen und Methoden systematisch zu ermöglichen und somit konstruktivis-
tisch auf bisherigen Wissensbeständen aufzubauen. Gelingt die Herstellung dieses
‚missing link', so kann Propädeutik sehr heterogene Erfahrungswelten und Hintergründe mit vorausgesetzten Wissens- und Verhaltensformen verbinden.

Vor dem Hintergrund eines bewussten Diversity Managements in Hochschulen sollte jedoch neben der assimilatorischen Funktion von Propädeutik auch über
die Chancen akkomodatorischen Lernens nachgedacht werden. Anhand folgender
Leitfragen sollten hochschulische Akteure darüber nachdenken, was sie für ihre
Strukturen und ihr Handeln aus den Erfahrungen und Erwartungen der Studierenden in ihren ersten Schritten lernen können:

- Welche Verfahren/Strukturen oder Prozesse sind ‚verknüpfungsfeindlich'? Wo ‚behindern' Hochschulen die Verbindung von Wissens- und Erfahrungs-räumen/-beständen?
- Welche Inhalte und Methoden knüpfen an, welche führen eher zu disjunkten Wissensformen?
- Wie können die Lehr-/Lernformen vermutlich heterogenen Zugängen und Ler-nertypen angepasst werden?

Strukturierte Eingangsphase

Als Studieneingangsphase kann die Studienzeit der ersten beiden Semester ver-standen werden. Sie dient der Orientierung im System Hochschule und stellt die Weichen für den späteren Studienerfolg, sie ist jedoch auch eine der kritischsten Phasen im Studienverlauf. Gelenkter wie aber auch ungewollter ‚Drop-Out' im ersten Studienjahr kann zwar bis zu einem gewissen Maß gegenüber dem spä-ten ‚Drop-Out' vor entscheidenden Prüfungen als individuell vertretbar und insti-tutionell sinnvoll angesehen werden, ist jedoch bereits seit vielen Jahren in eini-gen Fächern systematisch. So wird beispielsweise bei einigen leistungsorientierten Mittelvergabesystemen für den Leistungsparameter Studienerfolg lediglich das Delta ‚drittes Fachsemester zum Ende der Regelstudienzeit plus zwei Semester' zum Betrachtungsbezugspunkt gemacht, um Studienerfolgsquoten zu berechnen. Zwischen erstem und drittem Semester sind in vielen Fächern Nicht-Verbleibs-quoten (‚Schwundquoten') von über 50% nicht unüblich (vgl. Dieter 2012).

Ob nun ein Studienfachwechsel, Studienortwechsel oder ein ‚echter' Abbruch vorliegt, lässt sich aus vielen Daten nicht eindeutig belegen. Die gesamtgesell-schaftlichen und individuellen Folgen von Einschnitten im hochschulischen Sozi-alisationsprozess der Eingangsphase sollten jedoch – ganz gleich, wie kanalisiert und ggfs. auch fruchtbar diese Einschnitte individuell verarbeitet werden – zumin-dest reflektiert werden. Klassische Gründe von Studienabbruch sind gemäß der bislang sechs seit 2002 durchgeführten Studienabbruch-Studien der HIS GmbH a) berufliche Umorientierungen, b) finanzielle Probleme und schlicht c) mangelnde Motivation (vgl. Heublein et al. 2003). Sieht man genauer hin, wirken eine Reihe von Bedingungsfaktoren auf die Motivation zum Studienabbruch besonders ein. Davon sind die allermeisten Faktoren für Diversity Management an Hochschu-len von besonderer Bedeutung. Heublein et al. benennen: Herkunft aus bildungs-fernen und einkommensschwachen Bevölkerungsschichten, hohe Erwerbstätigkeit während der Studienzeit, starke schulische Defizite, mangelnde Leistungsbereit-schaft und zu geringes Leistungsvermögen, psychisch instabile Konstitution, un-erfüllte Studienerwartungen, unzulängliche Studienbedingungen, Betreuung eines oder mehrerer Kinder. Das Zusammenwirken mehrerer Bedingungsfaktoren er-höht die Abbruchwahrscheinlichkeit. Fasst man die Bedingungsfaktoren zusam-men, so können sie als Faktoren fehlender Bindung verstanden werden. Bindung kann vor allem während der ersten beiden Semester geschaffen werden, daher kommt der Studieneingangsphase hier besondere Bedeutung zu. Sowohl im Hin-blick auf die Sozialisierung im Hochschulbetrieb als auch im Hinblick auf die Integration heterogener Kompetenz- und Performanzpotenziale in den einführenden Veranstaltungen der ersten beiden Semester werden in der Studieneingangsphase grundlegende Voraussetzungen geschaffen, die die Grundlage für ein erfolgreiches Fachstudium im späteren Studienverlauf bilden und „Bindung" zum Studiengang und Studienort schaffen können. Eine Antwort auf die Frage, wie denn „Bindung" erreicht und damit ein Weg zur Vermeidung frühen Studienschwunds geschaffen wird, kann eine stärkere Strukturierung der Studieneingangsphase darstellen.

Strukturierung kann dabei in unterschiedlichem Maße erfolgen, z.B. durch
a) Gruppierung von propädeutisch konzipierten Modulen,
b) stärkere Beratungs- und Begleitungsstrukturen,
c) Stärkung von peer-gestützten Lehr-/Lernstrukturen,
d) explizite Methodenseminare anstelle impliziter Lernszenarien,
e) Abgrenzung eines einführenden Orientierungsjahres von dem darauf folgenden „normalen" Studienprogramm.

An vielen deutschsprachigen Hochschulen geht eine strukturierte Studieneingangsphase jedoch nicht über die Gestaltung der Orientierungswochen durch Fachschaften und Fächer hinaus. Besonders interessante Ausnahmen sind beispielsweise
• das Leuphana Semester an der Leuphana Universität Lüneburg (http://www.leuphana.de/college/bachelor/leuphana-semester.html),
• das Studium naturale an der Technischen Universität München (http://studiumnaturale.wzw.tum.de/) oder auch
• das an der Vermittlung überfachlicher Kompetenzen orientierte Studium plus an der Universität Potsdam (http://www.uni-potsdam.de/studiumplus/).

Allen Programmen ist gemein, dass noch keine wissenschaftlichen Analysen valide Aussagen über die besondere Wirksamkeit der strukturierten Eingangsphasen tätigen konnten.

Im Zusammenhang mit einem strategischen Diversity Management-Ansatz in der Lehre sind diese Formen der bewussten Auseinandersetzung mit Einstiegsbindung Chancen zur Individualisierung von begleiteten Einstiegserfahrungen. Heterogene Erwartungen, Ausgangsbedingungen und Fähigkeiten fallen schlicht in solchen Strukturen nicht so leicht durch das Raster wie in unstrukturierten Sozialisationsphasen. Eine unmittelbare Wirkung auf den Studienerfolg von beispielsweise nichttraditionellen Studierenden wurde bislang jedoch auch noch nicht untersucht.

> **Aufgabe**
> Untersuchen Sie, welche Elemente und Merkmale einer strukturierten Studieneingangsphase an Ihrer Hochschule verwirklicht werden und überlegen Sie ferner, wo noch stärker strukturiert werden könnte!

Teilzeit- und Weiterbildungsstudiengänge

Teilzeitstudiengänge/Studieren in Teilzeit

Obgleich inzwischen der überwiegende Teil der Studierenden nicht mehr der Norm des Vollzeitstudierenden entspricht und viele der in Vollzeitstudiengängen eingeschriebenen Studierenden faktisch Teilzeitstudierende sind, geht die Einführung von echten Teilzeitstudiengängen an vielen Hochschulen nur zögerlich voran. Während an *echte Teilzeitstudiengänge* die Erwartung zu richten wäre, sich auf die spezifischen Möglichkeiten von Studierenden mit außeruniversitären Verpflichtungen einzustellen – z.B. durch vermehrte Blockveranstaltungen, Abend- und Wochenendveranstaltungen oder Blended-Learning-Formate –, kann ein *Studium in Teilzeit* auch bereits durch einen gestreckten Studienverlaufsplan und eine entsprechende Einschreibeoption in die Teilzeitvariante eines Vollzeitstudiengangs ermöglicht werden.

Viele bisher existierende Teilzeitangebote erweisen sich allerdings als nur begrenzt flexibel, insofern sie eine starre Leistungspunktgrenze pro Semester oder Studienjahr vorsehen. Teilzeitstudierende dürfen dann nur eine beschränkte Anzahl von Prüfungsleistungen pro Semester erwerben, ohne dabei ihren Teilzeitstatus zu verlieren. Eine derartige Regelung birgt die Gefahr, dass sich über den Zeitablauf verändernde zeitliche Möglichkeiten der Studierenden nur begrenzt aufgefangen werden können. Bekommt z.B. eine Vollzeitstudierende ein Kind, wird sie möglicherweise zunächst auf ein Teilzeitstudium wechseln und später sukzessive wieder mehr Zeit ins Studium einbringen wollen. Oft kommt auch die Frage auf, ob der Zugang zu einem Teilzeitstudium für alle offen sein soll oder nur auf Studierende, die bestimmte Tatbestände erfüllen (z.B. Kinderbetreuungs- und Pflegeaufgaben, eigene Behinderung oder gesundheitliche Einschränkung, Berufstätigkeit), beschränkt bleiben soll. Zu klären sind auch Wechselmöglichkeiten zwischen Vollzeit- und Teilzeitstudium. Starre Muster für Teilzeitstudierende lassen sich zudem oft nur unter Vernachlässigung didaktischer Erwägungen umsetzen. Bei ausländischen Studierenden können aufenthaltsrechtliche Gründe einem Teilzeitstudium entgegenstehen. Schließlich wird das Studieren in Teilzeit bisher noch nicht durch das BAföG abgebildet; eine entsprechende Anpassung des BAföGs an die Bedarfe von Teilzeitstudiengängen ist allerdings in der Diskussion.

Ein Beispiel für die Entwicklung von Teilzeitstudiengängen:
Die Teilzeitsatzung an der TU Darmstadt

Die TU Darmstadt hat eine maßgeschneiderte Satzung für ein Teilzeitstudium verabschiedet. Ziel war es, eine flexible Satzungslösung mit Teilzeitstudium im Master und unbeschränkten Prüfungsleistungen anzustreben. Wesentliche Diskussionspunkte in der Vorbereitung waren die Begründungsverpflichtung, Fristverlängerungen sowie die Mindeststandards für Teilzeitangebote. Viele Regelungsvarianten wurden geprüft und wieder verworfen. Ziel war es, eine Satzung zu entwerfen, die breite Unterstützung in der Hochschule findet und auch mit Leben gefüllt wird. Wesentliches konzeptionelles Element der Teilzeitsatzung ist die Begründungsverpflichtung für ein Teilzeitstudium. Begründet wurde die Beschränkung des Zugangs zum Teilzeitstudium auf bestimmte Gruppen an der TU Darmstadt mit dem Ziel, Chancengleichheit und Bildungsgerechtigkeit durch die gezielte Förderung bestimmter Gruppen zu verwirklichen. Diese Strategie der Begründungsverpflichtung wurde auch von den studentischen Vertretern gefordert und unterstützt. Als förderungswürdig wurden schließlich explizit Erwerbs-, Erziehungs- und Pflegetätigkeit sowie Hochleistungssport und die Mitwirkung in der studentischen oder akademischen Verwaltung anerkannt.

Kern des Teilzeitkonzeptes der TU Darmstadt sind die verschiedenen fachbereichsspezifischen Teilzeitvarianten. Die unterschiedlichen Fachkulturen der geistes- und naturwissenschaftlichen Disziplinen mit ihren spezifischen Strukturen, Erwartungen und didaktischen Konzepten sollten respektiert werden. Die Teilzeitsatzung beschränkt sich daher auf ein verbindliches Rahmenkonzept. Ein Fachbereich, der ein Teilzeitstudium anbieten will, muss zunächst einen Teilzeitstudienplan erstellen, der in der doppelten Regelstudienzeit studierbar ist. Wie die Leistungspunkte über die Semester verteilt werden und ob bestimmte Studienphasen – zum Beispiel die Studieneingangsphase oder ein Labor- oder Praktikumssemester – vom Teilzeitstudium ausgeschlossen werden, können die Fachbereiche selbst nach fachlichen Gesichtspunkten entscheiden. Neben dem auf die doppelte Studiendauer abgestellten Studienplan können noch andere Varianten mit einer höheren Arbeitsbelastung erstellt werden, die nach sieben bis elf Semestern zum Bachelor oder nach fünf bis sieben Semestern zum Master führen. Die Studierenden können zudem auch individuelle Studienpläne vereinbaren. Die Studierbarkeit aller erstellten Teilzeitstudienpläne muss ohne zusätzliches Lehrangebot sichergestellt werden. Die zeitliche Lage der Lehrveranstaltungen basiert auf den Ergebnissen einer zu diesem Zweck durchgeführten Online-Befragung, die deutlich machte, dass ein großer studentischer Wunsch nach Digitalisierung des Lehrangebots besteht, während Wochenendveranstaltungen mehrheitlich nicht präferiert wurden. Daher legt die Teilzeitsatzung fest, dass im Teilzeitstudium die Inhalte aller Pflichtvorlesungen in digitalisierter Form abrufbar sein müssen – sei es als komplette E-Learning-Veranstaltung, als ein Video- oder Audiostream oder auch als ein zum Download verfügbares Vorlesungsskript. Parallel zur Teilzeitsatzung wurde ein System zur automatisierten niederschwelligen Aufzeichnung und Bereitstellung von Lehrveranstaltungen entwickelt. Die Einführung neuer Teilzeitstudiengänge wird begleitet von der Koordinierungsstelle Teilzeitstudium, die sowohl die Fachbereiche wie auch Studieninteressierte berät. Mindestens zehn Prozent der Studierenden will die Universität durch ihr Angebot erreichen.

Die Teilzeitsatzung der TU Darmstadt verweist auf ein Desiderat, dem sich die diversitätssensible Flexibilisierung der Studienstrukturen in Zukunft wird stellen müssen: Sie ist flexibel genug, sich unterschiedlichen Bedürfnissen der Studierenden anzupassen. Der „Teilzeitstatus" beschränkt den (möglichen) Studienfortschritt nicht. Dadurch können (Teilzeit-)Studierende ihr individuelles Tempo im Studium finden.

Quelle: *Pfeifer, G. (2012), S. 32–40.*

Wissenschaftliche Weiterbildung/Weiterbildungsstudiengänge

Mit dem *Prager Kommuniqué* von 2001 ist das ‚lebenslange Lernen' explizit als „ein wichtiges Element des europäischen Hochschulraums" in den Bologna-Prozess aufgenommen worden (Prager Kommuniqué 2001). Fischer (2012, S. 13) konstatiert in ihrer Analyse des lebenslangen Lernens allerdings eine ‚rechtliche Gleichgültigkeit' diesem Feld gegenüber und verdeutlicht dies an verschiedenen Sachverhalten. So seien zwar gesetzliche Grundlagen für den ‚Dritten Bildungsweg' (Studieren ohne Abitur) geschaffen worden, jedoch seien die Universitäten weder verpflichtet, diesen gesetzlich nachzukommen, noch, die bestehenden Möglichkeiten transparent zu kommunizieren. Teilzeitstudienmöglichkeiten werden zwar durch das Hochschulgesetz eingefordert (z.B. durch § 58 des HG NRW), gleichzeitig jedoch durch Studiengebühren und die Ausgestaltung des BAföG behindert. Auch in Fragen der Regelstudienzeit, der Beurlaubungsmöglichkeiten oder speziellen Prüfungsregelungen werden Möglichkeiten zur Flexibilisierung des Studiums im Gesetz allenfalls angedeutet und Hochschulen und Fakultäten entscheiden über die Umsetzung. Problematisch ist auch die Entkopplung von grundständiger Lehre und wissenschaftlicher Weiterbildung durch die in den meisten Landesgesetzen verankerte Vorschrift, dass für weiterbildende Studien kostendeckende Gebühren und Entgelte zu erheben sind. Dies verhindert die sinnvolle Verknüpfung von grundständiger Lehre und wissenschaftlicher Weiterbildung hinsichtlich der Schaffung flexibler Angebote des lebenslangen Lernens. Widersprüche zeigen sich auch in Bezug auf die Lehrenden: Während die Landeshochschulgesetze Weiterbildung als eine Kernaufgabe für Lehrende beschreiben, mangelt es an der Anrechenbarkeit entsprechender Angebote auf das Lehrdeputat. Fischer kommt daher auf der Basis ihrer Analyse zum Schluss:

> „Bei Betrachtung der ländereigenen rechtlichen Vorgaben, in denen sich lebenslanges Lernen an Hochschulen bewegt, wird schnell deutlich, dass die gegenwärtige Gesetzeslage ein Aufbrechen der starren und „monolithischen Angebotsstrukturen" (Kerres et al. 2010) an deutschen Hochschulen nicht fördert, sondern vielmehr einer Hochschule partiell im Wege steht. Die Entwicklung von flexiblen, an die Studienwirklichkeit vieler heutiger Studierender angepassten Strukturen wird durch den Gesetzgeber nicht aktiv vorangebracht. Die erörterten Gesetzesmöglichkeiten spiegeln eine bisher eher gleichgültige Haltung des Gesetzgebers gegenüber der aktuellen Lebenswirklichkeit von Studierenden wider. Sie regen Entscheidungsträger in den Hochschulleitungen und Fakultäten nicht dazu an, eine Lifelong Learning Perspektive einzunehmen, sondern verhindern eher ein Überdenken und Erneuern akademischer Angebote hinsichtlich sich wandelnder Bildungsbedürfnisse Erwachsener" (Fischer 2012, S. 19).

Im Rahmen des Verbundprojekts „StuBe – Studium für Berufstätige: Erfolgsfaktoren für Lifelong Learning an Hochschulen", das vom BMBF im Rahmen des Förderprogramms „Empirische Bildungsforschung: Hochschulforschung" gefördert wurde, konnten wichtige Stolpersteine, aber auch Optionen und Chancen zur Weiterentwicklung der wissenschaftlichen Weiterbildung und des lebenslangen Lernens an deutschen Hochschulen als Beitrag zum Umgang mit Diversität identifiziert werden (s. z.B. Kerres et al. 2012). Deutlich wird, dass die bisherige Differenzierung zwischen grundständigen Studiengängen und Weiterbildungsstudiengängen, die über Beiträge refinanziert werden müssen, zu kurz greift und langfristig eine Ausrichtung der Hochschulen auf die Bedarfe einer Gesellschaft, in der in unterschiedlichen Lebensphasen Weiterqualifikation nachgefragt und ermöglicht werden soll, behindert. Sinnvoll erscheint in diesem Zusammenhang beispielsweise die Ergänzung der bestehenden Strukturen um weiterbildende Bachelor-Studiengänge, z.B. für beruflich Qualifizierte (ebd., S. 289).

Im Ergebnis kommen die Projektverantwortlichen zu dem Schluss:

„Die Offenheit für heterogene Zielgruppen hat (…) eine klare, auf unterschiedliche Kompetenzen und Lernvoraussetzungen zugeschnittene Gestaltung der Angebots- und Supportstrukturen zur Voraussetzung. Eine Öffnung und Flexibilisierung, die nicht entlang der binären Kodierung von grundständigen versus weiterbildenden Studienangeboten erfolgt, erfordert eine strategische Neuausrichtung, die vor allem folgende Ebenen in den Blick rückt:

Hochschulzugang: Obwohl nach den KMK-Empfehlungen die Möglichkeiten des Hochschulzugangs für nicht-traditionelle Zielgruppen erheblich erweitert wurden, werden diese nur von relativ Wenigen in Anspruch genommen. Wege in ein reguläres Hochschulstudium sind daher in das Hochschulmarketing zu integrieren und über Beratungsangebote zu unterstützen.

Anrechnung von Kompetenzen: Die individuelle Anrechnung außerhochschulisch erworbener Kenntnisse und Kompetenzen setzt voraus, dass Kompetenzen sichtbar gemacht werden. Bislang hat die Erfassung von Studierendenkompetenzen in Hochschulen einen geringen Stellenwert, da bei der Gestaltung der Angebotsstrukturen von homogenen Leistungsvoraussetzungen ausgegangen wird. Qualitätsgesicherte Verfahren individueller und pauschaler Kompetenzerfassung bzw. -bilanzierung wurden im Rahmen der Ankom-Projekte (…) ermittelt und kommen in Hochschulen zunehmend zum Einsatz.

Verbesserung der Studierfähigkeit: Heterogene Studierende kommen mit unterschiedlichen Leistungsvoraussetzungen und bedürfen unterstützender Maßnahmen, um die Studierfähigkeit zu verbessern.

Berufsbegleitende Studienprogramme: Um die Zielgruppe berufstätiger Studierender zu erreichen, bedarf es besonderer, auf ihre Ansprüche zugeschnittener Studienangebote" (Kerres et al. 2012, S. 286–287).

Aufgabe:
Verschaffen Sie sich einen Überblick über die Angebote Ihrer Hochschule im Bereich der wissenschaftlichen Weiterbildung. Wie werden die Kompetenzen von Studienbewerber/-innen berücksichtigt und angerechnet? Was könnte man verbessern? Beziehen Sie hierbei auch Ergebnisse aus den Projekten der ANKOM-Initiative ein.

Übergangsmanagement/Habitusreflexivität

Hinter dem Schlagwort der steigenden Heterogenität der Studierenden verbirgt sich vor allem die Tatsache, dass zunehmend Menschen aus unterschiedlichen Schichten und sozialen Hintergründen an die Hochschule gelangen. So kommen ‚first generation students' als Bildungsaufsteiger/-innen aus Familien, in denen bisher niemand Hochschulerfahrung hat. Die Herausforderungen, die hieraus vor allem in der Studieneingangsphase entstehen können, sind insofern nicht nur fachlicher Natur, sondern es geht auch um die Notwendigkeit einer Reflexion des eigenen Habitus.

Folgt man Bourdieu, so lässt sich der Habitus als „Erzeugungsmodus der Praxisformen" verstehen: Die sozialen Akteure sind mit systematisch strukturierten Anlagen ausgestattet, die für ihre Praxis konstitutiv sind. Menschen sind demzufolge keine freien Subjekte, sondern gesellschaftlich geprägte Akteure. Der Habitus spiegelt frühere Erfahrungen; er setzt sich zusammen aus Wahrnehmungs-, Denk- und Handlungsschemata, die bestimmen, wie ein Akteur seine Umwelt sensuell wahrnimmt, welche Alltagstheorien, Klassifikationsmuster, ethischen Normen und ästhetischen Maßstäbe er vertritt und welche individuellen und kollektiven Praktiken er hervorbringt.

> „Der Habitus als strukturierende und strukturierte Struktur aktiviert in den Praktiken und im Denken praktische Schemata, die aus der – über den Sozialisationsprozess ontogenetisch vermittelten – Inkorporierung von sozialen Strukturen hervorgegangen sind, die sich ihrerseits in der historischen Arbeit vieler Generationen (...) gebildet haben" (Bourdieu/Wacquant 1996, S. 173).

Das habituelle Dispositionssystem ist geprägt durch die spezifische Position, die der betreffende Akteur bzw. die betreffende Akteurin oder eine Gruppe von Akteuren innerhalb der Sozialstruktur einnimmt. Der Habitus als „System verinnerlichter Muster" erzeugt eine Auswahl von kulturtypischen und klassenspezifischen Gedanken, Wahrnehmungen und Handlungen, die den Individuen als ihre eigenen erscheinen, die sie jedoch mit den anderen Mitgliedern ihrer jeweiligen Klasse teilen. Während sich ein Habitus im Zuge der Verinnerlichung der äußeren gesellschaftlichen (materiellen und kulturellen) Bedingungen des Lebens und die spezifische Stellung des Akteurs und seiner sozialen Klasse innerhalb der gesellschaftlichen Verhältnisse formt, ist der Akteur allerdings nicht vollständig determiniert. Innerhalb der Grenzen möglicher und unmöglicher Praktiken sind die einzelnen Praktiken der Wahl des Akteurs überlassen.

Ein ‚Bildungsaufstieg‘ kann für die Studierenden insofern eine Herausforderung bezüglich der Auseinandersetzung mit der Bezugsgruppe und mit herkunftsspezifischen Bildungswerten bedeuten (El-Mafaalani 2012, Grendel 2012). Wie El-Mafaalani (ebd.) gezeigt hat, verändern erfolgreiche Bildungsaufsteiger/-innen ihren Lebensstil, ihre Interessen und Werte, ihre Art zu reden, mit der Zeit auch ihren Freundes- und Bekanntenkreis, während ihr Herkunftsmilieu nahezu unverändert bleibt. Dies kann zu besonderen Spannungen und Belastungen führen.

Für Hochschulen ergeben sich hieraus Herausforderungen, insbesondere in der Studieneingangsphase. Einschlägige Veranstaltungsangebote aus dem überfachlichen Ergänzungsbereich/Studium Generale wie auch Mentoringangebote können die Studierenden dazu animieren, den eigenen Habitus zu reflektieren und mit den Erwartungen der Institution Hochschule abzugleichen. Entscheidend hierfür ist jedoch auch eine entsprechende Sensibilität auf Seiten der Lehrenden und Beratenden, die z.B. durch Informations- und Schulungsangebote an diese Gruppen erreicht werden kann.

Zulassungs-, Anrechnungs- und Anerkennungsfragen

Mit Anerkennung und Zulassung sind zwei wichtige Themenfelder des hochschulischen Diversity Managements in der Lehre benannt. Hier offenbart sich, wie ernst es Hochschulen mit Diversity Management meinen. Die beiden Felder sind nicht nur unter DiM-Fragestellungen ein ‚heißes Eisen‘. Im Bereich der Lehre können sie ein Spiegelbild von Schulebildungen und Abgrenzungen zwischen Hochschulen sein und Qualitätsstandards von Fächern und Institutionen künstlich oder real setzen.

Hochschulzulassung ist ein höchst regulierter Prozess zur Aufnahme eines Studiums. Sowohl die Hochschulzulassungsgesetze/Hochschulgesetze der jeweiligen Bundesländer als auch Verordnungen und Erlasse begrenzen den Handlungsspielraum der jeweiligen Hochschulen bzw. öffnen den Handlungsraum von Studieninteressierten gegenüber Hochschulen. Seit den 2000er Jahren und der stärkeren Autonomie der Hochschulen sowie einer zunächst absinkenden Nachfrage wurden immer größere Anteile von Studienplätzen nicht mehr über die ehemalige Zentralstelle zur Vergabe von Studienplätzen (ZVS) – heute Stiftung für Hochschulzulassung – vergeben, die 1972 nach dem sog. Numerus-Clausus-Urteil v.a. vergleichbare Kriterien zur Studienplatzvergabe anwenden sollte, sondern mit Ausnahme der Studienplätze in der Medizin, Pharmazie, Tiermedizin und Zahnmedizin über örtliche Zulassungsverfahren (sogenannte Orts-NC).

Die Kriterien zur Vergabe von Studienplätzen gemäß örtlicher Vergabeverfahren regelt im Grundsatz in Deutschland bundesländerübergreifend der *Staatsvertrag über die Vergabe von Studienplätzen*. Die Länder setzen den Staatsvertrag über Vergabeverordnungen um. Die länderspezifischen Vergabeverordnungen weisen teilweise deutliche Nuancen der im Staatsvertrag belassenen Deutungsspielräume auf. Generell soll daher an dieser Stelle die Rahmensetzung des Staatsvertrages zugrunde gelegt werden. Bei orts-NC-bedingten Vergabeverfahren gibt es zunächst Vorabquoten, die speziellen Zielgruppen, die auch für das Diversity Management wichtig sind, besondere Zugänge zu einem Studienplatz ermöglichen. Die Definition dieser Vorabquoten ist im Laufe der Zeit aktuellen politischen Definitionen und Bedarfen angepasst worden. Im aktuellen Staatsvertrag (Artikel 12) heißt es, dass bis zu zwei Zehntel der zur Verfügung stehenden Studienplätze vorzuhalten sind für:

1. Bewerberinnen und Bewerber, für die die Ablehnung des Zulassungsantrages eine außergewöhnliche Härte bedeuten würde,
2. Bewerberinnen und Bewerber, die sich aufgrund entsprechender Vorschriften verpflichtet haben, ihren Beruf in Bereichen des besonderen öffentlichen Bedarfs auszuüben,
3. ausländische Staatsangehörige und Staatenlose, soweit sie nicht Deutschen gleichgestellt sind,
4. Bewerberinnen und Bewerber, die in einem noch nicht abgeschlossenen Studiengang die Qualifikation für das gewählte Studium erworben haben,
5. Bewerberinnen und Bewerber, die bereits ein Studium in einem anderen Studiengang abgeschlossen haben (Bewerberinnen und Bewerber für ein Zweitstudium),
6. in der beruflichen Bildung Qualifizierte, die über keine sonstige Studienberechtigung verfügen.

Neben den Vorabquoten, die einen besonderen politischen Blickwinkel auf spezielle Zielgruppen implizieren, werden weitere Kriterien für die Vergabe im Artikel 13 des Staatsvertrages geregelt. Dort heißt es:

Staatsvertrag Artikel 13
Hauptquoten

Im Auswahlverfahren werden die nach Abzug der Studienplätze nach Artikel 12 verbleibenden Studienplätze nach folgenden Grundsätzen vergeben.

1. Zu einem Fünftel der Studienplätze an jeder Hochschule durch die Zentralstelle nach dem Grad der Qualifikation für das gewählte Studium. Qualifikationsgrade, die nur geringfügig voneinander abweichen, können als ranggleich behandelt werden. Die Länder tragen dafür Sorge, dass die Nachweise innerhalb eines Landes und im Verhältnis der Länder untereinander hinsichtlich der jeweiligen Anforderungen und Bewertungen vergleichbar sind. Solange die Vergleichbarkeit im Verhältnis der Länder untereinander nicht gewährleistet ist, werden für die Auswahl der Studienbewerberinnen und -bewerber Landesquoten gebildet. Die Quote eines Landes bemisst sich zu einem Drittel nach seinem Anteil an der Gesamtzahl der Bewerberinnen und Bewerber für den betreffenden Studiengang (Bewerberanteil) und zu zwei Dritteln nach seinem Anteil an der Gesamtzahl der Achtzehn- bis unter Einundzwanzigjährigen (Bevölkerungsanteil); für die Länder Berlin, Bremen und Hamburg werden die sich danach ergebenden Quoten um drei Zehntel erhöht. Bei der Berechnung des Bewerberanteils werden nur Personen berücksichtigt, die eine Hochschulzugangsberechtigung besitzen, die von allen Ländern gegenseitig anerkannt ist;

2. Zu einem Fünftel der Studienplätze nach der Dauer der Zeit seit dem Erwerb der Qualifikation für den gewählten Studiengang (Wartezeit). Zeiten eines Studiums an einer deutschen Hochschule werden auf die Wartezeit nicht angerechnet;

3. Im Übrigen von den Hochschulen nach dem Ergebnis eines Auswahlverfahrens. Die jeweilige Hochschule vergibt die Studienplätze in diesem Verfahren nach Maßgabe des jeweiligen Landesrechts insbesondere
    a) nach dem Grad der Qualifikation,
    b) nach den gewichteten Einzelnoten der Qualifikation für das gewählte Studium, die über die fachspezifische Eignung Auskunft geben,
    c) nach dem Ergebnis eines fachspezifischen Studierfähigkeitstests,
    d) nach der Art einer Berufsausbildung oder Berufstätigkeit,
    e) nach dem Ergebnis eines von der Hochschule durchzuführenden Gesprächs mit den Bewerberinnen und Bewerbern, das Aufschluss über die Motivation der Bewerberin oder des Bewerbers und über die Identifikation mit dem gewählten Studium und dem angestrebten Beruf geben sowie zur Vermeidung von Fehlvorstellungen über die Anforderungen des Studiums dienen soll,
    f) aufgrund einer Verbindung von Maßstäben nach den Buchstaben a bis e.

Gerade im letztgenannten Bereich liegt eine weitgehende Deutungshoheit der Hochschulen, da auch die unterschiedlichen Landesrechte hier teilweise vage Definitionsräume belassen. So liegt es an den Hochschulen selbst, in ihren Ordnungen die hier beschriebenen Verfahren auszudeuten. Hier liegt einer der wichtigsten Handlungsspielräume für strategisches Diversity Management. Im simpelsten Fall sieht die jeweilige Hochschule keine detaillierteren Vorgaben vor, so dass oft Studiengänge selbst gerade den Graubereich der 60%-Quote für Auswahlverfahren definieren. Überwiegend heißt dies aufgrund der Vermeidung aufwändiger Auswahlverfahren, dass auch dort gemäß des ‚Grades der Qualifikation‘ entschieden wird, was für viele gleichbedeutend ist mit der Abitur-Durchschnittsnote. Hier kann Diversity Management ansetzen und nach praktizierbaren Wegen suchen, wie Auswahlverfahren für verschiedene Studiengänge aussehen könnten, die die recht generalistische Aussage einer Abiturdurchschnittsnote Diversity-gerecht auszudeuten vermögen. Sowohl mit Leitfäden und Gewichtungskriterien für persönliche Gespräche als auch mit Studierfähigkeitstests, die nicht nur aus Wissensabfragen bestehen, können hier deutliche Akzente gesetzt werden. Berücksichtigt werden muss, dass nicht alle Studiengänge personell, methodisch und quantitativ in der Lage sind, sich auf eine multidimensionale Auswahlentscheidung einzulassen. Dennoch bietet hier die gesetzliche Grundlage für die Vergabe von Studienplätzen mehr Spielraum für Diversity Management als in manchen anderen Bereichen. Handlungsleitend können nachfolgende Fragestellungen berücksichtigt werden, wenn Hochschulen oder Studiengänge über eine bewusstere Auswahl nachdenken.

Zunächst grundsätzlich:
a) Welche Art von Heterogenität ist bei den Studierenden wünschenswert (z.B. Herkunft, Erfahrungen, Internationalität)?
b) Gehen Qualifikationsziele und Studiengangskonzept auf Heterogenität ein? Welche Folgen hat dies bereits für die Zulassung?

Bezogen auf die mögliche bewusste Auswahl sollte reflektiert werden,
a) ob Auswahlverfahren geeignet sind, Kompetenzen und Orientierungswissen festzustellen, oder lediglich Wissensbestände abrufen,
b) wie Gespräche aufgebaut sein müssen, um individuelle intrinsische Motivation zu erfassen,
c) wie auch außerhalb von klassischen Prüfungssituationen Leistungen und Kompetenzen nachgewiesen werden können,
d) ob Auswahlszenarien so gestaltet sind, dass mehrere (heterogene) Auswahlpersonen beteiligt sind.

Zusammenfassend lässt sich also festhalten, dass Deutschland zwar im Unterschied zu einigen anderen Ländern – wie bspw. Brasilien – nicht mit Zulassungsquoten für unterrepräsentierte Studierendengruppen operiert, der „Staatsvertrag über die Vergabe von Studienplätzen" und die Vergabeordnungen jedoch in einem begrenzten Ausmaß durchaus Möglichkeiten bieten, den Hintergrund der Studienbewerber/-innen bei der Zulassung zu berücksichtigen.

Die Notwendigkeit, durch ausgereifte Assessment-Verfahren zu besseren Auswahlentscheidungen zu kommen, wird von immer mehr Hochschulen und Studiengängen erkannt. Das häufig gegen aufwändige Verfahren verwendete Argument der Ressourcen setzt sich jedoch oftmals bei Entscheidungen zum Einsatz bzw. Nichteinsatz eigener Verfahren gerade in großen Massenfächern bzw. großen Hochschulen durch. Mit einer möglichst holistischen Brille kann aber davon ausgegangen werden, dass sich ein Investment im Zuge der Auswahlentscheidung im Verlaufe des Studiums rechnen wird. Sowohl was die derzeitige Haltung und den

Förderumfang zu kurativen Maßnahmen im Studienverlauf angeht als auch was das ‚Bindungspotenzial' einer individualisierteren Auswahl angeht, können mit einem Investment in Assessmentverfahren mittelfristig Effekte auf Schwund- und Abbruchquote erwartet werden. Kompetenzdiagnostisch aufbereitete und begleitete Assessments sind noch Mangelware in der Fläche. Erste individualisierte Auswahlverfahren werden derzeit an den meisten Hochschulen in einzelnen Fächern erprobt, z.B. in der Fachgruppe Mathematik an der RWTH Aachen (http://www. mathematik.rwth-aachen.de/go/id/mwt, Zugriff: 06.03.2015) oder aber für die Aufnahme eines Medizinstudiengangs an der Ruhr-Universität Bochum (http:// www.ruhr-uni-bochum.de/zsb/medizin-test.htm, Zugriff: 06.03.2015).

Besonders interessant sind jüngste Bemühungen der deutschen Hochschulen, das Studium ohne Abitur zu ermöglichen und beruflich Qualifizierte ohne Hochschulzugangsberechtigung in die Regelstrukturen der Hochschulen aufzunehmen.

Mit dem Beschluss der Kultusministerkonferenz vom 06.03.2009 „Hochschulzugang für beruflich qualifizierte Bewerber ohne schulische Hochschulzugangsberechtigung" wird eine weitreichende Durchlässigkeit zwischen beruflicher und hochschulischer Bildung intendiert. Die allermeisten Bundesländer haben in Konkretion des *Staatsvertrags über die Vergabe von Studienplätzen* auf dem Weg des Erlasses feste Quoten (Quotenspannen) für Studienplätze für beruflich Qualifizierte ohne Hochschulzugangsberechtigung reserviert. Viele Hochschulen haben darauf mit eigenen Ordnungen reagiert und die Quoten nochmals bestätigt bzw. Spannen konkretisiert. Der aktuelle Bildungsbericht kommt zu dem Ergebnis:

> „Eine dritte Gruppe beruflich Qualifizierter kommt über den Dritten Bildungsweg an die Hochschule. Sie steht im Zentrum der aktuellen Debatte über die Durchlässigkeit zwischen beruflicher Bildung und Hochschulbildung. Die Möglichkeiten für beruflich Qualifizierte, auch ohne allgemeine oder Fachhochschulreife ein Studium aufzunehmen, wurden 2009 von der KMK länderübergreifend vereinheitlicht und erweitert; sie werden bislang jedoch nur selten genutzt. Der Anteil der Studienanfängerinnen und -anfänger des Dritten Bildungswegs ist von einem sehr niedrigen Niveau leicht angestiegen und erreichte 2012 2,6%" (Autorengruppe Bildungsberichterstattung 2014, S. 126).

Gemäß Nickel/Duong (2012) und in Ergänzung zu den Daten der Bildungsberichterstattung 2012 und 2014 lässt sich zusammenfassen, dass die Zahl der Studienanfängerinnen und -anfänger ohne schulische Hochschulzugangsberechtigung sprunghaft von 3.940 im Jahr 2007 auf 9.241 im Jahr 2010 gestiegen ist. Somit hat sich der Anteil von Nichtabiturientinnen und Nichtabiturienten an allen Studienanfängerinnen und -anfängern im Bundesgebiet von 1,09 Prozent auf 2,08 Prozent nahezu verdoppelt. In der Langzeitperspektive lässt sich zwar bereits zwischen 1997 und 2007 eine kontinuierliche Zunahme des Studierens ohne Abitur in Deutschland beobachten, doch nur in sehr kleinen Schritten und auf niedrigem Niveau (vgl. ebd., S. 108).

Es gibt einige Hochschulen, die aus diesem Gesamtbild herausragen und die eine überdurchschnittlich hohe Anziehungskraft auf Studierende ohne Abitur ausüben. Eine Ermittlung von jeweils drei Hochschulen mit den meisten Studienanfängerinnen und -anfängern pro Bundesland zeigt, dass sich als förderliche Faktoren für den Studieneinstieg beruflich Qualifizierter vor allem die folgenden erweisen:

- flexible Studienzeitmodelle,
- umfangreiches Fernstudienangebot,
- umfangreiche, leicht zugängliche Informationen zum Studium ohne Abitur,
- berufsbegleitende und/oder praxisnahe Studiengänge,
- Brückenkurse zum Ausgleichen fehlenden Vorwissens,
- Anrechnung beruflicher Kompetenzen auf das Studium,
- Möglichkeit, zumindest Teile des Studiums per E-Learning zu absolvieren.

(vgl. ebd., S. 109).

Interessant ist, dass die Ergebnisse der vorgenannten CHE-Studie von Nickel und Duong den Schluss nahelegen, dass sich entsprechende Angebote für beruflich Qualifizierte nicht flächendeckend im deutschen Hochschulsystem verbreiten werden. Es zeichnet sich ihren Ergebnissen zufolge vielmehr eine Gruppe von Universitäten und Fachhochschulen ab, die sich auf diesem Gebiet besonders profilieren. Die betreffenden Hochschulen setzen hier insbesondere auf die Positionierung als Einrichtungen mit einer ausgeprägten Kultur des lebenslangen Lernens für alle Studieninteressierten (vgl. ebd., S. 109).

Insgesamt wird in den laufenden Diskursen und Aktivitäten im politisch-wirtschaftlichen Umfeld vehement eine erhöhte Durchlässigkeit zwischen Beruf und Studium propagiert. Ginge es nach den Vertreterinnen und Vertretern aus Politik und Wirtschaft, so wären alle deutschen Hochschulen auf diesem Gebiet aktiv. Als zentrale Triebfeder hierfür ist der seit längerem existierende Fachkräftemangel, insbesondere im MINT-Bereich, zu benennen. Politik und Wirtschaft versprechen sich von der akademischen Weiterqualifizierung Berufserfahrener eine gewisse Kompensation der entstehenden Lücken auf dem Arbeitsmarkt. Wie die Ergebnisse der erwähnten CHE-Studie zeigen, gelingt dies insofern, als dass sich immerhin fast ein Drittel (28%) der Studienanfängerinnen und -anfänger ohne Abitur für ein Studienfach aus dem MINT-Bereich entscheidet (vgl. ebd., S. 110).

Neben den organisationsspezifischen Managementaufgaben gilt es bei der Zielgruppe im Speziellen zu berücksichtigen, dass bedingt durch eine stärkere Situierung beruflich Qualifizierter vor allem Fragen der Studienfinanzierung evident sind.

Sowohl mit studienorganisatorischen als auch finanziellen Aspekten des Studiums beruflich Qualifizierter ohne Hochschulzugangsberechtigung befasst sich das Modellprojekt „Dritter Bildungsweg" der Hans-Böckler-Stiftung, das offenkundige Hindernisse beim Übergang vom Beruf ins Studium aufgreift:

- Die Hochschulen kämpfen aktuell mit der vorübergehend dramatisch ansteigenden Zahl der Studienanfänger und knappen Mitteln: Sie sind weder willens noch in der Lage, den besonderen Bedürfnissen beruflich erfahrener Studienanfänger zu entsprechen.
- Insbesondere die Universitäten haben Probleme mit einer umfangreicheren Integration von Angeboten für das „Lebenslange Lernen" ins eigene Studiensystem.
- Die in der beruflichen Bildung Qualifizierten schrecken vor einem Studium zurück, weil sie ohne Vorbereitung in eine fremde akademische Lernwelt kämen. Es fehlen individuelle Beratung und strukturierte Studieneingangskurse.
- Durch den Ausbau eines attraktiven Stipendienprogramms können mehr Studierende für den „Dritten Bildungsweg" gewonnen werden. Derzeit bietet aber keines der Studienförderwerke in der Bundesrepublik ein spezifisches Stipendienprogramm für berufserfahrene Studierende an. Auch unter den Stipendienprogrammen der Länder, Unternehmen und Wirtschaftsverbänden ist nichts dergleichen zu finden (Ausnahme: Aufstiegsstipendien des BMBF).

Das Modellprojekt führt die Hans-Böckler-Stiftung seit 2013 in Zusammenarbeit mit der Universität Duisburg-Essen, Fakultät für Ingenieurwissenschaften, und der Hochschule Niederrhein, Fachbereich Gesundheitswesen, durch. Entsprechend ist es auf die ingenieurwissenschaftlichen und gesundheitswissenschaftlichen Studiengänge fokussiert. Gefördert werden ausschließlich Bachelor-Abschlüsse im Vollzeitstudium. Zentrale Aufgabe des über fünf Jahre angelegten Modellprojekts ist es:

- leicht zugängliche Informationen zum Studium ohne Abitur anzubieten,
- die Entscheidung für ein Studium zu unterstützen,
- einen erfolgreichen Studienstart zu gewährleisten sowie
- die Studierenden des Dritten Bildungsweges zu einem erfolgreichen Studienabschluss zu führen.

Quelle: *http://www.boeckler.de/40936_41143.htm*, Zugriff: 06.03.2015.

Neben der Zulassung ist auch die Anrechnung/Anerkennung ein wichtiger strategischer Hebel für Diversity Management in der Lehre. Zum Thema Anerkennung sind die Gräben innerhalb von Hochschulen und nationalen Systemen mindestens so tief wie zu Zulassungspraktiken. Vor allem in Deutschland scheinen die Ratifizierungsbemühungen der Lissabon-Konvention, korrekt: des Übereinkommens über die Anerkennung von Qualifikationen im Hochschulbereich in der europäischen Region, schleppend zu sein. Während die anderen (teilweise) deutschsprachigen Länder die zum 01.02.1999 in Kraft getretene Lissabon-Konvention innerhalb von einem Jahr nach Inkrafttreten ratifiziert haben (Schweiz: 24.03.1998; Österreich 03.02.1999; Liechtenstein 01.02.2000), hat Deutschland den multilateralen Vertrag erst zum 16.05.2007 in Bundesrecht umgesetzt. Im Kreise der Vertragspartner haben nur die Niederlande die Konvention später ratifiziert.

Grundsätze der Lissabon-Konvention sind:

1. die generelle Anerkennung von Hochschulzugangsberechtigungen/Qualifikationen aller Vertragsstaaten (Abschnitt IV);
2. die Anerkennung von Studienzeiten/Studienleistungen innerhalb von Studienprogrammen in den Vertragsstaaten durch alle Vertragsstaaten (Abschnitt V);
3. die Anerkennung von Studienabschlüssen/Hochschulqualifikationen, die in einem Vertragsstaat vergeben werden (Abschnitt VI);
4. für die Anerkennung von in einem Vertragsstaat erbrachten Leistungen, Hochschulzugangsberechtigungen oder Hochschulabschlüssen gilt das Prinzip der Beweislastumkehr. Das bedeutet, dass die anerkennende Institution nachweisen muss, dass die anzuerkennende Leistung/Qualifikation/der anzuerkennende Abschluss *wesentliche Unterschiede* zur Leistung/Qualifikation/Abschluss des eigenen Studienprogrammes aufweist, wenn sie eine Leistung/Qualifikation/Abschluss nicht anerkennen möchte (Abschnitt III/VIII).

Trotz der vermeintlich klaren Regeln kann die anerkennende Institution im Hinblick auf die Forderung von Zusatzleistungen zur Zulassung und Sprachkenntnissen Auflagen formulieren und hat das Recht, die durch andere Institutionen bewerteten Leistungen zwar als Leistung anzuerkennen, jedoch einer eigenen Bewertung zu unterziehen. Die weiterreichende Wirkung der Konvention stellt deutsche Hochschulen vor wesentliche Herausforderungen. Die Hochschulen sind aufgefordert, erworbene Kompetenzen ins Zentrum ihrer Anerkennungspraxis zu stellen, dort sowohl valide Verfahren (Assessments) zu etablieren als auch eine gewisse Bewegungsbereitschaft zu zeigen.

Mit der **Anrechnung außerhalb der Hochschule erworbener Kompetenzen** wächst die schwierige Gemengelage von Anrechnung und Anerkennung um ein weiteres Thema. Die intendierte Durchlässigkeit von beruflicher Praxis hin zur Hochschule ist das eine wesentliche strategische Ziel, das andere Ziel ist die Etablierung einer Kultur des lebenslangen Lernens, die durch die Anrechnung von außerhochschulisch erworbenen Kompetenzen (z.B. durch berufliche Praxis oder auch Ehrenamt) unterstützt werden soll. Der *Beschluss der Kultusministerkonferenz vom 28.6.2002* und die *Ländergemeinsamen Strukturvorgaben für die Akkreditierung von Bachelor- und Masterstudiengängen* von 2010 sehen vor, dass außerhochschulische Kompetenzen bis zu 50 Prozent eines Studiums ersetzen können, wenn eine inhaltliche Gleichwertigkeit der erworbenen Kompetenzen mit den zu ersetzenden Studieninhalten darstellbar ist. Die Frage der Anrechnung außerhochschulisch erworbener Kompetenzen ist jedoch von der Frage der Zulassungsberechtigung zunächst zu trennen. Eine Anrechnung, d.h. ein Verzicht auf die Notwendigkeit der Erbringung einer entsprechenden Studienleistung, kann nur erfolgen, wenn eine Zulassungsberechtigung vorliegt. Umfangreiche Handreichungen zu methodischen Fragen der Anrechnung sind durch die vom BMBF geförderte ANKOM-Initiative erarbeitet worden. Sie geben einen guten Überblick, wie Anrechnungen von außerhochschulisch erworbenen Kompetenzen erfolgen können.

Informationen lassen sich finden unter:

http://ankom.his.de/know_how/anrechnung/material (Zugriff: 06.03.2015).

Eine Reihe guter Beispiele zu Fragen der Anerkennung und Anrechnung außerhochschulisch erworbener Kompetenzen lassen sich auf der Webseite der ANKOM-Initiative finden. Beispielhaft sollen hier aus der laufenden und bereits vergangener Förderperioden genannt sein:

Leuphana Universität Lüneburg:

KomPädenZ konkret – Förderung des Übergangs, Verbleibs und Studienerfolgs von beruflich qualifizierten Studierenden des berufsbegleitenden Studiengangs „Soziale Arbeit für Erzieherinnen und Erzieher" an der Leuphana Universität Lüneburg unter besonderer Berücksichtigung der Anrechnung beruflich erworbener Kompetenzen und des Gender-Mainstreaming-Prinzips.
- http://ankom.his.de/projekte/p03_uni_lueneburg

Carl von Ossietzky Universität Oldenburg:

Anrechnung beruflicher Kompetenzen auf Hochschulstudiengänge – Qualifikationsverbund Nord-West – Erarbeitung eines individuellen und generellen Anrechnungsverfahrens beruflich erworbener Kompetenzen.
- http://ankom.his.de/archiv/entwicklung/oldenburg

Alice-Salomon-Hochschule Berlin:

Anrechnung beruflicher Kompetenzen auf die Hochschulausbildung von Erzieher/-innen. An der ASFH wurden ein individuelles und ein pauschales Anrechnungsverfahren entwickelt, um berufliche Kompetenzen von Erzieher/-innen auf ausgewählte Module des Studiengangs „Erziehung und Bildung im Kindesalter" anrechnen zu können.
- http://ankom.his.de/archiv/entwicklung/berlin

Fachhochschule Potsdam:

Akademische Kompetenzen in den Informationsberufen (AKIB): Vergleichende Bewertung beruflicher und hochschulischer Bildungskarrieren und Entwicklung von Ausgleichsmodulen zum Einstieg in das Bachelorstudium der Informationswissenschaften (B.A. Bibliotheksmanagement, Archivwesen, oder Information & Dokumentation)
- http://ankom.his.de/projekte/p15_fh_potsdam

Aufgabe

Gehen Sie der Frage auf den Grund, wie in Ihrer Hochschule oder einer Hochschule Ihrer Wahl mit Fragen der Anerkennung und Anrechnung sowie Zulassung umgegangen wird. In welchen Fächern gibt es individuelle Aufnahmeverfahren, die kompetenzdiagnostisch begleitet werden? Wo wird, z.B. auf Homepages, über Anerkennungsmöglichkeiten transparent informiert?

Internationalisierung und Mobilität

Eine Studienphase im Ausland gilt sowohl für die Entwicklung der eigenen Persönlichkeit also auch für einen erfolgreichen Start in das Berufsleben als förderlich und wird vermehrt als fester Bestandteil von Curricula in Studiengängen verankert. Eines der Hauptziele des Bologna-Prozesses ist es, die internationale Mobilität der Studierenden, Wissenschaftlerinnen und Wissenschaftler sowie der Administratoren zu erhöhen und somit den europäischen Hochschulraum weiter zu entwickeln. Studienphasen im Ausland können Studiensemester sein, Praktika oder Sprachkurse.

Bei der Verwirklichung der Mobilitätspläne unterstützen an den allermeisten Hochschulen Akademische Auslandsämter oder International Offices die Bemühungen der Studierenden.

Internationale Mobilität im Studium ist sozial hoch selektiv. Die Auslandsmobilität variiert gemäß der Sonderauswertung der 19. Sozialerhebung *Internationalisierung des Studiums* (BMBF 2010b) deutlich in Abhängigkeit von der sozialen Herkunft der Studierenden. Studierende der Herkunftsgruppe „hoch" haben 2009 anteilig fast doppelt so häufig (20%) einen studienbezogenen Auslandsaufenthalt absolviert wie Studierende der Herkunftsgruppe „niedrig" (11%) (ebd., S. 62).

Die Mobilitätsquote variiert jedoch stark zwischen den einzelnen Fächergruppen, so ging beispielsweise ein vergleichsweise hoher Anteil von Studierenden der Sprach- und Kulturwissenschaften (12%), der Rechts- und Wirtschaftswissenschaften (11%), aber auch der Sozialwissenschaften, Psychologie und Pädagogik (8%) studienbezogen ins Ausland, während Studierende der Fächergruppen Mathematik und Naturwissenschaften (5%) und Ingenieurwissenschaften (4%) tendenziell weniger auslandsmobil sind (ebd.).

Bargel und Bargel (2010) stellen dazu fest:

> „Es ist daher bedenklich, dass die Durchführung und Planung eines Studiums oder Aufenthalts im Ausland in starkem Maße von der sozialen Herkunft abhängt – ein Umstand der allzu wenig thematisiert wird. Denn es handelt sich um eine nachhaltige Benachteiligung für Arbeiterkinder und Bildungsaufsteiger" (Bargel/Bargel 2010, S. 22).

Ein Ausgleich sozialer Ungleichheit beim Auslandsstudium sollte daher im Fokus des institutionellen Diversity Managements liegen. Im Mittelpunkt der Tätigkeiten könnte daher die Einwerbung besonderer unterstützender Stipendien für die Zielgruppe liegen, ebenso in der Schärfung des Beratungsangebots und der Sensibilisierung der Lehrenden für den Umstand, dass internationale Mobilität sozial hoch selektiv stattfindet. Das 2013 gestartete, revidierte Erasmus-Programm (jetzt „Erasmus plus") könnte einen Beitrag dazu leisten, Auslandsaufenthalte auch für die bisher unterdurchschnittlich auslandsmobilen Studierenden aus schwächeren sozialen Schichten möglich zu machen, insofern nun verstärkt auch kürzere Auslandsaufenthalte und Auslandspraktika gefördert werden (http://www.erasmus plus.de/).

Die Idee der „Internationalisation at Home" reflektiert den Umstand, dass internationale Erfahrungen zunehmend wichtig für die persönliche Entwicklung und die späteren Berufschancen der Studierenden sind, aber nicht alle Studierenden ins Ausland gehen können oder wollen. Ziel ist es, internationale Erfahrungen und internationale Kompetenzen auch ohne einen Auslandsaufenthalt erwerben zu können. Dazu können z.B. die Potenziale der ausländischen Studierenden für die Kompetenzvermittlung an die ‚Daheimgebliebenen' genutzt werden oder auch die (familiären) Migrationserfahrungen einiger Bildungsinländer thematisiert werden. Zwar ersetzen solche Maßnahmen nicht die erfahrenen und produktiven kulturellen Brüche, die durch Auslandsaufenthalte erzielt werden und somit zur Erlangung inter- oder transkultureller Kompetenz beitragen, sie können jedoch einer großen Gruppe von Studierenden zumindest grundlegende Internationalitätserfahrungen und -kompetenzen vermitteln.

Eines der bedeutsamsten, wenn auch sicherlich eines der herausforderndsten Instrumente für die Verwirklichung von Internationalisation at Home liegt im Bereich der Fachcurriculaentwicklung. Gezielte – auf das jeweilige Fach ausgerichtete – Aktivitäten ermöglichen es, alle Studierenden im Rahmen des Curriculums zu erreichen und ihnen internationales Wissen und interkulturelle Kompetenzen für das Leben und Arbeiten in einem globalisierten Umfeld zu vermitteln.

„Internationalisation at Home" an der Universität Duisburg-Essen

„Auf den Campi in Duisburg und Essen geht es international zu. Die Studierenden kommen aus 125 Nationen, ca. 16 Prozent der Studierenden an der UDE haben keine deutsche Staatsangehörigkeit und mehr als ein Viertel der Studierenden hat eine Migrationsgeschichte. (…) Um eine nachhaltige Internationalisierung der Hochschule zu fördern und den Studierenden interkulturelle und internationale Kompetenzen zu vermitteln setzt sich die UDE im Sinne der „Internationalisation at Home" (I@H) das Ziel, allen Hochschulmitgliedern die Möglichkeit zu eröffnen, internationale Erfahrungen an der heimischen Universität zu sammeln. Das bedeutet, den Fokus gerade auf den großen Anteil der Studierenden zu richten, die keinen studienbezogenen Auslandsaufenthalt absolvieren, sowie Synergiepotenziale interkultureller Interaktionen stärker zu erkennen und zu nutzen. Dies bedeutet nicht, dass I@H die Auslandsmobilität ersetzen soll. Vielmehr besteht die Chance, Studierende durch internationale und interkulturelle Erfahrungen an der Hochschule auch zu Auslandsaufenthalten zu ermutigen und Studierende, die einen Auslandsaufenthalt planen, auf diesen vorzubereiten. Möglichkeiten, sowohl die Quantität als auch die Qualität des Zusammentreffens verschiedener Kulturen auf dem Campus zu fördern, bieten sich sowohl im Bereich der extracurricularen Aktivitäten als auch in der Lehre. An der UDE bestehen in diesem Bereich bereits vielfältige Angebote für Studierende, Lehrende und weitere MitarbeiterInnen."

Quelle: http://www.uni-due.de/international/iah_info.shtml, Zugriff: 06.03.2015.

(Für weitere Ansätze zu I@H s. z.B. die Websites der Universitäten Bremen und Münster).

Vereinbarkeit von Studium und Job

Bis etwa Ende der 1980er Jahre lag der Anteil der Studierenden, die neben dem Studium erwerbstätig waren oder jobbten, während der vorlesungsfreien Zeit mehr oder weniger deutlich über dem Anteil erwerbstätiger Studierender während der Vorlesungszeit. Spätestens seit Anfang der 1990er Jahre jedoch unterscheiden sich die Erwerbstätigenquoten in beiden Semesterphasen kaum noch voneinander. Seit der Studienstrukturreform ist die vorlesungsfreie Zeit in zunehmend mehr Studiengängen zu einer Phase des Studienjahres geworden, die nicht mehr vorrangig Gelegenheit für frei organisierte Studienaktivitäten bietet, sondern in der regulierte und strukturierte studienbezogene Aktivitäten abverlangt werden (Prüfungen, Praktika, Hausarbeiten, Übungen).

Unstetigkeit im Studienverlauf, beispielsweise durch den Wechsel des Studiengangs, oder eine Unterbrechung des Studiums steht in Zusammenhang mit diesen vergleichsweise hohen Erwerbstätigenquoten bzw. dem hohem zeitlichen Erwerbsaufwand. Bei nicht wenigen Studierenden ist die Studienunterbrechung durch die Notwendigkeit zur Selbstfinanzierung (mit) verursacht (vgl. UDE-Studierendenbefragung 2009). Mit der Studiendauer steigt der Anteil derer, die neben dem Studium Geld verdienen, ebenso kontinuierlich wie die wöchentliche Stundenzahl, die dafür aufgewendet wird. Das begründet sich nicht zuletzt mit dem nachweislichen Zusammenhang zwischen Erwerbstätigkeit und Alter der Studierenden.

Es fällt auf, dass Studienunterbrecher/-innen der Herkunftsgruppe „niedrig" ihr Studium weitaus häufiger aus finanziellen Gründen unterbrechen (33%) als Studienunterbrecher/-innen der Herkunftsgruppe „hoch" (10%) (BMBF 2013, 20. Sozialerhebung, S. 138).

Die Konsequenzen, die Diversity Management aus diesen Erkenntnissen ziehen kann, sind freilich nur begrenzt durch die Hochschule gestaltbar. Ein Weg, der der Notwendigkeit des Arbeitens neben dem Studium Rechnung trägt, ist die Möglichkeit, nicht nur faktisch, sondern auch strukturell in Teilzeitformaten zu studieren – darüber ist bereits einiges gesagt worden. Ferner besteht die Möglichkeit, in Studiengängen stärker verlässliche Zeitfenster für Präsenzlehrveranstaltungen zu etablieren und einen Teil der Lehre über Selbstlerneinheiten in E-Learning-Umgebungen zu realisieren. Dahinter steckt der Gedanke, dass die Studierenden dann freier über ihre Zeiteinteilung verfügen können, um auch den Forderungen von Arbeitgebern besser nachkommen zu können. Die faktische Gesamtbelastung, die auf Studierende dabei zukommt, ist dadurch natürlich nicht reduziert. Darüber hinaus ist aber auch hier ein auf die spezielle Lebenslage von studentischen ‚Jobbern' konzipierter Beratungsansatz und die Realisierung eines speziellen niederschwelligen Beratungsangebots sinnvoll. Auch das Potenzial der Zusammenlegung von Lern- und Arbeitsort durch studentische Hilfskrafttätigkeiten sollte in diesem Zusammenhang benannt werden. Für die Vertragsgestaltung jener SHK-Verträge soll hier angemerkt sein, dass die Zielgruppe derer, die Studium und Unterkunft selbst finanzieren müssen, hinreichend umfangreiche SHK-Verträge benötigt. So mancher Tutorienvertrag, der lediglich eine Arbeitszeit von fünf Stunden oder weniger in der Woche zum Gegenstand hat, ist hier eher kontraproduktiv, da auf dem Wege der Versteuerung bei dann teilweise notwendigen Mehrfacharbeitgebern finanzielle Nachteile entstehen und auch die Komplexität der Zeitplanung bei mehreren Arbeitgebern eher zunimmt. Lehr- und Forschungseinheiten sollten daher darauf achten, möglicherweise mehrere Tätigkeiten zu einem umfangreicheren Vertrag zusammenzufassen. Schließlich kann auch die Etablierung eines systematischen Stipendienberatungs- und -vorschlagswesens dazu beitragen, dass weniger Studierende auf ergänzende Erwerbsarbeit angewiesen sind. Dies kann durchaus als eine Strategie des Diversity Managements angesehen werden, wenn man berücksichtigt, dass die unterschiedlichen Förderwerke unterschiedliche Förderkriterien zugrundelegen und damit auch unterschiedliche Profile von Studierenden gefördert werden (für eine Übersicht s. http://www.stipen diumplus.de/startseite.html; http://www.mystipendium.de, Zugriff: 06.03.2015).

Vereinbarkeit von Studium und Betreuungsaufgaben

Im Sommersemester 2012 hatten der 20. Sozialerhebung des Studentenwerks zufolge 4% aller Studierenden ein Kind oder mehrere Kinder. Der Anteil an Studierenden mit Kind ist unter den Studentinnen größer als unter den Studenten (5% vs. 4%). Hochgerechnet auf alle Deutschen und Bildungsinländer/-innen waren im Sommersemester 2009 etwa 101.000 Studierende mit Kind an einer Hochschule eingeschrieben. Damit stieg die Anzahl Studierender mit Kind seit 2009 um etwa 6.500 (BMBF 2013, S. 481).

Während von den Studierenden ohne Kind die meisten jünger als 24 Jahre alt sind (56%), gehört lediglich ein Zehntel der Studierenden mit Kind zu dieser Altersgruppe. 65% der Studierenden mit Kind sind bereits 28 Jahre oder älter. Zu diesen Altersgruppen gehören nur 10% aller Studierenden ohne Kind. Entsprechend entwickelt sich der Anteil an Studierenden mit Kind in Abhängigkeit vom Alter. Bis zu einem Alter von 22 Jahren haben von den Männern und Frauen jeweils maximal 1% ein Kind. Danach steigt der Anteil an Studierenden mit Kind langsam an – unter den Frauen schneller als unter den Männern. Im Alter von 29 Jahren haben 14% der Studentinnen ein Kind. Gleiches trifft lediglich auf 6% der Männer der genannten Altersgruppe zu. Bei den Studierenden, die 30 Jahre und älter sind, ist dieser Unterschied noch stärker ausgeprägt (41% vs. 23%, ebd., S. 485 f.).

Studierende mit Betreuungsaufgaben sind durch vielfältige unterschiedliche private Situationen und gelebte Betreuungsarrangements gekennzeichnet. Wie eine Studierendenbefragung an der Universität Duisburg-Essen deutlich machte, werden von Studierenden mit Kindern vor allem Veranstaltungen in den Abendstunden sowie Prüfungsphasen als Problem empfunden, da diese Zeiten z.T. nur schwer durch öffentliche Betreuungseinrichtungen und/oder die verfügbaren privaten Betreuungsnetzwerke abgedeckt werden können (UDE-Studierendenbefragung 2009). Hier können – neben einer zeitlichen Verlagerung von Veranstaltungen und Prüfungen – gezielt durch die Hochschule oder das Studentenwerk angebotene temporäre (Notfall-)Betreuungsmöglichkeiten oder alternative Prüfungsformen helfen.

Wie auch für Studierende mit paralleler Berufstätigkeit können Teilzeitstudienangebote bzw. die Möglichkeit, das Studientempo und den Studienverlauf auf die individuellen zeitlichen Möglichkeiten abzustellen, eine große Hilfe sein, sofern sie – wie an anderer Stelle dargestellt – eine flexible Anpassung des Studienumfangs über den Zeitverlauf ermöglichen und das BAföG diesen Verläufen angepasst wird.

Aufgabe

Konzipieren Sie ein aus unterschiedlichen Bausteinen zusammengesetztes Maßnahmenpaket, das die Vereinbarkeit von Familie und Studium an Ihrer Einrichtung auf sinnvolle Weise verbessern könnte.

Diversity-sensible Strukturen sind die Grundlage zur Ermöglichung von Chancengleichheit in Hochschulen, da dort oft Barrieren existieren, die sich nicht allein durch individuelle Fälle begründen lassen. Die Veränderung von Strukturen ist an Hochschulen jedoch – auch aufgrund der Besonderheiten von Hochschulen als Organisationen – eines der schwierigsten Aktionsfelder. Die hier benannten Handlungsoptionen in den Bereichen Propädeutik, Studieneingangsphase, Flexibilisierungsformate, Anerkennung, Anrechnung und Zulassung sowie Internationalisierung und Vereinbarkeit eröffnen ein breites Feld für strategisches Handeln (s. Kapitel 4). Alle Felder sind dabei sicher nicht gleichzeitig zu bearbeiten. Das Kapitel 3.1.1 hat jedoch eine Übersicht über die wesentlichsten strukturellen Handlungsfelder geliefert. In der Folge gilt der Fokus den Lehr-/Lernformen.

3.1.2 Diversity-sensible Lehr-/Lernformen

Lerner/-innen/zentrierung

Der hochschulinhärente Diskurs eines ‚shift from teaching to learning‘, der seinen Ursprung in der Bewegung zur Verbreitung technologiegestützten Lernens hatte und seit Ende der 1990er Jahre v.a. durch die UNESCO in Anlehnung an Sandholtz, Ringstaff and Dwyer (1997) vertreten und bisweilen schon inflationär gebraucht wird, hat direkte Anlehnungen an und Wirkungen zu Fragen des Diversity Managements. Nachfolgende Grafik deutet den ‚shift‘ auf verschiedenen Ebenen an.

	Teacher-centred learning environments	Learner-centred learning environments
Classroom activity	Teacher-centred, Didactic	Learner-centred, Interactive
Teacher role	Fact teller, Always expert	Collaborator, Sometimes learner
Instructional emphasis	Fact's memorization	Relationships, Inquiry and invention
Concepts of knowledge	Accumulation of facts	Transformation of facts
Demonstration of success	Norm referenced	Quality of understanding
Assessment	Multiple choice items	Criterion referenced, Portfolios und performances
Technology use	Drill and practice	Communication, access, collaboration, expression

Tabelle 2:
Teacher-Centred and Learner-Centred Learning Environments.

Quelle: Unesco (2002).

Die Reflexion der Rolle[n] der Lehrperson und ihr Rollenverständnis als Person, die zur Erreichung von Kompetenzzielen mit den Individuen zusammenarbeitet, ihre Entwicklungsschritte reflektiert und in einer individualisierten Lernumgebung agiert, bietet fruchtbaren Boden für einen wertschätzenden Umgang mit Diversität. Ins Zentrum rückt dabei u.a. die Diagnose, dass Hochschulen mit unterschiedlichen „Lernertypen" konfrontiert sind. Hier geht es nicht nur um eher theorie- versus eher praxisorientierte Studierende, sondern z.B. auch um oberflächlich lernende Studierende („surface learners") versus solche, die im Rahmen des forschenden Lernens Dingen stärker auf den Grund gehen („deep learners") (vgl. Kreft/Leichsenring 2012, S. 149). Die Entwicklung von Lehr- und Lernformen und die konkrete Umsetzung von Diversity-Management-Zielen und -Maßnahmen in der Lehre bilden eine einander bedingende Konstellation, die bei der Konzeption und der Realisierung von Maßnahmen bewusst wahrgenommen und gefördert werden sollte.

Problembasiertes Learning

Problem-based learning (Problembasiertes Lernen, PBL) ist ein handlungsorientiertes Lehr-/Lernszenario, das im Zusammenhang der Mediziner/-innenausbildung entstanden ist und von dort in andere Zusammenhänge transferiert wurde. PBL geht in seinen Grundzügen auf das Stufenmodell zur Problemlösung des Reformpädagogen John Dewey zurück. Ziel von PBL ist die Entwicklung von Handlungskompetenzen. Die Problemlösekompetenz bildet hierfür über das Auflösen von möglichst authentisch konstruierten Problemstellungen den Mittelpunkt.

Fachliche, soziale, personale und methodische Kompetenz wird jedoch explizit in den PBL-Ansatz einbezogen. In den 1970er Jahren wurde die Methode an der McMaster Universität in Hamilton/Ontario (Kanada) durch die Entwicklung eines problemorientierten Curriculums entwickelt und bis heute unter dem Begriff McMaster-Methode immer wieder adaptiert. In Deutschland war die Privatuniversität Witten-Herdecke 1992 die erste Universität im medizinischen Bereich, die PBL als konstruktivistisches Lehr-/Lernszenario umgesetzt hat, die Berliner Humboldt-Universität verfolgt den Ansatz seit 1999.

Den Lehr-/Lernprozess im Problem-Based-Learning kann man in verschiedenen Stufenmodellen darstellen (Barrows 2005/Schmidt 1983). Den Ansätzen gemein ist zunächst

- die Wahrnehmung und Definition der Problemstellung, die eine Klärung noch offener begrifflicher Fragen beinhaltet,
- die diskursive Hypothesenbildung in Form eines Brainstormings in der Lerngruppe mit anschließender Gewichtung der gefundenen Hypothesen mit dem Ziel einer Lernzieldefinition,
- die durch Selbststudium/Recherche bzw. Informationsbeschaffung sowie die Erweiterung von Fähigkeiten gekennzeichnete ‚Lernzeit' sowie die Synthesenbildung, die eine Überprüfung der Hypothesen voraussetzt und die Ergebnisse der Lernzeit somit der Lerngruppe gegenüber darstellt.

Das am Problem-Based-Learning orientierte Konzept des Erfahrungsbasierten Lernens, das David Kolb (1984) in einem ähnlichen Vier-Schritt dargestellt hat, soll hier ebenfalls herangezogen werden. Kolb benennt die erste Phase als konkrete Erfahrung, die zweite Phase ist die Beobachtung und Reflexion, die dritte Phase dient der abstrakten Begriffsbildung und die letzte Phase dem aktiven Experimentieren (vgl. Abb. 2).

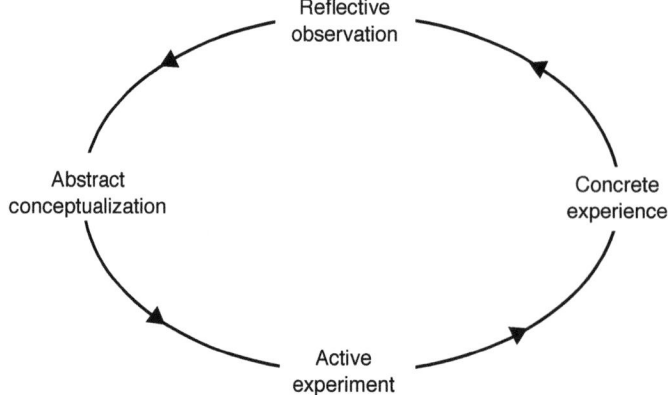

Abbildung 2:
Kolb-Zyklus
Quelle: Kolb (1984).

Lernprozesse können gemäß des Kolb-Zyklus immer wieder neue Lernerfahrungen nach sich ziehen und somit neue Lernprozesse anstoßen. Die Nutzung konkreter Erfahrungen zur Abstraktion und wissenschaftlichen Auseinandersetzung spielt dabei Diversity-Management-Fragestellungen zu. Beispielsweise bei der Konzeption einer didaktischen Lehr-/Lernsituation, in der die Zielgruppe der beruflich Qualifizierten ihre ersten Erfahrungen mit hochschulischem Lernen macht, kann der Kolb-Zyklus hilfreich sein, um auf der Basis der Erfahrungen aus dem Berufsleben der Studierenden wissenschaftliche Probleme und Fragestellungen ableiten zu können.

Aufgabe

Überlegen Sie, in welcher Weise konstruktivistische Lehr-/Lernszenarien genutzt werden können, um die Diversität innerhalb von Lerngruppen nutzbar zu machen! Skizzieren Sie ein Beispiel.

Peer-Learning

Peer-Learning ist eine Form kooperativen Lernens und ein Schlüsselkonzept zur Stärkung eines eigenverantwortlichen Studierens. Das Konzept ermöglicht Studierenden innerhalb und außerhalb von Lehrveranstaltungen einen konstruktiven und für alle gewinnbringenden Austausch in Gruppen und eignet sich insbesondere, wenn wechselseitig Wissen, Ideen, Erfahrungen und Perspektiven ausgetauscht werden sollen. Ein Peer-Learning-Moderator oder eine Moderatorin, der/die Gleiche/r unter Gleichen ist, jedoch Verantwortung für die Prozesse der Gruppe trägt, leitet die Lerngruppe und initiiert dabei Prozesse des Voneinanderlernens.

Studierende kennen die Probleme, in denen sich ihre Kommilitoninnen und Kommilitonen befinden können, und können glaubwürdige Vorbilder bei der Lösung von Problemen oder der Wahrnehmung von Zugangsweisen zum System Hochschule sein. Sie können daher als Multiplikatoren für soziale Lernprozesse dienen. Die Peers treten für die Interessen ihrer Zielgruppe ein und helfen somit, einen Sozialisationsprozess der Lernerinnen und Lerner einzuleiten. In hochschulischen Kontexten werden Peer-Learning-Szenarien vor allem über Tutorien umgesetzt, wobei ein Tutor oder eine Tutorin nicht zwangsläufig die Rolle eines Peer-Learning-Moderators oder einer -Moderatorin einnehmen muss, sondern durchaus auch autoritäre Lehr-/Lernszenarien herstellen kann. Tutoring und Peer-Learning kann daher generell nicht synonym verwendet werden, lediglich in der hier beschriebenen Weise eines Peer-Learning-Moderators bzw. einer -Moderatorin wären Tutorinnen und Tutoren Teil eines Peer-Learning-Prozesses.

Gerade, wenn es darauf ankommt, informelles Wissen und informelle Codes weiterzugeben, erfüllt dieses Lehr-/Lernszenario wichtige Dienste für das Diversity Management. Wenn es beispielsweise darum geht, Zugänge zu Informationen zu schaffen und habituelle Verhaltensweisen zu erlernen, können Peers hier am ehesten weiterhelfen. Ganz gleich, welche Barrieren abgebaut und welche Hürden genommen werden sollen, sind die Erfahrungen derer, die diesen Lernprozess bereits hinter sich haben, eine wertvolle Ressource.

Die Erfahrung, als Peer-Learning-Moderatorin oder Peer-Learning-Moderator zu arbeiten, verschafft dabei auch den Tutorinnen und Tutoren zusätzliche Lernerfahrungen und neues Erfahrungswissen. Einige Hochschulen bieten spezielle Schulungen für Tutorinnen und Tutoren an, um die Studierenden auf ihre Rollen als Lernpartner in unterschiedlichster Form vorzubereiten.

E-Learning

E-Learning bezeichnet alle Formen von Lernen, bei denen elektronische oder digitale Medien für die Präsentation und Distribution von Lernmaterialien und/oder zur Unterstützung zwischenmenschlicher Kommunikation zum Einsatz kommen (Kerres 2001). Andere Begriffe werden synonym verwendet, z.B. Distance-Learning, Online-Lernen, Telelernen oder aber computergestütztes Lernen. E-Learning ist jedoch gemäß Euler und Seufert (2005, S. 7) ein Instrument, nicht das Ziel der Entwicklung von Bildungsangeboten. „Der strategisch sinnvolle Einsatz von E-Learning an Hochschulen erfordert daher zunächst eine Reflexion und Bestimmung der Ziele, bevor darauf ausgerichtete Methoden und Instrumente entwickelt werden können". Ganz in diesem Sinne soll E-Learning hier als ‚Tool' verstanden werden, um Diversity-Management-Aufgaben unterstützend zu realisieren.

E-Learning umfasst im Wesentlichen folgende für Hochschulen und Bildungsorganisationen besonders relevante Themen- und Aktionsfelder:
1. Virtuelle Lehre, die Präsenzlehre ersetzt und z.B. in Form von Webinaren, Web-based Trainings, video- oder audiobasierten Kursen bzw. Podcasts durchgeführt werden kann.
2. Blended Learning, das Präsenzlehre mit E-Learning-Elementen (z.B. E-gestützte Übungen, Anwenderbeispiele) verbindet.
3. Content Sharing, damit ist das gezielte Verbreiten und ‚Teilen' von Lernmaterial gemeint, das teilweise kommerziell, teilweise im Non-Profit-Bereich angeboten wird.
4. Learning Communities, die über ein Informations- oder Kommunikationssystem gemeinsame Wissensfelder aufbauen, pflegen und erweitern.
5. Virtual Classroom, damit ist eine technisch-methodische Lernumgebung gemeint, die es räumlich getrennten Lernerinnen und Lernern möglich macht, einen Inhalt synchron zu erschließen.
6. E-Assessment, das es möglich macht, kompetenzbasierte Prüfungs- oder Eignungstests online durchzuführen.

Vor allem bei der Umsetzung von Teilzeitstudienformen sind E-Learning-Umgebungen wichtig, aber auch andere strukturelle Diversity-Management-Maßnahmen und -Projekte können sich E-Learning-Elementen bedienen. Die Individualisierung von Lernort und Lernzeit spielt dabei die wichtigste Rolle für Diversity-Management-Fragestellungen. So kann E-Learning ein Tool zur Flexibilisierung von

Lehr-/Lernumgebungen sein und dadurch Vereinbarkeitsfragen erleichtern, Zugänge zu Bildungsmedien möglichst niedrigschwellig gestalten und dadurch soziale Herkunftsfragen nivellieren. In Zeiten von MOOCs (massive open online courses) und weltweit zugänglichen Kurseinheiten werden zunehmend heterogene, selbst gesteuerte und zeitlich unabhängige Lehr-/Lernszenarien angestoßen. Derzeit unter starker medialer Aufmerksamkeit stehen MOOC-Projekte von Elite-Universitäten wie aber auch Projekte z.B. der Khan-Academy (www.khanacademy. org), einer nichtkommerziellen Internet-Plattform mit Lernmaterial, die sich zum Ziel gesetzt hat, weltweit zugängliche und kostenfreie „world-class education" zu ermöglichen. Inwieweit diese Videos in der Tat dazu beitragen, Lernerinnen und Lernern individuelle Lernwege zu ermöglichen, muss in den kommenden Jahren noch erforscht werden. Was diese Medien derzeit gar nicht oder bisher nur unter hohem technischen Aufwand ersetzen, ist eine interaktive und gruppenbezogene bzw. experimentelle Lernerfahrung. Zu Orientierungs- oder Tutoring-Zwecken scheinen die zugänglichen Materialien jedoch bereits hilfreich zu sein.

Lernportfolios

Lernportfolios können ein sinnvolles Instrument zur Begleitung des Lernfortschritts und der Kompetenzentwicklung in heterogenen Studierendengruppen sein. Die Portfolios können aus unterschiedlichsten Dokumenten und Materialien bestehen. Es können auf der einen Seite Arbeitsergebnisse und bearbeitete inhaltliche Aufgaben aufgenommen werden, auf der anderen Seite z.B. individuelle Auseinandersetzungen mit einem Thema und Reflexionen zu der eigenen Bearbeitungsweise der Aufgaben, so genannte Metadokumente. Insgesamt sollte darauf geachtet werden, dass aus den Dokumenten und Aufgaben ein Lernfortschritt und ein Gesamtzusammenhang erkennbar ist.

Zu Beginn der Lehrveranstaltung erhalten die Studierenden Rahmenbedingungen und formale Hinweise zur Erstellung ihres Lernportfolios. Den Studierenden sollte dabei verdeutlicht werden, was das Ziel des Portfolios ist und was sie damit erreichen sollen. Wie viele Vorgaben und Hinweise dabei gegeben werden, ist abhängig vom jeweiligen Lernziel. Da durch das Lernportfolio die Selbststeuerung und Selbstreflexion der Studierenden angeregt werden soll, sollten die Studierenden Beteiligungsmöglichkeiten bei der Zusammenstellung und den Inhalten erhalten. So könnten den Studierenden bestimmte Aufgaben vorgegeben werden, aus denen sie auswählen können. Beispielsweise können die Studierenden aus einer größeren Zahl von Aufgaben drei aussuchen, die sie in ihr Portfolio aufnehmen. Die Auswahl sollte jeweils begründet werden.

Mögliche Aufgaben könnten sein:
• Erwartungen an die Veranstaltung festhalten;
• Exzerpte zu Texten aus dem Themenbereich der Veranstaltung; Begründung der Auswahl dieser Texte;
• Verfassen eines Lexikonbeitrags zu einem Spezialgebiet oder zu einem wichtigen Begriff aus dem Themenbereich der Veranstaltung;

- Protokolle;
- Leitfragen zur Reflexion einzelner Sitzungen, die den Studierenden interessant erscheinen;
- Rückmeldung und Bewertung der Veranstaltung;
- Selbstbewertung.

Lernportfolios können eine ganze Veranstaltung begleiten oder auch veranstaltungsübergreifend angelegt werden; sie eignen sich auch für große Gruppen und sind geeignet, alle Teilnehmenden einzubeziehen. Als Vorteil kann herausgestellt werden, dass Lernportfolios die Selbstlernkompetenzen fördern und verdeutlichen, welche Ergebnisse selbstständig erzielt wurden. Zudem können individuelle Schwerpunkte und Interessen berücksichtigt werden. Eine Zwischenbesprechung der Lernportfolios während der Bearbeitungszeit, z.B. in der Mitte der Lehrveranstaltung, ist sinnvoll, um sicherzustellen, dass die Erstellung der Portfolios reflektiert wird, und um eine Rückmeldung zu geben. Dies kann den Lernprozess und die Reflexion anregen und unterstützen.

E-Portfolios zur Dokumentation von Kompetenzen

Der kompetenzorientierte Lehransatz thematisiert die Förderung der Sichtbarkeit und Wirksamkeit der Diversität der Studierenden in Lehr- und Lernkontexten. Dies verlangt nach neuen Wegen der Anwendung und Umsetzung des Wissens. Um Kompetenzen sichtbar und bewertbar zu machen, müssen Lehr-, Lern- und Prüfungsmethoden durch eine kompetenzorientierte Funktion bestimmt sein, d.h. die weiterentwickelten oder neu erworbenen Kompetenzen müssen sich in der Performanz zeigen. Doch gegenwärtig mangelt es noch an kompetenzbasierten Ansätzen in der Hochschullehre.

Ein Grund für die mangelnde Umsetzung des Paradigmenwechsels von der Input- zur Outcomeorientierung ist der defizitorientierte Blick auf Diversität. Diversität als didaktisches Prinzip heißt jedoch, die individuellen Potenziale in den Vordergrund zu rücken und als weiterentwickelte oder erworbene Kompetenzen sichtbar zu machen. Die E-Portfoliomethode stellt hier einen Lösungsansatz dar. Kompetenzen, die sich zusammensetzen aus Wissen, Erfahrungen und der Fähigkeit, diese anzuwenden, können in E-Portfolios dokumentiert werden.

Praxisbeispiel: Lernportfolios an der Folkwang Universität der Künste, Essen
An der Folkwang Universität der Künste sind Portfolios in Form von Mappen in den Studiengängen Industrial Design, Kommunikationsdesign und Fotografie sowohl vor Studienbeginn im Rahmen der künstlerischen Eignungsprüfung als auch studienbegleitend Bestandteil von Lern- und Prüfungsformen. Durch die Auswahl bestimmter Artefakte können Studienbewerber/-innen und Studierende die Qualität ihrer Arbeiten und ihre Weiterentwicklung zeigen. Im Mittelpunkt stehen nicht nur die fertigen Produkte, sondern auch dokumentierte Einblicke in den Lernprozess. Skizzen, Ideenentwürfe etc. können in die Mappe integriert werden. Die Portfolios dokumentieren sowohl den Werdegang als auch

die Vielfalt der Talente. Die für die künstlerische Portfolioarbeit charakteristische Verbindung von Produkt und Prozess dient als Rahmen für das Verständnis des pädagogischen E-Portfoliokonzepts. In Anlehnung an das Modell der Gestaltungsorientierten Mediendidaktik wurde ein E-Portfolioszenario konzipiert, das im hybriden Onlineseminar „Interkulturelles Online-Mentoring" realisiert wird. Als Vorteil der E-Portfolioarbeit wird herausgestellt, dass bei den Studierenden ein systematischer Kompetenzaufbau bezüglich der Reflexion und Steuerung des eigenen Lernprozesses stattfinden kann. Zur technischen Umsetzung des E-Portfolioszenarios werden die Kursmanagement-Software Moodle 2.0, Social Software und die E-Portfolio-Software Mahara eingesetzt. Das Seminar wird bis auf eine realpräsente Auftakt- und Abschlussveranstaltung online durchgeführt und soll weitestgehend selbstorganisiertes Lernen anregen. Dies kann dadurch geschehen, dass eine zentrale Kommunikationsstruktur sowohl synchron als auch asynchron ermöglicht wird. Die Studierenden haben die Möglichkeit, zwischen offenen und geschlossenen Aufgabentypen sowie verschiedenen Sozialformen zu wählen, individuelle Schwerpunkte zu setzen bzw. weniger interessante Themenbereiche wegzulassen. Das zeit- und ortsunabhängige Lernen und die individuelle Bestimmung der Lerngeschwindigkeit ermöglichen eine individuelle Ausgestaltung des Lernprozesses durch die Studierenden. Der pädagogische Mehrwert dieser organisatorischen Dimension besteht darin, dass die Studierenden ihrem Bedürfnis nach entscheiden, wann sie wo wie lange lernen. Nicht nur in der diversitätsorientierten didaktischen Konzeption des Online-Kursraumes, sondern auch in der didaktischen Konzeption der E-Portfolioarbeit stehen die Studierenden im Mittelpunkt. Sie sammeln, wählen aus, reflektieren und bewerten ihre Arbeitsergebnisse. Dazu übergeben sie ihre Inhalte aus der Online-Kursumgebung direkt in ihr E-Portfolio. Das Besondere an einem E-Portfolio ist, dass die Kernaktivitäten „Leistungsdarstellung" (Auswahl und Begründung der Artefakte), „Self-Assessment" (Reflexion des eigenen Lernprozesses) und „Peer- Assessment" (Feedback geben) nicht mehr in physikalischer Form stattfinden. Daraus ergeben sich sowohl interessante Potenziale als auch didaktische Herausforderungen, die berücksichtigt werden müssen. So können die Studierenden von überall auf ihre Inhalte zurückgreifen, unterschiedliche Sichten und Interaktionsmöglichkeiten regulieren, Feedback geben und bekommen. Sie können Blogs zur persönlichen Reflexionsunterstützung oder zur Dokumentation der Zusammenarbeit einsetzen, Inhalte verschlagworten und neben Text- und Bilddokumentation auch multicodale Inhalte verwenden. Damit es zu keiner Überforderung seitens der Studierenden kommt, werden für die E-Portfolionutzung Leitfragen entwickelt, die den Studierenden in ihrem E-Portfolio online als Formblätter zur Verfügung stehen. Die Leitfragen sollen die Studierenden darin unterstützen, die Kernaktivitäten im Lernprozess einzuüben und zu reflektieren. In der Abschlussveranstaltung werden die E-Portfolios dann von den Studierenden vorgestellt. Im Mittelpunkt der Präsentation stehen die ausgewählten Artefakte (Produkte) und ihr Entwicklungsweg (Prozess). Die Studierenden bestimmen die individuelle Gestaltung und die ausgewählten Inhalte selbst. Sie strukturieren die Elemente und bestimmen, wer ihre Beiträge oder Dateien lesen und nutzen darf. Das E-Portfolio als Artefakt an sich ist somit nicht zuletzt auch in der persönlichen Ausgestaltung Ausdruck der Diversität der Studierenden.

Quelle: *Darstellung von Karoline Spelsberg, Folkwang-Universität. Das zugrundeliegende Projekt „Diversität als didaktisches Prinzip im hochschulischen Lehr- und Lernkontext" wurde im Rahmen des Programms „Ungleich besser! Vielfalt als Chance" des Stifterverbands für die Deutsche Wissenschaft gefördert. Weitere Informationen: www.folkwang-uni.de/lebenslanges-lernen.*

Service Learning

Service Learning (aus: „community service" und „learning", deutsch: Lernen durch Engagement – LdE) (Baltes/Hofer/Sliwka 2007; Altenschmidt/Miller/Stark 2009) wird international seit den 90er Jahren des letzten Jahrhunderts und an deutschen Hochschulen seit 2005 mit steigender Tendenz in vielen Studienfächern und -bereichen eingesetzt. Damit soll nicht nur praxisorientiert erfahrungsorientiertes Wissen in den Disziplinen vermittelt werden, sondern gelerntes disziplinäres Wissen und erworbene fachspezifische und generische Kompetenzen bereits während des Studiums in gemeinwohlbezogenen Feldern begleitet eingesetzt werden. Im Fokus stehen hierbei soziale, ökologische oder kulturelle Einsatzbereiche. Die hier gewonnenen Erfahrungen werden systematisch reflektiert und für den akademischen Kompetenzerwerb fruchtbar gemacht. Die dem Service Learning inhärente Zusammenarbeit mit universitätsexternen (und meist auch fachfremden) Partnern (campus community partnership) verlangt von Studierenden wie Lehrenden neue Kompetenzprofile, die die disziplinären Kompetenzmodelle zwar ergänzen, aber eigens entwickelt und empirisch validiert werden müssen. Service Learning kann sowohl hilfreich dafür sein, heterogene Potenziale, Kompetenzen und Interessen der Studierenden einzubringen als auch den Kontakt mit externen Akteuren zu intensivieren („community outreach").

In den USA ist Service Learning fester Bestandteil im Campus-Alltag. Jurastudierende beraten kostenlos bei Rechtsstreitigkeiten; angehende Lehrkräfte bilden Hausaufgabenhelfer unter Grundschülern aus; Psychologie-Studierende unterstützen Streitschlichter. Spezielle Büros kümmern sich um Dozierende und beraten sie bei der Integration von Service-Learning-Angeboten in ihre Lehre. Studierende können sich dort Tipps für ihr ehrenamtliches Engagement holen. Neben der Gesellschaft profitieren auch die Studierenden von dem Angebot: ihr Wissenserwerb fällt beim Service Learning im Vergleich zu konventionellen Veranstaltungen Studien zufolge messbar höher aus. Verbindungslinien bestehen auch zwischen den Konzepten des Service Learning und der „Bildung für Nachhaltige Entwicklung" (BNE) (zur UN-Dekade Bildung für Nachhaltige Entwicklung s. http://www.bne-portal.de/, Zugriff: 06.03.2015).

Eine systematische Entwicklung des bislang erfolgreichen Ansatzes zur Verankerung von Service Learning und sozialer Verantwortung lässt sich über die vier Ebenen Curriculum, Methode, Personalentwicklung und Infrastruktur erreichen.

Curriculare Einbindung: Fachbezogene und interdisziplinäre Service-Learning-Projekte können hochschulweit und in allen Fächern in die Fachcurricula und in allgemeinbildende Curricula (Schlüsselkompetenzen) auf BA- und MA-Level integriert werden. Besonderes Augenmerk gebührt dabei der Lehrerbildung, damit Lehramtsstudierende den Service-Learning-Ansatz erlernen, um ihn auch im Schulkontext fachgerecht anwenden zu können und die Praxis gesellschaftlicher Verantwortung mittelfristig auch an den Schulen weiter zu etablieren.

Didaktik: Mit der curricularen Verankerung einher geht die Etablierung von Service Learning als didaktisches Prinzip, das in den Methodenkanon der Universität aufgenommen wird. Dazu gehört das Angebot entsprechender hochschuldidaktischer Seminare und disziplinenübergreifender Projekte, aber auch die systematische Weiterentwicklung der Methodik und die Entwicklung entsprechender Forschungsfragestellungen und Einwerbung forschungsrelevanter Drittmittel. Gerade die für Service Learning entscheidende Reflexion des eigenen Handelns sollte methodisch abgesichert und standardisiert werden.

Personalentwicklung: Da die Umsetzung von Service Learning in universitären Lehrveranstaltungen veränderte didaktische Konzepte gegenüber den klassischen universitären Vermittlungsformen wie Seminar und Vorlesung erfordern, müssen Lehrende entsprechend qualifiziert werden. Neben der Idee des gesellschaftlichen Engagements, der Service-Learning-Methodik und dem zielführenden Einsatz von Reflexion als Fortschritts- wie Leistungskontrolle beinhaltet dies Maßnahmen zu Projektmanagement und Teamentwicklung sowie die Entwicklung spezifischer Coaching-Methoden.

Infrastruktur: Neben der Planung und Umsetzung von Service-Learning-Seminaren und Projekten bedarf es der Begleitung der Studierenden bei dieser Art von erfahrungsorientiertem Lernen sowie der Unterstützung von Fakultäten und Studiengängen bei der Einführung und akademischen Anerkennung von Service Learning wie auch dem Aufbau von Kooperationsbeziehungen mit außeruniversitären Partnern in Campus-Community-Projekten. Genauso wichtig ist die Übersetzung von Vorhaben in didaktisch sinnvoll bearbeitbare Aufgaben. Da sich die infrastrukturellen Rahmenbedingungen von Hochschule zu Hochschule unterschiedlich gestalten, ist die jeweilige personelle und strukturelle Situation vor Ort Grundlage für eine zielführende Etablierung von Campus-Community-Projekten und Community Based Research.

Die deutschen Hochschulen, die Service Learning in ihrer Lehre umsetzen, haben sich am 9. März 2009 zusammengeschlossen und das Netzwerk „Bildung durch Verantwortung" gegründet (http://www.netzwerk-bdv.de/content/home/index.html, Zugriff: 06.03.2015). Ziel des Netzwerks ist es, Service Learning an deutschen Hochschulen zu etablieren. Die sechs Gründungsmitglieder sind die Universitäten Duisburg-Essen, Erfurt, Mannheim, Würzburg und des Saarlandes sowie die Fachhochschule Erfurt. Mit Unterstützung durch die Freudenberg Stiftung ist die Universität Mannheim seit 2003 Vorreiterin bei der Einführung von Service Learning. Hier fanden 2003 die ersten Service Learning Seminare im Fach Pädagogische Psychologie statt.

Die Robert Bosch Stiftung fördert von 2007 bis 2013 das Programm „Do it!" der gemeinnützigen Agentur mehrwert und damit deutschlandweit Hochschulen bei der Einführung und Umsetzung von Service Learning. Im Rahmen von „Do it!" wurden an rund 20 Hochschulen Service-Learning-Programme eingeführt und Verantwortliche mit Beratung und Begleitung durch mehrwert unterstützt.

Die Virtuelle Hochschule Bayern (vhb) bietet ein Online-Kursangebot zum Thema Service Learning – Soziales Lernen in Schule, Hochschule und Weiterbildung an. Das Kursangebot macht künftige Lehrkräfte mit Service Learning als Unterrichtsmethode vertraut. Es wurde in Zusammenarbeit der Universitäten Augsburg und Erlangen-Nürnberg entwickelt und kann seit dem Wintersemester 2012/13 von Studierenden aller bayerischen Hochschulen absolviert werden.

Service Learning in der Praxis
Beispiele aus dem Programm „Do it!"

„Do it!" verbindet universitäres Lernen mit sozialem Engagement. Studierende engagieren sich fachübergreifend oder fachspezifisch in sozialen Einrichtungen und nehmen an Vorbereitungs- sowie Reflexionsveranstaltungen teil. Dafür erhalten sie ECTS-Punkte. „Do it!" fördert die personalen und sozialen Kompetenzen von Studierenden wie beispielsweise:

- Empathiefähigkeit
- Kommunikationsfähigkeit
- Eigeninitiative
- Konfliktfähigkeit
- Toleranz

Mit Förderung durch die Robert Bosch Stiftung konnte „Do it!" seit 2007 auf zahlreiche Standorte in ganz Deutschland ausgeweitet werden.

Projektbeispiele:

„Do it!" an der Universität Freiburg: Studierende der Sportwissenschaften führten im städtischen Altenpflegeheim Trainingsmaßnahmen mit den Bewohnerinnen und Bewohnern durch, um sie zu regelmäßiger Bewegung zu aktivieren.

„Do it!" an der Pädagogischen Hochschule Ludwigsburg: Lehramtsstudierende boten im Rahmen des Projekts Hausaufgabenbetreuung für Kinder mit Migrationshintergrund an.

„Do it!" an der Hochschule Konstanz: Studierende der Fachrichtung Architektur, Design- & Bauingenieurwesen unterstützten eine Wohngruppe demenzkranker Menschen bei einer Umbaumaßnahme.

Quelle: *http://www.agentur-mehrwert.de/hochschulen/do-it.html, Zugriff: 06.03.2015.*

3.1.3 Diversity-sensible Beratungsangebote

Im Bereich Diversity-sensibler Beratungsangebote sind Hochschulen erfahrungsgemäß besser gerüstet, da an den allermeisten Hochschulen oftmals ein integriertes Netzwerk aus Allgemeiner Studienberatung, Fachstudienberatung und Psychologischer Beratung implementiert ist, an das angeknüpft werden kann. Ebenso halten International Offices bzw. Akademische Auslandsämter in der Regel besondere Beratungs- und Informationsangebote für ausländische Studierende bereit. Einige Hochschulen versuchen durch ein **Mentoring-System** den Beratungs- und Entwicklungsbedarf jeder/s einzelnen Studierenden sicher zu stellen und somit Probleme der Studiensozialisation, des Studienalltags und unerwarteter Hürden im Studienverlauf zu besprechen. Im Mittelpunkt entsprechender Systeme, die in ihrem Ursprung vor allem dem anglo-amerikanischen Wissenschaftssystem zuzurechnen sind, steht der Anspruch, die Fähigkeit zur Selbstreflexivität und Selbstorganisation von Studierenden zur Analyse institutioneller Strukturen, Prozesse und Abläufe zu fördern und somit je individuelle Formen des Umgangs mit den vorgefundenen Strukturen zu unterstützen.

Mentorinnen und Mentoren sind dabei in der Funktion, Studierende in ihren Auseinandersetzungen mit dem System Hochschule und in Übergangssituationen zwischen Schule und Hochschule bzw. Hochschule und Beruf zu beraten und ihnen unbekannte Sichtweisen und Prozesse zu erschließen. Die Mentorinnen und Mentoren unterstützen ein zielgerichtetes Agieren der Mentees. Wichtig ist jedoch, dass die Mentorinnen und Mentoren für die/den Mentee keine Lösungen vorgeben, sondern sie/ihn unterstützen, eigene Lösungswege zu finden.

Das Mentoring kann dabei in verschiedenen Formaten durchgeführt werden: Üblich sind sowohl One-to-One Mentoring-Beziehungen als auch Gruppen-Mentoring-Formate. Gruppen-Formate kommen vor allem zum Einsatz, wenn die Anzahl der Mentees wesentlich größer ist als die Anzahl zur Verfügung stehender Mentorinnen oder Mentoren, bzw. wenn der individuelle Matching-Aufwand, d.h. die passgenaue Vermittlung von Mentorin oder Mentor und Mentee, zu groß ist. In großen Hochschulen und vor allem dann, wenn sich Mentoring-Systeme nicht nur auf kleine Studienprogramme beschränken, kommen daher vermehrt auch Gruppen-Mentoring-Prozesse zum Einsatz. Wichtig für den Verlauf eines Mentoring-Prozesses ist die vorherige Vereinbarung von Zielsetzungen in einem Mentoring-Vertrag. Die an der Mentoring-Beziehung beteiligten Partner sollten zu Beginn ihres Mentoring-Prozesses formulieren, welche Zielsetzungen und Erwartungen sie wechselseitig an die Zusammenarbeit stellen. In großen Systemen wird jedoch auch auf standardisierte Verfahren zurückgegriffen, in denen die Themenbereiche fest definiert werden.

Festzuhalten ist, dass Hochschulen des deutschen Wissenschaftssystems zunehmend Mentoring-Programme und -Systeme etablieren, die allerdings sehr heterogene Ziele verfolgen. Das Einlassen auf jede/n Mentee führt jedoch automatisch auch zu einer Beratung, die die Heterogenität der jeweiligen Mentees bewusst werden lässt. Umso bedeutsamer ist es, bei der Etablierung von Mentoring-Systemen Sorge dafür zu tragen, dass die Mentorinnen und Mentoren selber diversitätssensibel zu agieren vermögen. Dies kann durch einschlägige Schulungsangebote befördert werden.

Kurzum ist die Tendenz zu erkennen, dass sich das System auf das Individuum zubewegt und sehr langsam, aber merkbar eine stärkere Lernerinnen- und Lernerzentrierung ermöglicht. Fraglich ist, inwiefern es den Hochschulen gelingt, Mentoring als Bestandteil des Regelsystems zu etablieren und damit die Mentoring-Kultur des anglo-amerikanischen Systems zu forcieren oder ob die vielerorts aus befristeten Mitteln realisierten Projekte anderen Prioritätensetzungen zum Opfer fallen. Franzke und Gotzmann (2006) liefern zumindest einige Ansätze, wie Mentoring sich in Regelstrukturen integrieren lässt.

Gute Beispiele für studentische Mentoring-Systeme sind:
- Mentoring-System der RWTH Aachen
  http://www.rwth-aachen.de/go/id/cczs
- Mentoring-System der Universität Duisburg-Essen
  http://www.uni-due.de/bif/mentoring.php
- Mentoren-Programm der Universität des Saarlandes
  http://www.uni-saarland.de/campus/studium/beratung-und-orientierung/mentoren-programm.html

Weitere Tendenzen bei der Etablierung Diversity-orientierter Beratungsstrukturen lassen sich mit der Einrichtung von **Beauftragten für spezielle Zielgruppen des Diversity Managements** ausmachen. Neben klassischen Schwerbehinderten-vertretungen bzw. autonomen Referaten der verfassten Studierendenschaften für homosexuelle Studierende, Studierende mit Behinderung oder ausländische Studierende treten zunehmend Beauftragte für Chancengleichheit (v.a. Baden-Württemberg), Beauftragte für Studierende mit chronischen Krankheiten etc. Meistens haben solche Beauftragungen konkrete gesetzliche Grundlagen, im Falle der Schwerbehindertenvertretung bildet diese das *Sozialgesetzbuch IX*, die Beauftragten für Chancengleichheit in Baden-Württemberg agieren auf der Basis des *Gesetzes zur Verwirklichung der Chancengleichheit von Frauen und Männern im öffentlichen Dienst des Landes Baden-Württemberg*. Als Faustregel gilt: Je genauer eine Beauftragung definiert ist, desto genauer lassen sich Zuständigkeiten und strategische Maßnahmen definieren. Oftmals sind jedoch Beauftragte für spezielle Zielgruppen des Diversity Managements durch ihre Tätigkeiten überlastet, da sie neben dezidierten gesetzlich vorgeschriebenen Beteiligungen – beispielsweise in Personalfragen oder auch in baulichen Angelegenheiten – auch weitere Fragestellungen rund um ihr Thema bearbeiten.

In ähnlicher Weise funktionieren auch die an manchen Universitäten eingerichteten **Ombudspersonen,** deren Funktion darin liegt, bei konkreten Problemstellungen mit den Strukturen und handelnden Personen an Hochschulen mediativ nach berechtigten Einzelfalllösungen zu suchen, ggf. aber auch bei systembedingten verallgemeinerbaren Problemen Veränderungsprozesse anzuregen. Der faire Umgang mit Studierenden steht im Mittelpunkt des Ansatzes, auf den zweiten Blick lässt sich aber durchaus auch Nutzen aus einem bewusst gelebten Ideen- und Beschwerdemanagement ziehen. Die Gefahr der Einrichtung solcher Stellen ist jedoch auch nicht von der Hand zu weisen. So drohen sämtliche scheinbar nicht veränderbare und in der Organisation aufgrund der Starrheit von Strukturen kaum antastbare Felder, die sich immer wieder auch in konkreten Problemen von einzelnen Studierenden spiegeln, zunächst zu einem Fall für die Ombudsperson zu werden, obwohl sie normalerweise in einem aufwändigen Gremienprozess zu organisieren wären. Eine Übernachfrage und damit auch eine Überforderung der Ombudspersonen ist in Zeiten chronischer Überlast und einem sich immer noch im Endstadium befindlichen Systemwechsel der alten Studien- und damit auch Prüfungsstrukturen auf die gestuften Studiengänge in den

Hochschulen vorprogrammiert. Österreich organisiert seit 2012 jene Ombudstä-
tigkeiten national gebündelt durch die so genannte „Ombudsstelle für Studierende", die auf der Basis des Paragraphen 31, Absatz 2 des Österreichischen Hoch-
schul-Qualitätssicherungsgesetzes (HS-QSG) agiert. Die nationale Ombudsstelle
löste die so genannte Studierendenanwaltschaft ab, die seit 1997 mit der Wahrung von Studierendeninteressen gegenüber den Hochschulen betraut war.

Aufgabe:
Informieren Sie sich, welche Hochschulen bereits über eine Ombudsperson verfügen
und versuchen Sie durch ein Telefon-Interview mit einer Ombudsperson Ihrer Wahl
typische Konflikt- und Beschwerdefelder zu identifizieren.

3.1.4 Diversity-sensible Studieninhalte

Während es für den Gender-Bereich umfangreiche durch das Netzwerk Frauen-
und Geschlechterforschung NRW erarbeitete und zusammengetragene Gender-
Curricula für eine breite Anzahl von Studienfächern gibt (www.gender-curricula.
com), ist bislang für den Bereich Diversity-relevanter Studienprogramme jenseits
der Kategorie Gender noch kein analoger Katalog erarbeitet worden.

Zwei Ideen sollen daher an dieser Stelle zunächst benannt werden, die die Frage der Integration von Diversity-relevanten bzw. Diversity-sensiblen Studieninhalten fördern könnten. Zum einen könnte darüber nachgedacht werden, im Zuge
der Profilbildung einer Hochschule im Bereich Diversity im überfachlichen Bereich der Curricula ein festes Diversity-Modul in allen BA-Studiengängen zu etablieren. In diesem Modul könnten skill-orientierte Inhalte Gegenstand sein, die
die Diversity-Sensibilität der Studierenden erhöhen können. Beispiele dafür wären
– im Sinne der Idee „Internationalisation at Home" – inter- oder transkulturelle
Kompetenzen oder auch Veranstaltungen zu sozialstrukturellen Fragestellungen,
nicht zuletzt aber auch Gender- und Diversity-Awareness-Inhalte. Solche Inhalte
könnten mit den in Kapitel 3.1.2 dargestellten Lehr-/Lernszenarien durchgeführt
werden. Besonders interessant wäre es, einen Teil eines solchen Moduls durch
Service Learning anzureichern. Würde man ein solches Modul planen, müsste aus
Kapazitätsgründen ggf. geprüft werden, welche anderen Inhalte des überfachlichen Studierens entfallen oder in den Hintergrund treten könnten. Es wäre folglich eine Profilierung im Bereich der überfachlichen Studien notwendig.

Zu den Hochschulen, die bereits in diese Richtung gehen, gehören die folgenden:
- Leibniz Universität Hannover: Angebote der Arbeitsstelle Diversität – Migration – Bildung auf der Ebene von Wahlpflichtveranstaltungen, Zertifikatskursen
  und auch Angebot eines Zweitfachs Diversity Education für die Sonderpädago-
  gik (http://www.diversitas.uni-hannover.de/);

- Technische Universität Ilmenau: Online-Modul „Gender & Diversity im Berufs-
  und Privatleben" (http://www.genial-in-thueringen.de/eine-seite/online-kurs-
  „gender-und-diversity-im-berufs-und-privatleben/);
- Karlsruher Institut für Technologie: Qualifikationsmodul „Diversity Management" (Studium Generale) (https://www.zak.kit.edu/dima.php).

Zum anderen sollte an dieser Stelle gesagt werden, dass es zunächst unbedingte
Voraussetzung der Implementation von Diversity-relevanten bzw. -sensiblen Inhalten ist, die Lehrenden der Hochschule selbst zu sensibilisieren. Vielen Lehrenden fällt möglicherweise gar nicht auf, dass beispielsweise ihre Lernmateriali-
en Barrieren bereithalten (man denke zum Beispiel an aufwändig hergestellte, mit
Grafiken versehene Online-Kurse, die für sehbehinderte Studierende nur schwer
nachvollziehbar sein können) oder gar diskriminierend wirken können (Stichwort
gendergerechte Lernmaterialien). Daher ist es unbedingt ratsam, hier den Blickwinkel über institutionelle Awareness-Trainings zunächst zu weiten und darauf zu
setzen, dass Lehrende ihre Lernerfahrungen in ihren Seminaren auch anwenden
können.

Gute Beispiele für breitenwirksame Awareness-Trainings sind derzeit noch rar.
Orientieren kann man sich am Angebot der Universität Duisburg-Essen „ProDi-
versität" (http://www.uni-due.de/diversity/prodiversitaet).

Eine Tendenz zur Bündelung von Diversity-Inhalten bzw. Diversity-Manage-
ment-Inhalten in eigenen Studiengängen ist bisher nur an einer kleineren Zahl
von Hochschulen zu verzeichnen, wenn nicht sogar nach einer ersten Modepha-
se eher wieder ein rückläufiger Trend zu beobachten ist. Die folgende Übersicht
zeigt die im Wintersemester 2014/2015 im deutschsprachigen Hochschulraum
etablierten Programme sowie Programme, die sich im Wintersemester 2014/2015
bereits wieder in einer Auslaufphase befinden. Nicht berücksichtigt sind hier Programme, die ausschließlich im Feld der Gender Studies zu verorten sind. Hierzu
ist eine Übersicht auch auf der Projekt-Website des Netzwerks Frauen- und Geschlechterforschung NRW zu finden (http://www.gender-curricula.com/gender-
studies/gender-studiengaenge/).

Bachelor-Programme			
Hochschule	Bezeichnung des Programms	Umfang	Hinweise
Hochschule Rhein-Waal	Gender and Diversity (B.A.)	7 Semester (210 ECTS)	
Hochschule für Gesundheit Bochum	Gesundheit und Diversity (B.A.)	6 Semester (180 ECTS)	
Fachhochschule Kärnten	Disability & Diversity Studies (B.A.) – berufsbegleitend	6 Semester (180 ECTS)	

Master-Programme			
Hochschule	Bezeichnung des Programms	Umfang	Hinweise
Christian-Albrechts-Universität zu Kiel	Management von Diversity, Gleichstellung und Antidiskriminierung (M.A.) – Weiterbildungsstudiengang	4 Semester (VZ) 6 Semester (TZ) (120 ECTS)	
Freie Universität Berlin	Gender- und Diversity-Kompetenz (M.A.)	4 Semester (120 ECTS)	Studiengang befindet sich in der Auslaufregelung und wurde zum Wintersemester 2014/2015 nicht mehr angeboten
Fliedner Fachhochschule Düsseldorf	Management und Diversity (M.A.)		Studiengang wurde zum WS 2011/2012 eingerichtet. Im WS 2014/2015 wurde dieser jedoch nicht mehr angeboten
HTW Berlin	MBA Diversity Management		Studiengang wurde zum WS 2010/2011 eingerichtet und wurde im WS 2014/2015 nicht mehr angeboten
Evangelische Hochschule Berlin	Leitung – Bildung – Diversität (Management – Education – Diversity) (M.A.)	3 Semester (90 ECTS)	
Charité Berlin – Berlin School of Public Health	Health and Society: Gender and Diversity Studies (MScPH)	2 Semester (60 ECTS)	Aufgrund von Umstrukturierungen im WS 2014/2015 keine Einschreibung möglich

Tabelle 3:
Diversity Studienprogramme, Stand: WS 2014/15.

Quelle: Eigene Darstellung.

3.2 Diversitätsforschung und Diversity Management in der Forschung

3.2.1 Diversitätsforschung

Forschung zu Diversität findet in unterschiedlichen Fachdisziplinen und mit unterschiedlichen Schwerpunkten statt. So wird international wie auch in Deutschland beispielsweise umfangreich zu den Themenfeldern Gender, Migration, Mehrsprachigkeit, soziale Ungleichheit, Segregation im Bildungssystem und Bildungsaufstieg geforscht – vielfach auch mit intersektionaler Perspektive. Je nach Disziplin findet sich Diversitätsforschung subsumiert unter die Termini Pluralismus, Hybridität, Heterogenität oder Ungleichheit. Diversitätsforschung umschreibt damit ein interdisziplinäres Forschungsgebiet und ist gekennzeichnet durch eine Pluralität der Methoden.

Theoretische Grundlagen kommen vorwiegend aus
- den Gender Studies,
- den Postcolonial Studies,
- der empirischen Bildungs- und Ungleichheitsforschung,
- der Migrationsforschung,
- der Mehrsprachigkeitsforschung,
- der Inter- oder Transkulturalitätsforschung sowie
- der Personalmanagementforschung.

Die Forschung zu Diversität analysiert Vielfalt und Heterogenität sowie sozialen und kulturellen Wandel und ist vor allem verwurzelt in den Geistes-, Gesellschafts-, Wirtschafts- und Bildungswissenschaften. Diese Forschung bildet eine wichtige Grundlage für die Entwicklung geeigneter Maßnahmen des DiM innerhalb und außerhalb der Hochschule. In der Folge seien die Forschungs- und Wissenschaftsfelder, die zu Diversity-Management-Forschung beitragen bzw. die diese bedingen, kurz vorgestellt.

Gender Studies

Gender Studies beschäftigen sich mit dem (Macht-)Verhältnis der Geschlechter, wie es in den verschiedenen Bereichen von Ökonomie, Kultur, Gesellschaft und Wissenschaft zu Tage tritt. Der in den 1980er Jahren maßgeblich aus den Women's Studies entwickelte Ansatz geht im Kern davon aus, dass Funktionen, Rollen und Eigenschaften, die zur Konstruktion der Begriffe Männlichkeit und Weiblichkeit herangezogen werden, nicht aufgrund biologischer Determinationen ableitbar sind, sondern auf gesellschaftlichen Konstrukten begründet sind. Daraus ableitbar ist die Folgerung, dass jene Konstrukte auch veränderbar sind. Als wichtige Autoren und Wegbereiter können u.a. Gayle Rubin, Judith Butler und Sandra Harding angesehen werden. Zur Übersicht kann das *Handbuch Frauen- und Geschlechterforschung: Theorie, Methoden, Empirie* von Becker und Kortendiek (2010) empfohlen werden.

Postcolonial Studies

Postcolonial Studies sind ein interdisziplinäres, v.a. aber kulturwissenschaftlich geprägtes Forschungsfeld seit etwa Mitte des 20. Jahrhunderts, das sich mit der Dekonstruktion von bis in die Gegenwart hinein wirkenden kolonialen Diskursen beschäftigt, um die bis heute vom Kolonialismus geprägten Strukturen und Denkmuster vor Augen zu führen. Aus europäischer Sicht sind vor allem die Verbreitung europäischer Sprachen, Denkweisen, Wissenssysteme, Kunstformen, Jurisdiktionen, Religionen und Wissenschaftsschulen in Anbetracht von Bemühungen zur kulturellen Unabhängigkeit unabhängig gewordener ehemaliger Kolonien Ausgangspunkt für postkoloniale Forschungsfragen. Als wichtige Postkolonialismus-Theoretiker können Edward Said, Homi K. Bhabha und Gayatri Chakravorty Spivak verstanden werden. Einen Überblick über die Postkolonialismus-Theorie bietet Ashcrofts et al. *The Empire Writes Back* (2002).

Empirische Bildungs- und Ungleichheitsforschung

Die Empirische Bildungsforschung untersucht Voraussetzungen, Prozesse und Ergebnisse von Bildung über die Lebensspanne durch empirische Forschungsmethoden im institutionellen und gesellschaftlichen Kontext. Forschungsgegenstand sind üblicherweise Bildungsprozesse innerhalb von Bildungseinrichtungen der primären, sekundären, tertiären oder quartären Bildung. Die Ungleichheitsforschung im hier verstandenen Sinne fokussiert dabei die Fragestellung ungleicher Chancen unterschiedlicher sozialer Gruppen im jeweiligen Bildungs(teil)system, die sich aus der Ungleichheit von materiellen und immateriellen Ressourcen herleiten lassen. Für den Überblick sei das Lehrbuch *Empirische Bildungsforschung* von Reinders et al. (2011) empfohlen.

Migrationsforschung

Migrationsforschung befasst sich mit den Gründen, Abläufen und Wirkungen von Wanderungsvorgängen und ist Teil der Forschung zur Frage räumlicher Mobilität, beispielsweise in Form von Immigration, Arbeitsmigration und Fluchtmigration. Im Zusammenhang mit Ansätzen des Diversity Managements im Bildungsbereich befasst sich die Migrationsforschung vor allem mit den Fragestellungen zur Bildungssozialisation, in Deutschland z.B. mit der Fragestellung der Sozialisationsprozesse der Gastarbeiter und Gastarbeiterinnen der 1950er bis 1970er Jahre sowie den Bildungserfolgen von deren Kindern und Kindeskindern, die im deutschen Bildungssystem groß geworden sind (sog. Bildungsinländer). Einen Einstieg in die Forschung zu den Zusammenhängen von *„Migration und Bildung"* bietet der gleichnamige Sammelband von Hamburger et al. (2005).

Mehrsprachigkeitsforschung

Mehrsprachigkeitsforschung setzt sich mit den Bedingungen, Lernprozessen und Effekten von Mehrsprachigkeit auf Individual- und Institutionenebene auseinander. Mehrsprachigkeit im Rahmen von Bildungsprozessen, im Speziellen im

Spracherwerb, spielt dabei eine besondere Rolle im Rahmen der Forschung und konzentriert sich hauptsächlich auf das Primar- und Sekundarsystem, dort v.a. auf die Fragestellung simultaner Mehrsprachigkeit. Zur Orientierung empfiehlt sich die *Einführung in die Mehrsprachigkeitsforschung* von Müller et al. (2011).

Inter- oder Transkulturalitätsforschung

Die Inter- und Transkulturalitätsforschung befasst sich mit den Beziehungen zwischen den Kulturen. Wesentlich dafür sind die Beobachtungen zur Prägung kultureller Identitäten, ihren Bedingungen, Möglichkeiten und Folgen. Interkulturelle Begegnungen sind nie voraussetzungslos, sie sind von kollektiv geteilten Vorannahmen und individuellen Voraussetzungen geprägt. Die Forschung befasst sich daher mit der Dichotomie von Fremdem und Eigenem, einen besonderen Schwerpunkt bildet die interkulturelle Kommunikation. Der Akzent der Transkulturalitätsforschung wird dabei auf die Überwindung von Fremdem und Eigenem gelegt (zur Orientierung: s. Welsch 2009).

Personalmanagementforschung

Personalmanagementforschung befasst sich im Rahmen betriebswirtschaftlicher Methoden und Fragestellungen mit der Frage, wie der Produktionsfaktor Arbeit optimiert werden kann. Für das Diversity Management maßgebend sind v.a. Auseinandersetzungen zur workforce diversity (s. 1.1.2). Zum Ansatz des Lebensereignisorientierten Personalmanagement gibt u.a die Studie von Armutat (2009) Auskunft.

Forschungsinstitute

Kennzeichnend für die aufgeführten Forschungsfelder und die in den entsprechenden Feldern arbeitenden Wissenschaftler/-innen ist es, dass sie Beiträge zu Diversität und Heterogenität liefern, ohne sich notwendigerweise in der Diversitätsforschung zu verorten. Das gleiche gilt für Forschungsinstitute, die sich oft einem einzelnen der genannten Themenfelder widmen. Beispiele sind das auf Migrations- und Integrationsfragen spezialisierte Institut „Zentrum für Türkeistudien und Integrationsforschung" (ZFTI) an der Universität Duisburg-Essen (www.zfti.de/), das Institut für Migrationsforschung und interkulturelle Studien (IMIS) der Universität Osnabrück (http://www.imis.uni-osnabrueck.de/startseite.html), das „Zentrum für Interkulturelle Studien" (ZIS) der Universität Mainz oder die auf Studien zu Behinderung und Chronischer Erkrankung fokussierte Einrichtung „Zentrum für Disability Studies" (ZeDiS) an der Evangelischen Hochschule Hamburg (http://www.zedis-ev-hochschule-hh.de/ueber-uns/index.html).

Erst in jüngster Zeit entwickelt sich auch in Deutschland ein Forschungsfeld unter dem Begriff „Diversitätsforschung" oder „Diversity Studies" und es sind mehrere Forschungsinstitute gegründet worden, die sich explizit diesem Themenfeld zuordnen. Damit wird in Deutschland eine Entwicklung nachvollzogen, die sich in anderen Ländern, namentlich in den USA, bereits deutlich früher vollzogen hat.

Zu den Instituten, die sich direkt dem Bereich der Diversitätsforschung widmen, gehören:
In Deutschland:
* Institut für Diversitätsforschung, Universität Göttingen
  (http://www.uni-goettingen.de/de/445828.html; seit 2013).
* Anna Boyksen Diversity Research Center, Technische Universität München
  (allgemeine Website zu DiM an der TUM:
  http://www.diversity.tum.de/en/welcome-page/; seit 2012).
* Center for Diversity Studies (cedis) Universität zu Köln
  (http://www.hf.uni-koeln.de/35235; seit 2006).

International:
* Centre for Gender and Diversity, Universität Maastricht (NL)
  (http://www.maastrichtuniversity.nl/web/show/id=5020921/langid=42)
* Diversity Research Institute (DRI) University of Washington (USA)
  (http://www.washington.edu/diversity/diversity-research-institute/)
(Zugriff jeweils 06.03.2015).

Diversitätsrelevante Forschungsergebnisse können vielfach in die Praxis übertragen werden und bspw. zur Entwicklung innovativer Lehr-Lernformate beitragen. Andererseits können auf diese Weise Lösungsansätze zur Bewältigung der sozialen und wirtschaftlichen Herausforderungen entwickelt und diese im Rahmen der Lehre an Studierende sowie künftige Generationen von Nachwuchswissenschaftlerinnen und -wissenschaftlern weitergegeben werden; hierin kommt die gesellschaftliche Verantwortung der Hochschule als Bildungsinstitution zum Tragen.
Forschung zu Diversität kann durch ein gezieltes Screening von Ausschreibungen zu Diversitätsschwerpunkten gefördert werden wie auch durch die zentrale Bereitstellung von Unterstützung bei der Integration von Diversity-Aspekten in Verbundforschungsprojekten.

3.2.2 Diversity Management in der Forschung

Von der Forschung zu Diversität ist das Diversitätsmanagement im Forschungsumfeld zu unterscheiden. Die Grundlage für erfolgreiche Forschungstätigkeit ist eine konsequente Nachwuchsförderung, die sich auf alle Qualifikationsstufen erstrecken sollte. Die Festlegung von Kriterien für gute Arbeitsverhältnisse im wissenschaftlichen Mittelbau kann einen wichtigen Beitrag zur verlässlichen Karriereentwicklung bieten, während Angebote zum Aufbau von Diversity-Kompetenz die Nachwuchswissenschaftlerinnen und -wissenschaftler auf die Kooperation in international und auch interkulturell gemischten Teams vorbereiten. Die Förderung des internationalen Austausches bietet eine weitere Möglichkeit, organisations- und länderübergreifende Erfahrungen zu sammeln.

Perspektivenvielfalt erhöht die Innovationsfähigkeit von Organisationen. Das gilt insbesondere auch für forschungsorientierte Hochschulen, in denen internationale und interdisziplinär zusammengesetzte Forschungsteams an der Tagesordnung sind. Dieser Ansatz ist auch im Rahmen der deutschen Exzellenzinitiative erkannt worden. So sind in einigen Zukunftskonzepten der ausgewählten Exzellenzuniversitäten größere Maßnahmenpakete enthalten, die den Wert von Diversität für Forschungsexzellenz deutlich machen. Zu nennen ist hier z.B. das Zukunftskonzept der RWTH Aachen unter dem Titel „RWTH 2020: Meeting global challenges". Vier Kernmaßnahmen sind im Rahmen dieses Zukunftskonzeptes definiert: die weitere Schärfung des Forschungsprofils, v.a. in den Naturwissenschaften und ihren interdisziplinären Querverbindungen zu den Ingenieurwissenschaften (sog. „Push-Pull-Effekte"), die Intensivierung der Kooperation mit dem Forschungszentrum Jülich in der Forschungsallianz JARA, die für diesen Kontext wichtige Strategie „Mobilising People" sowie der Ausbau und die Stärkung der Hochschulmanagementstrukturen. „Mobilising People" ist die Konzeption einer umfassenden Personal- und Organisationsentwicklungsstrategie unter spezieller Berücksichtigung von Gender- und Diversity-Aspekten. Die Universität setzt damit vor allem auf die Vielfalt ihrer Mitarbeiter/-innen und Studierenden als Schlüssel zu exzellenter Forschung und Ausbildung. Wichtigste strukturelle Maßnahme, die mit dem Konzept „Mobilising People" einhergeht, ist die Schaffung der Stabsstelle „Integration Team – Human Resources, Gender and Diversity Management", welche die Projekte innerhalb des Kernschwerpunkts „Mobilising People" begleitet und dabei eng mit der Hochschulleitung und -verwaltung zusammenarbeitet (http://www.rwth-aachen.de/cms/root/Die-RWTH/Exzellenzinitiative/~clld/Zukunftskonzept-II/; http://www.igad.rwth-aachen.de/, Zugriff: 20.10.2014).

3.3 Diversity Management in IT und Gebäudemanagement

3.3.1 Barrierefreiheit

Diversity-Management-Maßnahmen in IT und Gebäudemanagement haben in der Regel zum Ziel, Barrierefreiheit für Studierende, Lehrende und Mitarbeitende mit Behinderung zu ermöglichen, d.h. ihnen eine infrastrukturelle Umwelt zur Verfügung zu stellen, in der sich Behinderungen oder Beeinträchtigungen nicht nachteilig oder diskriminierend auswirken.

Im Bereich des Gebäudemanagements an Hochschulen sind hier bereits vielerorts Maßnahmen getroffen worden, die sich anhand der gesetzlichen Grundlagen des Gesetzes zur Gleichstellung behinderter Menschen sowie von Landesbauordnungen, DIN-Normen und nicht zuletzt der UN-Behindertenrechtskonvention orientieren. Die Praxis an Hochschulen – gerade bei denen älteren Baujahres – zeigt jedoch, dass längst nicht alle Gebäude, Seminarräume, Toiletten behindertengerecht zugänglich sind, nicht alle wesentlichen Räume durch Fahrstühle erreichbar sind oder schlichtweg mögliche technische Unterstützungen nach Dienstschluss nicht mehr zur Verfügung stehen und Studierende oder Mitarbeitende nach späten Lehrveranstaltungen auf die Mithilfe von Kolleginnen und Kollegen oder Kommilitoninnen und Kommilitonen angewiesen sind.

Die Hochschulrektorenkonferenz bringt dieses Dilemma in ihrer Empfehlung „Eine Hochschule für alle" vom 21.04.2009 treffend zum Ausdruck.

> „Zwar gibt es seit etwa 20 Jahren Bemühungen, für Menschen mit Behinderung gleiche Chancen beim Hochschulstudium zu schaffen. Gleichstellungsgesetze in Bund und Ländern zeugen von den verbesserten rechtlichen Rahmenbedingungen, und das Thema „Barrierefreiheit" hat im Hochschulbereich Einzug gehalten. Gleichwohl muss man heute feststellen: Die besonderen Belange von Studierenden mit Behinderung/chronischer Krankheit werden in den Hochschulen häufig nicht ausreichend berücksichtigt" (HRK 2009, S. 1).

Ein oft benanntes Problem im Hochschulbau ist die meistens vorzunehmende Abstimmung von behindertengerechten Baumaßnahmen zwischen den Gebäudemanagement-Einheiten der Hochschulen und dem Gebäudeeigentümer. Dies sind häufig nicht die Hochschulen, wenn auch die Tendenz hin zu hochschuleigenen Liegenschaften seit der zunehmenden wirtschaftlichen Selbstständigkeit der Hochschulen wächst.

Maßnahmenbedarf gibt es in fast allen baulichen Feldern:
• Zugänge (Rampen/ausreichend breite und leicht zu öffnende Türen),
• Parkplätze,
• Orientierungshilfen,
• Ruhe- und Rückzugsräume,
• Toilettenanlagen,
• Fahrstühle,
• Beleuchtung,
• Raumakustik,
• Spezielle Ausstattung von Laborarbeitsplätzen etc.

Genauso wichtig, aber bislang weniger stark im Fokus der öffentlichen Wahrnehmung, sind Diversity-gerechte IT-Infrastrukturen. E-Mail, Internet und elektronische Datenbanken können die Studienbedingungen von behinderten Studierenden verbessern, wenn Techniken und Dokumente barrierefrei zur Verfügung stehen. Rechtlich wird dies in den Informationstechnik-Verordnungen der Länder geregelt. Die Realität, die oft auch durch Budgetrestriktionen beeinflusst wird, zeigt jedoch: Angefangen beispielsweise mit besonderen Lese- und Arbeitsgeräten für sehbehinderte Studierende über geeignete Lernmaterialen für hörbehinderte Studierende bis zu Studienassistenzen – hier kann noch viel getan werden.

Das Beispiel der sehbehinderten Studierenden soll veranschaulichen, wie hier barrierefrei gearbeitet werden kann: Für sehbehinderte Studierende gibt es an manchen Hochschulen bereits die geeignete technische Ausstattung, hierzu zählen in erster Linie (auch in kombinierter Verwendung):

- Screenreader,
- Vergrößerungssoftware,
- Brailleschrift-Eingabe- und Ausgabehilfen sowie
- Dreh- und Schwenkarme für Monitore.

Jedoch spielt nicht nur die IT-Struktur eine wesentliche Rolle, sondern auch die Beschaffenheit von Lerndokumenten. Um ein Dokument für die Benutzung eines Screen-readers vorzubereiten, sind exakte Dokumenteigenschaften wichtig, denn diese erleichtern dem Nutzer das Arbeiten und die Orientierung bei der Auswahl der zu öffnenden Datei. Dazu zählen Formatierungsfragen, Farbnutzungen, Schriftarten, etc. Word 2010 bietet bei der Erstellung von Lernmaterial in seiner Funktionalität das Anwenderfeature ‚Barrierefreiheit prüfen' an, mit dem schon viele wesentliche Barrieren in Texten sichtbar gemacht werden können. Ähnliche Funktionen gibt es auch in anderen text- und datenverarbeitenden Programmen.

Vielerorts beschäftigen sich studentische Initiativen und universitäre Arbeitsgruppen mit der Fragestellung der Barrierefreiheit an Hochschulen. Diversity-Management-Konzepte sollten Anschluss finden an oft schon jahrelange Vorarbeiten, die die Akteurinnen und Akteure vor Ort in Auseinandersetzungen mit den Verantwortlichen der Hochschulen bereits getätigt haben. Ein Beispiel hierfür bietet der Abschlussbericht der Projektgruppe „Barrierefreie Universität Siegen" vom April 2009 (http://www.unisiegen.de/zpe/projekte/aktuelle/barrierefrei/ab schlussbericht_projekt_barrierefreie_uni_siegen.pdf, Zugriff: 06.03.2015). Diversity Management kann diesen Vorarbeiten und möglicherweise bereits jahrelangen Kämpfen nochmals Auftrieb verschaffen und die baulichen wie auch IT-Maßnahmen in einem strategischen Gesamtkonzept (Kapitel 4) zur Sprache bringen. Als eine der ersten deutschen Universitäten hat die Universität Bremen Ende 2013 einen „Aktionsplan Inklusion" verabschiedet, der in ein übergreifendes Diversity-Konzept eingebunden ist (http://www.reharecht.de/fileadmin/user_upload/Down loads/Infothek/Aus_den_Verb%C3%A4nden_und_Institutionen/Stellungnahmen/ Aktionspl%C3%A4ne_L%C3%A4nder_Organisationen/Aktionsplan_Uni_Bremen. pdf, Zugriff: 06.03.2015).

Ein Blick in die *Datenerhebung zur Situation Studierender mit Behinderung und chronischer Krankheit 2011 (beeinträchtigt studieren – best)*, die vom Institut für Höhere Studien (IHS) Wien im Auftrag des Deutschen Studentenwerkes durchgeführt wurde, zeigt, dass noch massiver Nachbesserungsbedarf, v.a. in Fragen von Barrierefreiheit, besteht: 13% der befragten Studierenden gaben demnach an, beeinträchtigungsbedingt Anforderungen an die barrierefreie Erreichbarkeit, Zugänglichkeit und Nutzbarkeit von Gebäuden zu haben. 38% der Studierenden hätten beeinträchtigungsbedingt Anforderungen an Raumqualitäten und Raumangebote. Die Anforderungen hinsichtlich der barrierefreien Gestaltung und Zugänglichkeit von Gebäuden seien im Gesamtschnitt zu 28% ausreichend, zu 46% teilweise und zu

26% nicht ausreichend gedeckt. Ungedeckte Bedarfe bestünden insbesondere bei der Anbindung an den barrierefreien Nahverkehr und der Bereitstellung von Behindertenparkplätzen (Deutsches Studentenwerk 2012, S. 121). Der mit Abstand am wenigsten gedeckte Bedarf ist der nach Ruhe- und Rückzugsräumen. 25% der Befragten melden hier Bedarf an, dieser ist jedoch nur zu 2% ausreichend gedeckt sowie zu 77% nicht ausreichend gedeckt.

Die Situation mag sich vor allem an großen und zwangsweise anonymeren Hochschulen verschärfen. Hier studieren die meisten Studierenden mit Behinderung und chronischer Krankheit. Insgesamt studieren 46% der Studierenden mit Beeinträchtigung an einer Hochschule mit 20.000 und mehr Studierenden, rund 40% sind an mittelgroßen Hochschulen von 5.000 bis 20.000 Studierenden und 15% an einer kleinen Hochschule mit weniger als 5.000 Studierenden (Deutsches Studentenwerk 2012, S. 46). Diese Verteilung korreliert jedoch nach eigenen Berechnungen auf der Basis der Studierendenzahlen des Statistischen Bundesamtes für das WS 2011/2012 in etwa mit der Gesamtstudierendenverteilung auf große, mittelgroße und kleinere Hochschulen gemäß der angesetzten Größengrenzen in der Befragung und belegt damit eine Normalverteilung analog zu den Gesamtstudierendenzahlen. Studierende mit psychischen und chronisch-somatischen Beeinträchtigungen studieren etwas häufiger an „großen" Hochschulen mit 20.000 und mehr Studierenden (51%), während jene mit einer Teilleistungsstörung überdurchschnittlich häufig an „kleinen" Hochschulen mit weniger als 2.500 Studierenden eingeschrieben sind (7%). Ratsam wäre es, vor dem Hintergrund der Befragungsergebnisse ein spezielles Gebäudestrukturprogramm an den etablierten Großhochschulen seitens der Länder aufzulegen, um die Desiderata erfolgreich beheben zu können und somit die räumlichen Gegebenheiten auf die Unterstützungs- oder Hilfestellungsbedarfe beeinträchtigter Studierender anzupassen.

3.3.2 Gebets- oder Andachtsräume/„Räume der Stille"

Ein nicht ganz unumstrittenes Thema ist die Zurverfügungstellung von Gebets- oder Andachtsräumen in Hochschulgebäuden. Auf der einen Seite finden sich Befürworter, die Hochschulen auch als kulturelle Räume verstehen, in denen ein Rückzugsraum für ruhesuchende Betende geschaffen werden soll, auf der anderen Seite stehen die Gegner dieser Räumlichkeiten, die die Hochschule als säkularen Raum von religiösen Andachtsstätten frei halten möchten. Durchaus hitzig diskutiert wird die Einrichtung v.a. von islamischen Gebetsräumen an Hochschulen, negative Entwicklungen, wie die im Juli 2014 öffentlich gewordene mögliche Nutzung von Gebetsräumen zur Anwerbung von Radikalen durch Salafisten an der Hochschule Bochum torpedieren die Bemühungen derer, die den interreligiösen Diskurs ausbauen wollen und auch an Hochschulen Möglichkeiten für Moslems, Christen und andere Religionen schaffen wollen, ihren Glauben ausleben zu können. „Räume der Stille", wie sie bspw. von den Universitäten Bremen und Hamburg eingerichtet wurden, verstehen sich dagegen als religionsübergreifende Rückzugs- und Meditationsräume für Studierende und Beschäftigte (http://

www.uni-bremen.de/studieren-mit-beeinträchtigung/campus-barrierefrei/gebaeu
de/geisteswissenschaften-2-gw-2/raum-der-stille.html, http://www.khg-hamburg.
de/raum-der-stille.html, Zugriff: 06.03.2015)

3.4 Diversity Management für die Universität als Arbeitgeberin

Ein Diversity Management für die Universität als Arbeitgeberin beschäftigt sich
mit den institutionellen Maßnahmen Diversity-gerechten Personalmanagements
auf Organisations- und Individualebene. In Anlehnung an das grundlegende Verständnis, dass Personalmanagement als Managementprozess zur Erreichung von
Organisationszielen in Bezug auf Personal, der wichtigsten Ressource von Bildungsorganisationen, zu verstehen ist, werden in der Folge die wichtigsten Elemente eines umfassenden Personalmanagements, auf die der Diversity-Management-Ansatz direkt beziehbar ist, thematisiert. Ziel ist es daher nicht, eine
umfassende Definition von Personalmanagement zu reproduzieren, wohl aber die
Verbindungslinien von DiM und Personalmanagement deutlich zu machen.

3.4.1 Diversity-gerechtes Personalmanagement auf Organisationsebene

Organisations- und Individualebene sind im Personalwesen nur schwer voneinander zu trennen, da die eine auf die andere Ebene wirkt, trotzdem sollen zunächst
die vom Individuum abstrahierbaren Schritte eines Diversity-gerechten Personalmanagements dargestellt werden.

Personalplanung

Die Personalplanung ist die wichtigste Säule der strategischen Entwicklung von
Institutionen. In Hochschulen liegt ein weit verbreiteter Fokus von Rektoraten
oftmals auf einer strategisch orientierten Berufungspolitik, die Forschung und
Lehre am jeweiligen Standort profilieren soll. So gibt es in Hochschulen ausge-
feilte und vergleichsweise breit (partizipatorisch) angelegte Planungssysteme zum
Management von Ausrichtung, Besetzung und Wiederbesetzung von Professuren.
Oftmals sind die Personalplanungsprozesse dort Gegenstand offizieller und teilweise veröffentlichter Planungsdokumente (Entwicklungsplanung von Fakultäten
bzw. Fachbereichen). Der zunehmende Wettbewerb der Hochschulen um die besten Köpfe untereinander führt zu immer ausgefeilteren Berufungsstrategien, zur
stärkeren Formalisierung des Planungs-, Auswahl- und Besetzungsprozesses (z.B.
durch Berufungsleitfäden) und schließlich zu einer immer stärkeren Professionalisierung des Personalmanagements. Dies verstärkt sich gerade in Zeiten, in denen
die Personaldecke der Hochschulen durch Hochschulpakt und ähnliche befristete
Bund-Länder-koordinierte zusätzliche Finanzierungssysteme ausgeweitet wurde.

Auch für die weiteren Beschäftigten oder nichtwissenschaftlichen Beschäftigten in Hochschulen gibt es verlässliche Planungsprozesse, die vor allem Fragen des altersbedingten Ausscheidens und entsprechender bedarfsgerechter Ausbildung betreffen. Für den so genannten Mittelbau sind umfangreichere Planungsprozesse in Hochschulen bislang eher selten, da diese Prozesse zum einen oft nicht zentral verantwortet und gesteuert werden und zum anderen immer weniger haushaltsfinanzierte dauerhafte Mittelbaustellen zur Verfügung stehen und dort häufiger Projektbefristungen vorzufinden sind, die oft von drittmittelbasierten Projekteinwerbungen abhängig sind.

Personalplanung ist heute jedoch nicht mehr nur mit dem Begriff der Personalbedarfsplanung gleichzusetzen. Der Ansatz integriert auch Fragen der Zusammensetzung des Personals in der Einrichtung als Ganzes, Subgliederungen und Projekten. Die Arbeit in Teams mit heterogenen Rollenverteilungen hat sich mittlerweile auch in einer an sich hoch individualisierten und spezialisierten Branche wie dem Bildungswesen durchgesetzt. Ihren Ursprung haben die Teamkonzepte in der sog. Human-Relations-Bewegung in den USA der späten 1920er und 1930er Jahre. Damals standen hauptsächlich Arbeitsproduktivitätsgründe im Vordergrund, während heute Teamkonzepte überwiegend zur Steigerung von Kreativkraft und zur Bildung flacherer Hierarchien eingesetzt werden. Dabei steht in Forschungsverbünden oder Projekten zuallererst das Zusammenbringen heterogener Kompetenzen im Mittelpunkt. So wird beispielsweise gerade bei Großforschungs- bzw. Verbundprojekten auf eine gelenkte Heterogenität gesetzt, um möglichst breite Herangehensweisen an einen Forschungsgegenstand abzudecken. Eine gelenkte, gemanagte oder intendierte Heterogenität im Hinblick auf andere Faktoren von Verschiedenheit steht bislang jedoch eher selten im Mittelpunkt der Überlegungen. Zwar liegen gleichstellungsbasierte Vorgaben an den allermeisten Hochschulen vor, die die Geschlechtergerechtigkeit in allen Stufen fördern, andere wesentliche Diversity-Indikatoren werden jedoch bislang nicht oder nur selten strategisch beleuchtet. Studien zeigen (z.B. für den Bereich Cultural Diversity: Watson/Johnson/Merrit 1998; Watson/Johnson/Zgourides 2002, in Verbindung mit Gender und anderen Dimensionen: Umans/Collin/Tagesson 2008; Jehn/Northecraft/Neale 1999), dass kurzfristige (Projekt-)Erfolge oft leichter mit vergleichsweise homogen zusammengesetzten Teams zu erzielen sind, während nachhaltigere Erfolge oft durch Projektteams erzielt werden, deren Diversität auf unterschiedlichen Ebenen besteht.

Die Herausforderung für eine Diversity-gerechte Personalplanung liegt daher in der bewussten Planung heterogener Teams.

Personalmarketing

Personalmarketing an Hochschulen ist eher ein intransparentes und wenig formales ‚Geschäft' von Hochschulen. So sind Instrumente, die in der Privatwirtschaft gängig sind, in Hochschulen seltener zu finden. Messen, Printmarketing oder gar gezielte Maßnahmen des employer branding sind eher selten anzutreffende Maßnahmen. Im wissenschaftlichen Bereich beruhen marketingorientierte Prozesse eher auf der generellen (Forschungs-)Reputation der Einrichtungen, wird die Attraktion potenzieller neuer Kolleginnen und Kollegen eher informell gehandhabt. Im nichtwissenschaftlichen Bereich sind jedoch häufiger (allerdings auch oft nur, wenn es um den Ausbildungsmarkt geht) Aktivitäten im Bereich des Personalmarketings wahrnehmbar, da hier der Faktor von Regionalität und regionaler Konkurrenz hinzukommt. Hier müssen sich Hochschulen auf Ausbildungsmessen etc. als attraktiver Arbeitgeber positionieren.

Ein gutes Beispiel für aktives Personalmarketing im wissenschaftlichen Bereich sind die so genannten Rückkehrerprogramme von Bundesregierung, Stiftungen und Landesregierungen, bei denen erfolgreiche (Nachwuchs-)Wissenschaftlerinnen und Wissenschaftler mit attraktiven Forschungs-Ausstattungen an deutsche Universitäten (zurück-)geholt wurden. Das so genannte GAIN-Netzwerk (http://www.gain-network.org/) gibt hier umfangreiche Informationen über die verschiedenen Rückkehroptionen.

Hat sich eine Institution entschlossen, Diversity als Chance im Personalmanagement zu verstehen, geht es darum, dies zu kommunizieren und aktives Personalmarketing zu betreiben.

Deutsche Hochschulen (selbst-)verpflichten sich in der Regel in Stellenanzeigen sehr deutlich, jede Form von Diversity nicht zu einer Benachteiligung werden zu lassen und skizzieren oft die besondere Rolle der Hochschule im Bereich der Frauenförderung und der Chancengleichheit von schwerbehinderten Bewerberinnen und Bewerbern, dazu sind sie jedoch auch teilweise gesetzlich verpflichtet. Im Kontext von Personalmarketing wird gerade zur Attraktion von Bewerberinnen und Bewerbern mit Betreuungspflichten gern auf das Zertifikat ‚familiengerechte Hochschule‘ (s.u.) verwiesen, ebenso auf das ‚Total-E-Quality-Prädikat‘ des durch das Bundesministerium für Familie, Senioren, Frauen und Jugend geförderten Total-E-Quality Deutschland e.V.

Für Personalmarketingzwecke bedeutsam können in Hochschulen und Bildungsorganisationen Double- oder Dual-Career-Services sein. Im Berufsleben und im Speziellen in der Wissenschaft finden sich heute immer häufiger Paare, bei denen beide Partner eine hohe Berufsorientierung aufweisen, so genannte Doppelkarrierepaare. Um im Wettbewerb um die besten Köpfe gerade in Zeiten einer immer stärker geforderten Mobilität der Arbeitskräfte entscheidende Argumente und Standortvorteile bieten zu können, gehen immer mehr Hochschulen den Weg, Partnerinnen und Partnern bei der Jobsuche im Falle einer Anwerbung einer/s TOP-Wissenschaftlers oder -Wissenschaftlerin behilflich zu sein. Ausschlaggebend für den Erfolg eines solchen umfangreichen Services ist vor allem das regionale Netzwerk der Hochschule. Ist dies beispielsweise so belastbar, dass ein großer Konzern durch Einstellung eines Partners oder einer Partnerin reagiert, wenn eine Rektorin oder ein Rektor hier Bedarf anmeldet? Können Hochschulen sogar selbst Arbeitsplätze für Partnerinnen und Partner zur Verfügung stellen? Da hier oftmals Grenzen bei der Flexibilität der Einrichtungen gegeben sind (Stichwort: Ausschreibung von Stellen und Bestenauslese), haben sich viele Double- oder Dual-Career-Services darauf beschränkt, bei der Vermittlung von Infrastruktur behilflich zu sein: Dies betrifft z.B. Wohnungen/Häuser, KITA-Plätze oder auch Sprachkurse oder Weiterbildungen.

Die Double- oder Dual-Career Einrichtungen der Hochschulen haben sich in Deutschland zum Dual Career Netzwerk Deutschland zusammengeschlossen (http://www.dcnd.org/index.php/startseite.html). Auf der Homepage des Netzwerks finden sich weitere Informationen.

Gut etablierte Beispiele eines Double- oder Dual-Career-Services lassen sich z.B. an folgenden Hochschulen finden:

Double- oder Dual-Career-Services:
- Karlsruhe Institute of Technology (KIT): http://dualcareer.pse.kit.edu/
- Technische Universität München: http://www.dualcareer.tum.de/
- Universität Frankfurt: http://www2.uni-frankfurt.de/39427824/dualdarrer
- Universität Heidelberg:
  http://www.uni-heidelberg.de/universitaet/beschaeftigte/karriere/dualcareer/index.html

---

Familiengerechte Hochschule

Laut Prognos (2005) bedeutet Work-Life-Balance die neue Verzahnung von Arbeits- und Privatleben vor dem Hintergrund einer veränderten und sich dynamisch verändernden Arbeits-und Lebenswelt. Dabei sollen betriebliche Work-Life-Balance-Konzepte darauf zielen, erfolgreiche Berufsbiografien unter Rücksichtnahme auf private, soziale, kulturelle und gesundheitliche Erfordernisse zu ermöglichen. Wie Studien belegen, „rechnet" sich Familienfreundlichkeit auch betriebswirtschaftlich: Belegt werden positive Auswirkungen auf die Mitarbeiterzufriedenheit wie auch eine gesteigerte Bindung der Beschäftigten ans Unternehmen, die zur Reduzierung von Fehlzeiten und Fluktuationskosten beiträgt; zudem kann Familienfreundlichkeit ein Pluspunkt bei der Gewinnung von neuem qualifiziertem Personal sein (vgl. Forschungszentrum familienbewusste Personalpolitik 2008, Prognos 2005).

Verstärkt wird heute auch an Hochschulen nach tragfähigen Modellen für familienbewusste Arbeits- und Lernbedingungen gesucht, die den hochschulspezifischen Arbeitsstrukturen und -prozessen entsprechen. Die Notwendigkeit einer besseren Vereinbarkeit von Beruf und Familie zeigt sich im Hochschulbereich auf besondere Weise. Hier gilt es nicht nur familiengerechte Arbeitsbedingungen für die Hochschulangestellten zu schaffen, sondern auch familiengerechte Studienbedingungen für die Studierenden zu gewährleisten.

Ein eingeführtes Instrument, das Hochschulen bei der Implementierung von Maßnahmen zur Vereinbarkeit von Studium, Beruf und Familie unterstützt, ist das ‚audit familiengerechte hochschule'.

Das ‚audit familiengerechte hochschule'

Das ‚audit familiengerechte hochschule' wurde auf Initiative der Gemeinnützigen Hertie-Stiftung in Zusammenarbeit mit der Universität Trier entwickelt. Aufbauend auf dem ‚audit berufundfamilie' wurde 2001 damit begonnen, das zunächst für Unternehmen der Privatwirtschaft und öffentliche Institutionen entwickelte Instrument an die speziellen Bedingungen der Hochschulen anzupassen. Ziel des Audit ist es, eine tragfähige Balance zwischen den betrieblichen Interessen der Hochschule und den familiären Interessen ihrer Beschäftigten und Studierenden zu erreichen und diese langfristig in der Hochschule zu verankern.

Das ‚audit familiengerechte hochschule' stellt damit ein Managementinstrument zur familiengerechten Gestaltung der Arbeits- und Studienbedingungen an Universitäten und Fachhochschulen dar. Nach erfolgreicher Durchführung des ‚audit familiengerechte hochschule' wird die Hochschule mit einem entsprechenden Zertifikat ausgezeichnet und erhält das Recht, das europaweit geschützte Signet zu führen.

Das ‚audit familiengerechte hochschule' ist ein kontinuierlicher Prozess. Im Rahmen der Auditierung werden konkrete Ziele und Maßnahmen erarbeitet. Die praktische Umsetzung überprüft die berufundfamilie gGmbH jährlich. Drei Jahre nach Erteilung des Zertifikats wird im Rahmen der Re-Auditierung überprüft, inwieweit die gesteckten Ziele erreicht worden sind und welche weiterführenden Ziele zu vereinbaren sind. Nur im Falle einer erfolgreichen Re-Auditierung erhalten die Hochschulen die Bestätigung ihres Zertifikats und dürfen das Qualitätssiegel des Audit führen – bis zur nächsten Überprüfung nach weiteren drei Jahren.

Ablauf des Audits:

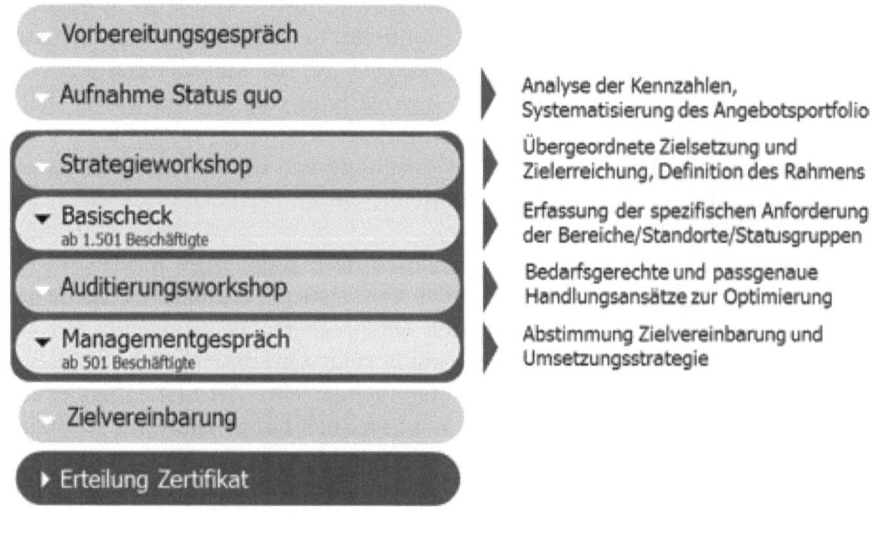

Handlungsfelder des ‚audit familiengerechte hochschule':

Das ‚audit familiengerechte hochschule' erfasst über 140 Einzelmaßnahmen und erstreckt sich auf acht verschiedene Handlungsfelder, wobei einige Handlungsfelder nur die Beschäftigten, andere nur die Studierenden und wieder andere alle Gruppen betreffen:

- Arbeits-, Forschungs- und Studienzeit
- Arbeits-, Forschungs- und Studienorganisation
- Arbeits-, Forschungs- und Studienort
- Information und Kommunikation
- Führung
- Personalentwicklung und wissenschaftliche Qualifizierung
- Entgeltbestandteile, geldwerte Leistungen und Studienfinanzierung
- Service für Familien

Das Ziel der Auditierung liegt darin, für die einzelne Hochschule ein stimmiges Gesamtkonzept zu entwickeln und Familienbewusstsein langfristig in der Hochschule zu verankern.

Quelle: *http://www.beruf-und-familie.de/index.php?c=22*, Zugriff: 06.03.2015.

Ein weiteres vom Stifterverband und CHE-Consult mit einer Gruppe von Hochschulen entwickeltes Auditierungsverfahren, „Vielfalt gestalten", dient unmittelbar der Unterstützung der Implementation von DiM-Ansätzen in den Hochschulen. Es wurde in den Jahren 2013–2014 in einem vom Landeswissenschaftsministerium NRW unterstützten Prozess mit einer ersten Runde einiger ausgesuchter Hochschulen durchgeführt. Ziel war es auch, das Auditierungsverfahren unter Berücksichtigung der spezifischen Situation in NRW und zum Audit „Vielfalt gestalten in NRW" weiter zu entwickeln (s. http://www.stifterverband.info/publikationen_und_podcasts/positionen_dokumentationen/vielfalt_gestalten/vielfalt_ gestalten.pdf; , http://www.wissenschaft.nrw.de/hochschule/hochschulen-in-nrw/ vielfalt-als-chance/, Zugriff: 06.03.2015). Siehe dazu auch das Kapitel 4.7.

Vereinbarkeit von Beruf und Familie: Zwischen betrieblichen Angeboten und gelebter Organisationskultur

Fallstudien zur Wirkung und Nutzung der Angebote betrieblicher Familienpolitik und Gleichstellung in Organisationen der Privatwirtschaft und des öffentlichen Sektors (inklusive der Universität) machten sichtbar, dass eine breite Palette an Instrumenten zur Förderung von Vereinbarkeit keineswegs automatisch zu einer familienbewussten Unternehmenspraxis führt (vgl. Klammer et al. 2011, S. 150). Einige der vorhandenen potenziell familienfreundlichen Instrumente erwiesen sich in ihrer Gestaltung als nur eingeschränkt hilfreich für die alltägliche und langfristige Bewältigung der Anforderungen von Familie und Beruf. Zudem wurde deutlich, dass in den untersuchten Organisationen und Unternehmen unterschiedliche Unternehmenskulturen gleichzeitig kommuniziert werden. So steht der Familienfreundlichkeit oft eine Leistungskultur gegenüber, die mit einer umfassenden Verfügbarkeitserwartung von Arbeitskraft verbunden und nicht kompatibel mit Familienfreundlichkeit ist.

Vereinbarkeit von Familie und Beruf ist in der Wahrnehmung der Arbeitgeber und Arbeitgeberinnen sowie der Beschäftigten den Ergebnissen der Studie zufolge nach wie vor eine frauenspezifische Thematik und konzentriert sich auch in der Konzeption der Angebote sowie ihrer Nutzung auf Frauen. Vereinbarkeitsbedarfe von männlichen Beschäftigten werden eher in kurzfristiger Form und beschränkt auf einen bestimmten Zeitraum angenommen. Je höher allerdings der betriebliche Status der Beschäftigten ist, desto mehr wird Vereinbarkeit von Familie und Beruf auch von Männern als bedeutsam thematisiert – jedoch auf deutlich niedrigerem Niveau als von Frauen in entsprechendem Status. Vereinbarkeit ist als Zielsetzung der Organisationen häufig auf qualifizierte Fachkräfte fokussiert und heißt für diese nicht Zeitgewinn für die Familie, sondern Flexibilität zur Bewältigung von neuen und umfassenderen Anforderungen der Erwerbsarbeit im Sinne eines ‚Zero-Drag‘-Beschäftigten, den jene lebensweltlichen Anforderungen in keiner Weise beeinträchtigen (vgl. Hochschild 2006). Wo Teilzeitarbeit zum Beispiel auch in Führungspositionen ermöglicht wird, wird häufig zugleich eine Verfügbarkeit deutlich über den vertraglich vereinbarten Arbeitsumfang hinaus erwartet. So sind Teilzeitregelungen oft durch ein Ungleichgewicht zwischen Arbeitszeit und Arbeitsanforderungen geprägt. Das Teilzeitangebot in qualifizierter Tätigkeit ist verbunden mit einer Erwartung an die aus einer intrinsischen Motivation resultierenden Bereitschaft zur Mehrleistung und Verfügbarkeit für die Arbeitseinheit. Die Kultur der Anwesenheit wird im Zuge der Flexibilisierung von Arbeitszeit zu einer Kultur der Verfügbarkeit. Diese verdeckt eine noch stärkere Vermischung von Arbeits- und Privatzeit unter dem Label der Vereinbarkeit. Während Arbeitszeitreduzierung insgesamt das am häufigsten angebotene Instrument ist, wird auf die mögliche Nutzung auch besonders häufig verzichtet. Die Gründe liegen in erster Linie in der finanziellen Situation der Beschäftigten und ihrer Familien. Der zweite Grund, auf Teilzeit zu verzichten, sind Befürchtungen in Bezug auf die Entwicklung der eigenen Karriere, die die Wirksamkeit dieses Instruments einschränkten. Anders gestaltet sich die Lage im Bereich der Beschäftigten im wissenschaftlichen Mittelbau: Hier ist Teilzeit oft keine Frage der Wahl, sondern die einzige Beschäftigungsoption. Wie Metz-Göckel et al. (2009) gezeigt haben, spielen die oft prekären Beschäftigungsverhältnisse und die unsicheren Zukunftsperspektive bei einer Entscheidung zur Elternschaft in dieser Gruppe eine große Rolle.

Obwohl Führungskräfte die Bedeutung der Vereinbarkeit anerkennen, lebten sie diese selbst nicht vorbildhaft vor (Klammer et al. 2011, S. 150). Vereinbarkeit ist noch stark auf informelle Reaktionen in Ausnahmesituationen für familiäre Notfälle fokussiert. Als Instrumente sind Teilzeit und Arbeitszeitflexibilisierung bekannt und präsent. Insgesamt verfügten die befragten Führungskräfte aber über wenig konkretes Wissen bezüglich der Gestaltung der Instrumente zur Vereinbarkeit von Familie und Beruf und verwiesen für die operative Umsetzung in der Regel auf die Personalabteilung oder andere zuständige Institutionen. Es zeichnete sich zudem eine Diskrepanz zwischen der Messung der Familienfreundlichkeit aufgrund der Angebote und zwischen der realen Nutzung und Wirkung der Instrumente ab: Den Instrumenten wurde von den befragten Beschäftigten teilweise wenig Wirksamkeit für die erwartete Planbarkeit des Alltages und Zeitautonomie bescheinigt. Hiermit verbunden ist das Ergebnis, dass informelle Absprachen mit den direkten Vorgesetzten häufiger als wirksam bewertet werden als die Nutzung von formellen Instrumenten. Gleichzeitig wurde jedoch eine hohe Signalwirkung des Angebotes potenziell familienfreundlicher Instrumente deutlich. Mit dem Vorhandensein der Angebote wird ein grundsätzliches Verständnis des Arbeitgebers für familiäre Bedarfe assoziiert, auf das im Bedarfsfall vertraut wird. Das Instrumentenangebot wirkt somit auf der ideellen und normativen Ebene. Die Befunde weisen auf fortbestehende Handlungsbedarfe im Hinblick auf eine familien- und gleichstellungsbewusste Unternehmenskultur – auch an der Hochschule – hin (Klammer et al. 2011, S. 150).

Hochschulen sollten Instrumente und Maßnahmen einsetzen, die gleiche Chancen für den Erwerbsverlauf von weiblichen und männlichen Beschäftigten ermöglichen. Es muss sichergestellt werden, dass die Einführung potenziell familienfreundlicher Maßnahmen nicht durch neue Formen der indirekten Steuerung und eine neue „Verfügbarkeitskultur" konterkariert wird. Durch ein lebensereignisorientiertes Personalmanagement können Hochschulen die Leistungsfähigkeit und -bereitschaft der Beschäftigten in der Zeitspanne zwischen dem Eintreten und Ausscheiden aus der Hochschule fördern. Dazu sind gezielte Personalentwicklungsmaßnahmen für unterschiedliche Lebensphasen und Lebensereignisse der Beschäftigten notwendig, wie etwa Weiterbildungsangebote während der Eltern- und Pflegezeit oder Traineeprogramme für den Wiedereinstieg. Auch sollten auf allen Hierarchieebenen Schulungen zur Reflexion und Veränderung des Rollenverständnisses von Frauen und Männern angeboten werden, um so zu einem modernen Frauen-, Männer- und Familienbild beizutragen. Im öffentlichen Dienst besteht ein besonderer Bedarf, Vorgesetzte im Hinblick auf geschlechtergerechte dienstliche Beurteilungen zu schulen und zu sensibilisieren, um eine Benachteiligung von Frauen in Teilzeitarbeit und mit Unterbrechungsphasen im Hinblick auf Beförderungen zu vermeiden. Die Förderung der Gleichstellung sollte in der Leistungsbewertung von Führungskräften berücksichtigt werden.

Es kann festgehalten werden: Die Einführung potenziell familienfreundlicher Maßnahmen und Instrumente kann ohne Zweifel einen Beitrag zur Berücksichtigung lebensweltlicher Bedarfe der Beschäftigten leisten und zur Gleichstellung von Frauen und Männern in der Institution Hochschule beitragen. Offen bleibt bisher allerdings, inwiefern Familienfreundlichkeit langfristig in die Organisationskultur Eingang findet. Die Chance der Umsetzung eines lebensereignisorientierten Personalmanagements besteht in der Unabhängigkeit von alters- und geschlechtsspezifischen Kriterien; dieser Ansatz kann somit einen relevanten Beitrag zur Vereinbarkeit von Beruf und Familie über den Lebensverlauf darstellen.

Arbeitszeitmodelle

Im Hinblick auf die vielfältigen Möglichkeiten und Bedürfnisse von Beschäftigten stehen Organisationen heute vor der Herausforderung, flexible Lösungen für die Arbeitszeit und die Arbeitsorganisation anzubieten. Bewährte Instrumente, die an der jeweiligen Hochschule auf ihre Einsatzfähigkeit zu prüfen wären, sind z.B.

- Gleitzeitmodelle,
- Jobsharing,
- Freistellungsregelungen,
- Bezahlter und/oder unbezahlter Sonderurlaub,
- Arbeitszeitkonten,
- Sabbaticals bzw. die
- Flexibilisierung der Arbeit über den Lebensverlauf.

Neben der wöchentlichen Dauer der Tätigkeit (Teilzeittätigkeiten mit unterschiedlichem Umfang) ist auch die Lage relevant. Gremien- und Besprechungszeiten, die sich auf die Kernarbeitszeiten konzentrieren und nicht in den Abend ziehen, können dazu beitragen, familiäre und berufliche Verpflichtungen zu vereinbaren, ebenso wie arbeitsorganisatorische Optionen wie z.B. die Telearbeit oder das mobile Arbeiten. Angesichts der Vielfalt der Möglichkeiten empfiehlt sich eine Zusammenstellung und Kommunikation der Optionen in einer Handreichung für die Beschäftigten.

Eine Besonderheit und zugleich besondere Herausforderung an Hochschulen besteht in den zumeist ungleichen Arbeitszeitregimen von Verwaltungs- und wissenschaftlichen Beschäftigten (bspw. im Hinblick auf die Erfassung der Arbeitszeit sowie den Grad der Präsenz und Zeitautonomie) und in den damit verbundenen Gleichbehandlungsfragen und Abstimmungsbedarfen. Haben die wissenschaftlichen Beschäftigten i.d.R. eine größere Zeitautonomie, so ergeben sich für sie doch häufig neue Zeitvorgaben durch Engpässe bei der Verfügbarkeit von Veranstaltungsräumen.

Zu beachten und zu gestalten sind auch mögliche Differenzen in den zeitlichen Präferenzen von Beschäftigten und Studierenden sowie auch innerhalb der genannten Gruppen.

Aufgabe:
Informieren Sie sich, welche der benannten Arbeitszeitmodelle in Ihrer Hochschule/ Institution angewendet werden und auf welcher (rechtlichen) Basis die Modelle ihre Anwendung finden!

Entgeltsysteme

Für staatliche Hochschulen sind gleichzeitig unterschiedliche Entgeltsysteme anzuwenden, die jeweils als mehr oder weniger Diversity-gerecht zu verstehen sind. Die vier Entgeltsysteme sind im Angestelltenbereich der Tarifvertrag für den Öffentlichen Dienst der Länder (TV-L), im Beamtenbereich die A-Besoldung und die W-Besoldung sowie für Universitätskliniken der Tarifvertrag für Ärztinnen und

Ärzte an Universitätskliniken (TV-Ärzte), der jedoch hier aufgrund seiner Besonderheiten nicht weiter behandelt wird.

Die derzeit geltenden Entgeltsysteme haben in den 2000er Jahren (mit Ausnahme der A-Besoldung) ältere Entgeltssysteme abgelöst. Der TV-L hat den Bundesangestelltentarifvertrag (BAT) abgelöst, die W-Besoldung die vorher für den Hochschulbereich anzuwendende C-Besoldung und für die Funktion der Hochschulkanzler und Präsidenten/Rektoren in einigen Bundesländern die B-Besoldung. Für bundesfinanzierte Hochschulen (Bundeswehrhochschulen) gelten die entsprechenden Entgeltsysteme auf Bundesebene.

Grundsätzlich kann festgestellt werden, dass alle benannten Entgeltssysteme auf verschiedenen judikativen Ebenen auf ihre Konformität im Hinblick auf Diskriminierungstatbestände überprüft werden. Entgelt, Lohn oder Bezüge können höchstdiskriminierende Formen annehmen. Gemeint ist damit nicht die häufig kritisierte Ungleichheit von Angestellten- und Beamtenbezahlung sowie Altersversorgung, die bei gleichen Arbeitsfeldern, gleichen Verantwortungen und ähnlichen Lebenslagen von Beschäftigten teilweise erhebliche Nettoverdienstunterschiede und Renten- bzw. Ruhegehaltsdifferenzen bedeuten. In der Bewertung der Entgeltsysteme mit Bezug auf die Diversity-Gerechtigkeit sind vielmehr drei wesentliche Faktoren von Bedeutung:

1. Geschlechterdiskriminierung,
2. Altersdiskriminierung und
3. Diskriminierung aufgrund regionaler Herkunft.

Zwar gibt es in allen drei wesentlichen Entgeltsystemen keine aktiven **Geschlechterdiskriminierungen**, dennoch sind immer wieder Effekte zu beobachten, die Gender-Pay-Gaps auch an Hochschulen deutlich werden lassen. Für die W-Besoldung geht der Blick vor allem auf die Berufungs- und Leistungszulagen. Studien bspw. zur Professorinnen- und Professoren-Besoldung an Fachhochschulen zeigen (Hellemacher 2011; Simons/Hellemacher 2009), dass „Männer und Frauen [...] in den meisten Fällen gleich behandelt [werden], eine auffallende Ungleichbehandlung ergibt sich jedoch in der Ruhegehaltsfähigkeit der W-Zulagen." (Simon/ Hellemacher 2009, S. 15). Darüber hinaus ist anzunehmen (Hellemacher 2011), dass sich gerade in industrienahen Feldern Berufungszulagen mitunter nach der Höhe vorheriger Einkünfte richten und dadurch der in der Privatwirtschaft zu beobachtende Effekt des Gender-Pay-Gaps in die Hochschule fortwirkt. Ein Einfallstor für die (erneute) Vergrößerung des Gender-Pay-Gaps bei Professuren kann in der W-Besoldung auch im unterschiedlichen Umgang mit Zulagen in männer- und frauendominierten Fachbereichen vermutet werden, insofern in den MINT-Fächern – unter Verweis auf höhere Einkommensmöglichkeiten in den entsprechenden Berufsgruppen in der freien Wirtschaft – oft höhere Zulagen gezahlt werden.

Generell ist bei der Verteilung der Besoldungsgruppen aller Entgeltsysteme ein ‚Leaky-Pipeline-Effekt', auch als Gleichstellungskaskade bezeichnet, festzustellen, der die Wahrnehmung von Gender-Gerechtigkeit beeinflussen kann.

Als ‚Leaky-Pipeline-Effekt' definiert man den abnehmenden Anteil von Frauen im Verlauf der wissenschaftlichen ‚Qualifikationsstiege'. Es ergibt sich eine optische Schere. Während im Bereich der tertiären Bildungsabschlüsse der Anteil weiblicher gegenüber männlichen Studierenden überwiegt, vollzieht sich mit der Promotion eine Kreuzbewegung; der Anteil weiblicher Promovierender, Habilitierender und schließlich der Anteil weiblicher Hochschullehrerinnen sinkt umso mehr, je höher die ‚Qualifikationsstiege' erklommen wird, während der Anteil männlicher Promovierender, Habilitierender bzw. der Anteil männlicher Hochschullehrer spiegelbildlich immer größer wird. Zwar konnte im Betrachtungszeitraum von 1995 bis 2005 der Anteil weiblicher Promovierender von 31,5% auf 39,6% und bis 2011 auf 45% gesteigert werden, auch der Anteil weiblicher Habilitierender im gleichen Zeitraum von 13,8% auf 23% und schließlich auf 24% (BuWin 2008, S. 98; Kortendiek et al. 2013, S. 10, 13). Dennoch ergibt sich bis dato ein Missverhältnis, das vor dem Hintergrund rechtlicher Faktoren von Geschlechtergleichstellung, aber auch vor dem Hintergrund eines Diversitätsmehrwerts bedenkenswert bleibt. Plöger stellt im Hinblick auf dieses Missverhältnis fest: „Auch ohne zu unterstellen, dass Frauen bewusst an den Hochschulen diskriminiert werden, deutet das Missverhältnis zwischen Gleichqualifizierung der Geschlechter und ungleicher Repräsentanz darauf hin, dass besondere Barrieren und bestimmte Mechanismen wirken, die Frauen stärker an Wissenschaftskarrieren hindern als Männer" (Plöger 1998, S. 144).

Für den Bereich der weiteren Beschäftigten gibt es Evidenzen, dass im Bereich der Bewertung von Stellen nach dem TV-L typische Frauentätigkeiten in der Eingruppierung schlechter bewertet werden als im Hinblick auf Anforderungen und Verantwortung ähnliche typische Männertätigkeiten. Stefaniak (2002) hat in ihrer Studie die Anforderungen und Verantwortungen von Hochschulsekretärinnen mit ausgewählten Vergleichsgruppen männlich dominierter Beschäftigungsfelder verglichen und kommt zu dem Ergebnis, dass Anforderungen und Verantwortungen der weiblich dominierten Untersuchungsgruppe ungleich größer sind als die der männlich dominierten Gruppe. Dies wirkt sich jedoch nicht positiv auf die Eingruppierung aus.

Die **Altersdiskriminierung** der Entgeltsysteme steht derzeit in einigen höchstrichterlichen Verfahren zur Disposition. Bezugspunkt der Klagen war und ist das *AGG*, das die Kläger zunächst im Widerspruch sahen zum Entgeltsystem des Bundesangestelltentarifvertrags (BAT). Der Europäische Gerichtshof hat in seinem Urteil vom September 2011 (08.09.2011, AZ C-297/10 und C-298/10) die Sichtweise bestätigt, dass junge Angestellte des Öffentlichen Dienstes von Bund, Ländern und Gemeinden bei der Bemessung der BAT-Grundvergütung aufgrund ihres Alters benachteiligt werden. Das Bundesarbeitsgericht (BAG) hat sich mit Urteil vom 10.11.2011, 6 AZR 481/09 dieser Sichtweise angeschlossen. Der BAT sah lebensaltersbezogene Entgeltstufen vor. Der seit 2006 geltende TV-L, der den BAT im Landesdienst abgelöst hat, sieht mittlerweile nicht mehr Lebensalters- sondern Erfahrungsstufen vor, die auf der einen Seite Berufserfahrung honorieren, aber diese nicht mehr am Lebensalter festmachen. In den Bundesländern wurde die Beamtenbesoldung zu unterschiedlichen Zeitpunkten analog zum TV-L auf Erfahrungsstufen umgestellt. Die Beamtenbesoldung beruhte zuvor auf dem sog. Besoldungsdienstalter. Aufgrund von Klagen verschiedener Beamter bei den Verwaltungsgerichten soll über die Rechtmäßigkeit der Übergangsregelungen entschieden werden. Das Verwaltungsgericht Berlin hat mehrere Klagen ausgesetzt und zur Vorabentscheidung abermals an den Europäischen Gerichtshof weitergeleitet. Der EuGH hat hier im Grundsatz die 2009 bzw. 2011 umgesetzten Übergangsreglungen für (Rechtssachen C-501/12 bis C-506/12, C-540/12 und C-541/12) rechtskonform erachtet, sieht jedoch bei verspäteter Umstellung (Zeitraum zw. 2009 und 2011) einen Ungleichbehandlungstatbestand. Finale Urteile auf der Ebene der Verwaltungsgerichte liegen zum Zeitpunkt der Veröffentlichung des Textes (März 2015) jedoch noch nicht vor.

Die offensichtlichste Form der Diskriminierung in den öffentlichen Entgeltsystemen stellte die **Ungleichbehandlung der west- und ostdeutschen Beschäftigten** dar, die für den Hochschulbereich bis 2008/2010 galt. Im TV-L gibt es heute bei den Tarifverdiensten keine Unterteilung in Tarifgebiet West und Ost mehr und zwar seit dem 01.01.2008 für die Tarifgruppen E 1 bis E 9 und seit dem 01.01.2010 für die Tarifgruppen E 10 bis E 15. Dennoch sind bis heute noch Unterschiede zwischen West und Ost, teilweise aber auch innerhalb der westdeutschen Bundesländer merkbar. Unterschiede zwischen den Tarifgebieten West und Ost gibt es im TV-L noch bei der Wochenarbeitszeit sowie der Jahressonderzahlung: Im Westen beträgt die Wochenarbeitszeit zwischen 38,42 Stunden (Schleswig-Holstein) und 40,06 Stunden (Bayern), während es im Osten einheitlich 40 Stunden sind. Die Jahressonderzahlungen reichen im Tarifgebiet West von 35% bis 95% und in den neuen Ländern von 30% bis 71,5% der durchschnittlichen Monatsgehälter (Stand: Tarifabschluss vom 09.03.2013).

Die kontinuierliche Anpassung der Entgeltsysteme sollte vor dem Hintergrund des AGG daher genutzt werden, diskriminierungsfreie Entgeltsysteme zu etablieren.

Nach der Würdigung der strukturellen Personalmanagementprozesse auf Organisationsebene soll nun der Blick auf die Individualebene gerichtet werden.

3.4.2 Diversity-gerechtes Personalmanagement auf Individualebene

Personalbeschaffung und -auswahl

Personalauswahlprozesse sind oftmals Spiegelbild einer Organisationskultur. Hier offenbaren sich in Umgangsweise, Strukturierung oder auch Wertschätzung, wie Institutionen mit ihren potenziellen Mitarbeiterinnen und Mitarbeitern umgehen und interagieren. Die möglichst genaue Definition von Voraussetzungen bzw. Bewerberprofilen wie aber auch der Zeitpunkt der Besetzung schränkt das Bewerberfeld ein. Bei der Auswahl werden biografieorientierte, eigenschaftsorientierte und simulationsorientierte Verfahren unterschieden. Die Auswahl von Personal kann erfolgen durch:

- Unterlagensichtung (Vorauswahl),
- (strukturierte) Vorstellungsgespräche,
- Intelligenz-, Leistungs- und Persönlichkeitstests,

- Assessmentverfahren,
- Arbeitsproben.

In der Regel werden unterschiedliche Methoden miteinander verknüpft.

In Hochschulen sind Personalbeschaffungsprozesse zwar rechtlich hochformalisiert, in der konkreten Handhabe sind jedoch sehr heterogene Auswahlprozesse wahrzunehmen.

In vielen Bundesländern sind über das jeweilige *Landespersonalvertretungsgesetz* bzw. das *Sozialgesetzbuch IX (SGB IX)* sowohl Personalräte als auch Schwerbehindertenvertretungen aktiv zu beteiligen. Die massive Fluktuation von wissenschaftlichem Personal führt jedoch dazu, dass gerade in diesem Bereich Auswahlprozesse oft schwach strukturiert sind. Während bei Berufungen von Professorinnen und Professoren zunehmend strukturiertere Beteiligungsverfahren an den Hochschulen praktiziert werden, Leitfäden und Handreichungen zu einem besseren Ablauf von Verfahren führen und sogar Berufungsordnungen hier der Verfahrensdurchführung genaue Regeln geben und die Gruppe der weiteren oder mancherorts nichtwissenschaftlichen Beschäftigten aufgrund a) der hohen Beteiligungsrate von Personalräten im Verwaltungsbereich und b) der klaren hierarchischen Strukturen von Hochschulverwaltungen im Allgemeinen routiniert ausgewählt werden, werden die wissenschaftlichen Mitarbeiterinnen und Mitarbeiter selten strukturiert ausgewählt.

Dies hängt damit zusammen, dass die meisten wissenschaftlichen Mitarbeiterinnen und Mitarbeiter in Fakultäten arbeiten. Dort wird die Auswahl in der Regel durch die Professur vorgenommen, der die Stelle zugeordnet ist. Mit der Personalauswahl für Lehr- und Forschungsaufgaben ist in der Regel eine individuelle Qualifikationsabsicht verbunden (Promotion/Habilitation), so dass Personalauswahl dort selten gänzlich offen, sondern in der Regel so gestaltet ist, dass bereits durch Hilfskrafttätigkeiten an einen Lehrstuhl gebundene und als wissenschaftlicher Nachwuchs identifizierte Studierende nach Abschluss ihres Studiums im besten Falle auf eine wissenschaftliche Stelle ‚übernommen' werden. Die spezielle Abhängigkeit von der jeweiligen betreuenden Professur ist vielerorts (Barzantny 2008; Burkhardt 2008; Jacob 2011) als strukturell verbesserungswürdig identifiziert worden. Betrachtet man die Größenordnung dieser Personalkategorie (s. Tabelle 4), so lässt sich bewerten, wie wichtig hier Entwicklungsschritte sind. Insbesondere wird aus den Zahlen das nach wie vor bestehende Ungleichgewicht bei der Geschlechterverteilung deutlich: Während Männer in den wissenschaftlichen Karrierepositionen weit überrepräsentiert sind, zeigt sich spiegelbildlich eine deutliche Überrepräsentanz der Frauen in den wissenschaftsunterstützenden Funktionen, d.h. in der (Sammel-)Kategorie Verwaltungs-, technisches und sonstiges Personal. Für Fragen des Diversity Managements nicht zu unterschätzen ist die Tendenz, dass die wachsende projektorientierte Forschungsfinanzierung und entsprechende Stellenkonstrukte ein zunehmend flexibles Agieren möglich machen, aber zugleich auch „durch fehlende Planbarkeit biographische Risiken" (Bloch/Burckhardt 2010, S. 48) verschärfen.

Diversity Management sollte folgende Elemente des Personalgewinnungs- und Auswahlprozesses durchdenken:

1. Ist die *Ausschreibung* Diversity-gerecht formuliert? Prüfkriterien sind: gendergerechte Formulierungen, Berücksichtigung der Gleichstellung von Schwerbehinderten, Hinweis auf Diversity-gerechte Einreichung der Bewerbungsunterlagen.
2. Werden die *Bewerbungen* Diversity-gerecht gesichtet? Prüfkriterien sind: keine Angaben zu Familienstand, Elternschaft[1], Religion, sexueller Orientierung oder Geburtsort, einheitliche Handhabe zu Lichtbildern.
3. Wird der *Auswahlprozess* Diversity-gerecht organisiert? Prüfkriterien sind: Gibt es Ausweichtermine oder nur fixe Termine zu Vorstellungsgesprächen/Assessments? Werden alle Bewerberinnen und Bewerber in einem gleichen/ähnlichen ggf. standardisierten Verfahren gesichtet? Wird eine Auswahlkommission gebildet? Werden Beobachtungen unabhängig von Diversity-Faktoren sachorientiert gefasst (Selbstbewertung)? Werden entsprechende Notizen aller Mitglieder der Auswahlkommissionen gemacht?

Drei Punkte seien noch etwas vertieft:
* Diversity-sensibel kann eine Institution beispielsweise eine Stellenausschreibung platzieren – abgesehen von üblichen rechtlichen Bezugspunkten zum *AGG* in entsprechenden Ausschreibungen –, wenn der Zeitpunkt der Besetzung hinreichend viel Zeit lässt, um die Lebensumstände auf einen möglicherweise neuen Arbeitgeber anzupassen. Besetzungszeitpunkte wie „ab sofort" können dabei eher abschreckend wirken, da der Anschein erzeugt wird, dass hier wenig Zeit bleibt, um Betreuungsszenarien zu planen oder auch Mobilität zu organisieren. Gerade im terminbedingt kurzlebigen Drittmittelgeschäft an Hochschulen sind jedoch zunehmend häufig kurzfristige Besetzungszeitpunkte zu finden.
* Bei der Zusammensetzung von ggf. beteiligten Auswahlkommissionen sollte auf die Heterogenität (z.B. Geschlecht/Leitungsfunktion/Alter) der Mitglieder der Kommission geachtet werden, um möglichst einen breiten Blickwinkel auf die Performanz der Bewerberinnen und Bewerber zu erhalten.
* Bei der Bewertung im Rahmen strukturierter Auswahlverfahren sollte geprüft werden, inwiefern auch atypische Karriereverläufe bzw. außerfachlich erworbene Kompetenzen einen Mehrwert darstellen und berücksichtigt werden können.

Grundsätzlich kann resümiert werden, dass der Erfolg einer (Diversity-gerechten) Personalauswahl vom getätigten Aufwand abhängig ist, im Bereich der Berufungen und bei Besetzungen nichtwissenschaftlicher oder weiterer Beschäftigungsverhältnisse allerdings hier bereits viele Anstrengungen übernommen werden.

---

1 Diese Anforderungen können allerdings kontrovers diskutiert werden, verhindert doch die Ignorierung von Faktoren wie z.B. Elternschaft oder Alter auch die angemessene Würdigung der „Lebensleistung" von Personen, wenn es z.B. um die Erfassung außerfachlicher Erfahrungen und Kompetenzen oder auch um die Würdigung des Umfangs einer Publikationsliste in Relation zum Lebensalter/Berufsalter geht.

Nachholbedarf besteht vor allem im Bereich der (befristeten) wissenschaftlichen Mitarbeiterinnen und Mitarbeiter.

Stellenkategorie	Gesamtzahl	davon männlich	davon weiblich	Anteil weiblich
Hauptberufliches wissenschaftliches und künstlerisches Personal				
Professor/-innen	45.013	35.426	9.587	21,3%
Dozent/-innen und Assistent/-innen	3.693	2.361	1.332	36,1%
Wissenschaftliche und künstlerische Mitarbeiter/-innen	174.701	102.701	72.000	41,2 %
Lehrkräfte für besondere Aufgaben	9.852	4.898	4.954	50,3%
zusammen	233.259	145.386	87.873	37,7%
Nebenberufliches wissenschaftliches und künstlerisches Personal				
Gastprofessor/-innen, Emeriti	1 .579	1.392	187	11,8%
Lehrbeauftragte	94.094	61.814	32.280	34,3%
Wissenschaftliche Hilfskräfte	40.915	21.694	19.221	47,0%
zusammen	136.588	84.900	51.688	37,8%
Verwaltungs-, technisches und sonstiges Personal				
Hauptberuflich	288.008	84.918	203.090	70,5%
Nebenberuflich	4.221	1.898	2.323	55,0%
zusammen	292.229	86.816	205.413	70,3%
Hochschulpersonal insgesamt				
Hauptberuflich	521.267	230.304	290.963	55,8%
Nebenberuflich	140.809	86.798	54.011	38,4%
insgesamt	662.076	317.102	344.974	52,1%

Tabelle 4:
Hochschulpersonal insgesamt und nach Geschlecht (Stand 2013).

Quelle: Eigene Darstellung basierend auf Statisches Bundesamt (2014, S. 23).

Aufgabe:
- Gibt es an Ihrer Hochschule/Bildungseinrichtung verbindliche Verfahren zur Einstellung neuer Mitarbeiter/-innen? Skizzieren Sie die wesentlichen Bestandteile an Ihrer Institution.
- Diskutieren Sie die Vor- und Nachteile anonymisierter Bewerbungen unter Diversity- und Diskriminierungsgesichtspunkten. Wie bewerten Sie dieses Instrument?

Personaleinführung

Ist die Personalentscheidung getroffen, beginnt der Prozess der Personaleinführung, auch ‚Implacement-Prozess' genannt, in dessen Verlauf schon sehr früh ein Abgleich zwischen der Erwartungshaltung von Institution und Beschäftigter/m (commitment) erfolgt (Meyer/Allen 1997). Ziele des Einführungsprozesses sind:

1. die funktionale Einarbeitung/Qualifizierung für den neuen Beschäftigungsbereich sicherzustellen,
2. den individuellen Sozialisationsprozess der/s Beschäftigten in der Organisation zu ermöglichen und somit Bindung zu erzeugen.

Der Personaleinführungsprozess wird in der gängigen Literatur insgesamt in drei wesentliche Phasen unterteilt.

Die erste Phase ist die Phase der *Antizipatorischen Sozialisation*, in der neue Beschäftigte Lernerfahrungen vor Eintritt in den neuen Job sammeln, indem sie beispielsweise über Homepages Informationen sammeln und die eigenen Normen und Werte mit denen der Organisation abgleichen. Jene aufgebaute Erwartungs- und Wissenshaltung wird in der *Konfrontationsphase* einem Abgleich mit der Alltagsrealität („Realitätsschock") in der Organisation unterzogen. In der dritten Phase, der *Anpassungsphase,* werden Selbstbild und institutionelle Rollenerwartung einander angeglichen. Je nach Autorin bzw. Autor wird die zweite Phase nochmals unterteilt, insgesamt sind die gängigen Modelle zu Implacementphasen jedoch ähnlich (vgl. Feldman 1981; Kieser 1990; Wanous 1992).

Erfolgreiches Implacement kann strukturell und individuell beeinflusst werden durch:
- Vorgesetztenverhalten,
- Leitfäden und Check-Listen zur Einführung neuer Mitarbeiter/-innen,
- Informelle und formelle Einführungsveranstaltungen (Welcome-Events),
- Orientierungs- und Weiterbildungsmaterial/-veranstaltungen,
- Transparente Zielkommunikation/Leitbilder,
- gut vorbereitete und eingerichtete Arbeitsplätze,
- Bereitstellung eines Mentors/einer Mentorin, eines Traineeprogramms,
- Rundgänge/Besichtigungen,
- Regelmäßige Feedbackgespräche während der unterschiedlichen Phasen.

Ein Einführungsprozess ist sinnvoll, weil organisationale und affektive Bindung die Arbeitszufriedenheit, Leistungsbereitschaft und Produktivität steigern sowie Verhalten und Einstellungen verändern, wie Metaanalysen gezeigt haben (vgl. Meyer/Allen 1997).

Bindung („commitment") vollzieht sich nach Meyer und Allen (1997) auf drei unterschiedlichen Ebenen:
1) *affektives commitment* als Form der emotionalen Bindung an die Organisation,
2) *normatives commitment* als moralische Bindung an die Organisation,

3) *kalkulatorisches commitment* als rationale Bindungsform, Kosten-Nutzen-Bindung als Ergebnis einer Abwägung mit möglichen Alternativen.

Zu allen Formen von *commitment* kann Diversity Management in Hochschulen beitragen. Ein Schlüssel ist die Anerkennung und Wertschätzung von Heterogenität im Implacement-Prozess. Sofern neue Beschäftigte sich in ihrer Individualität wertgeschätzt fühlen und den Eindruck gewinnen, dass Heterogenität in der Organisation als Motor von Kreativität geschätzt wird und dies durch Leitbilder oder entsprechendes Einführungsmaterial transparent kommuniziert wird, ist der Druck der sozialen Anpassung geringer und es kann somit schneller eine Bindung zwischen Beschäftigter/m und Organisation geschaffen werden. Doch Vorsicht: Offenbart sich ein deutliches Missverhältnis zwischen den Dokumenten und der gelebten Praxis am Arbeitsplatz, ist eine Frustration umso wahrscheinlicher und eine frühe Fluktuation die mögliche Folge. Eine Form zur Förderung kalkulatorischen Commitments kann in einem infrastrukturellen Standortvorteil der Hochschulen liegen. Halten sie Betreuungsstrukturen im ausreichenden Umfang vor (s. ‚audit familiengerechte hochschule‘) oder können sie über Dienstvereinbarungen zu Telearbeit o.Ä. eine andere Arbeitsgestaltung ermöglichen, so kann dies zu stärkerem commitment führen.

Nutzt eine Hochschule Diversity-Management-Ansätze, sollte sie auch durch Weiterbildungsveranstaltungen oder Workshops in den Implacement-Phasen darauf aufmerksam machen und neue Mitarbeiterinnen und Mitarbeiter in ihrem Change-Management-Prozess mitnehmen.

Aufgabe:
Überlegen Sie, wie Sie ein Verfahren in Ihrer Teilorganisationseinheit etablieren können, um neuen Mitarbeiterinnen und Mitarbeitern den Einstieg in Ihre Institution zu erleichtern. Fertigen Sie hierzu ein kurzes Konzept an.

Personalführung

Personalführung stellt die zielorientierte Beeinflussung der Einstellungen und des Verhaltens von Einzelpersonen dar. Personalführung kann struktural und personal erfolgen (Tab. 5).

Strukturale Führung	Personale Führung
• Organisationsrahmen	• Ziele verdeutlichen
• Unternehmensgrundsätze	• Aufgaben koordinieren
• Führungsgrundsätze	• Mitarbeiter motivieren
• Funktionsbeschreibungen/Profile	• Zusammenarbeit fördern und erhalten
• Hausordnung	• Ergebnisse kontrollieren
• Anreizsysteme	• Leistung und Verhalten beurteilen
• Personalentwicklungskonzeption	• Mitarbeiter auswählen
• Statussymbole und Statusrechte	• Förderungsfähigkeit erkennen
• Arbeitsplatzgestaltung	• Personalentwicklung einleiten
• Technikeinsatz	

Tabelle 5:
Strukturale und personale Führung nach Becker.

Quelle: Becker (2009), S. 306.

Im Zusammenhang von Führung im hier angewandten Sinne soll der Fokus auf die *personale Führung* gerichtet sein. In Hochschulen unterliegt Führung nochmals anderen Gesetzmäßigkeiten als in Unternehmen. Die lose Kopplung von Hochschulen und ihren Mitgliedern sowie ihre Gestalt als Expertenorganisation, die das Verhältnis von Lehrstuhl und Leitung reflektiert, gelten auch für andere Führungsstrukturen in Hochschulen. Darüber hinaus ist Personalführung in Hochschulen zunehmend komplex, da die Veränderungsprozesse der letzten Jahr(zehnt)e eine Situation des stetigen Wandels erzeugt haben. Dennoch sind auch in Hochschulen gängige verhaltenstheoretische Führungsstilmodelle anwendbar. Kurt Lewins drei voneinander unterscheidbare Führungsstile sind auch in Hochschulen aufzufinden.

Lewin unterscheidet:
• den autoritären Führungsstil,
• den demokratischen oder kooperativen Führungsstil
• und den Laissez-faire-Führungsstil.

Die eindimensionale Eingängigkeit der drei Grundführungsstile ist zunächst die Basis für später entwickelte Führungsstiltypologien bzw. -systeme. Da Partizipation in wissensgetriebenen Organisationen von besonderer Bedeutung ist, sei hier zunächst die Kontinuum-Theorie nach Tannenbaum und Schmidt (1958) aufgeführt (Abb. 3). Die Theorie geht von beobachtbarem Führungsverhalten aus, das in ein bipolares Kontinuum mit insgesamt sieben Verhaltensklassifikationen nach dem Ausmaß der Anwendung von Autorität durch die Führungsfigur auf der einen und dem Entscheidungsspielraum der Mitarbeiterinnen und Mitarbeiter auf der anderen Seite eingeordnet werden kann.

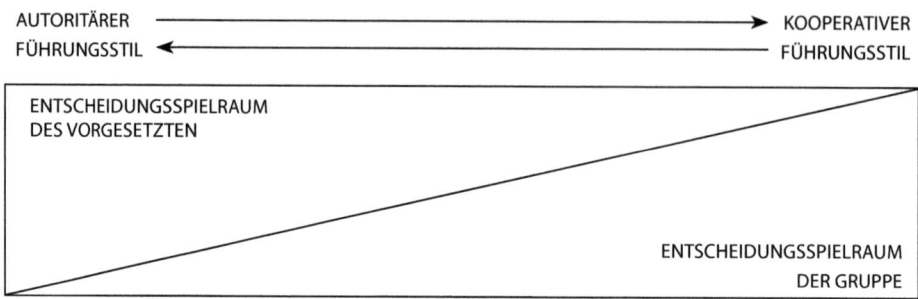

AUTORITÄR	PARTRIARCHALISCH	BERATEND	KONSULTATIV	PARTIZIPATIV	DELEGATIV
Vorgesetzter entscheidet und ordnet an	Vorgesetzter entscheidet; er ist aber bestrebt, die Untergebenen von seinen Entscheidungen zu überzeugen, bevor er sie anordnet	Vorgesetzter informiert seine Untergebenen über seine beabsichtigten Entscheidungen; die Untergebenen haben die Möglichkeit, ihre Meinung zu äußern, bevor der Vorgesetzte die endgültige Entscheidung trifft	Die Gruppe entwickelt Vorschläge; aus der Zahl der gemeinsam gefundenen und akzeptierten möglichen Problemlösungen entscheidet sich der Vorgesetzte für die von ihm favorisierte	Die Gruppe entscheidet, nachdem der Vorgesetzte zuvor das Problem aufgezeigt und die Grenzen des Entscheidungsspielraumes festgelegt hat	Die Gruppe entscheidet, der Vorgesetzte fungiert als Koordinator nach innen und außen

Abbildung 3:
Kontinuum-Theorie zum Führungsverhalten.

Quelle: Darstellung in Anlehnung an Tannenbaum/Schmidt (1958), S. 96.

Eine Bewegung nach rechts ermöglicht den Mitarbeiterinnen und Mitarbeitern mehr Entscheidungspartizipation, eine Bewegung nach links schränkt die Partizipation der Mitarbeiterinnen und Mitarbeiter ein. Im linken Bereich des Modells kann von einer stärker aufgabenorientierten Führung gesprochen werden, während nach rechts hin die mitarbeiterorientierte Führung zunimmt.

In Hochschulen wird bisweilen hartnäckig um Partizipation und demokratische Führung gerungen, in der betriebswirtschaftlichen Forschung sind rein partizipative Führungsmodelle durch situative Führungsansätze abgelöst worden. Situative Ansätze gehen davon aus, dass Führung in unterschiedlichen Situationen auf unterschiedlichen Führungsklaviaturen spielen können muss. Aktuell hat sich die Betriebswirtschaft eher von Führungsstilmodellen verabschiedet. Die Führungsstile sind hier jedoch angeführt, da sich für die Frage Diversity-gerechter Personalführung verhaltenspsychologische Konzepte zur Beschreibung besonders gut eignen.

Für eine Diversity-gerechte Personalführung an Hochschulen ist besonders zu betonen, dass kreative Führungsszenarien auf einem weitestgehenden Partizipationsansatz beruhen, bei dem Heterogenitäten in Zugang, Bearbeitung und Interpretation von Problemstellungen ermöglicht werden müssen. Will man den Mehrwert von Diversity in der Organisation zulassen, kann keine autoritäre, auf den Vorgesetzten zugeschnittene Führungskultur Maßstab sein.

Diversity-gerechte Personalführung sollte jedoch auch sensibel für einige Eigenarten der Arbeit an Hochschulen sein: Da Hochschulen durchaus als sinnstiftende Arbeitsorte verstanden werden können, in denen Beschäftigte arbeiten, die Selbstverwirklichung und gesellschaftlichen Nutzen in ihren Arbeitszielen häufig voranstellen und – manchmal auch in prekären Beschäftigungskonstellationen – bis zur Selbstaufopferung arbeiten, ist auch hier die Gefahr von Burnout sehr groß, wenn bestimmte institutionelle und persönliche Bedingungsfaktoren zusammenkommen. Dazu können aufgrund der seit den 1990er Jahren anhaltenden starken Veränderungsprozesse in Hochschulen (z.B. Druck durch ein auf Selbstverantwortung setzendes „management by objectives", aber auch Tendenzen zur Prekarisierung von Arbeitsverhältnissen vor allem im befristeten Projektbereich) psychosoziale Stresssymptome zu einem ausgeprägten Phänomen werden. Führung kann bezüglich bestimmter Problembereiche des betrieblichen Gesundheitsmanagements eine wesentliche Rolle einnehmen (vgl. Badura et al. 1997). So wirken sich Fragen des allgemeinen Betriebsklimas, der Vertrauens- und Misstrauenskultur, der sozialen Akzeptanz und Unterstützung direkt auf die Gesundheit der Mitarbeiterinnen und Mitarbeiter aus.

Personalentwicklung

Personalentwicklung umfasst nach Manfred Becker „alle Maßnahmen der Bildung, der Förderung und der Organisationsentwicklung, die von einer Person oder Organisation zur Erreichung spezieller Zwecke zielgerichtet, systematisch und methodisch geplant, realisiert und evaluiert werden." (Becker 2009, S. 4).

Personalentwicklung in Hochschulen kann aus zwei Perspektiven gesehen werden: die Personalentwicklung für Mitarbeiterinnen und Mitarbeiter in Verwaltung und Serviceeinrichtungen und die Personalentwicklung für das akademische Personal.

Personalentwicklung in Verwaltung und Serviceeinrichtungen

Während sich das Hochschulsystem für den akademischen Bereich erst an den Begriff der Akademischen Personalentwicklung herantastet, sind an den allermeisten Standorten in der Hochschulverwaltung entsprechende Einheiten und Stellen für die Personalentwicklung in Verwaltung und Serviceeinrichtungen eingerichtet worden. Die Zielrichtung der dort verfolgten Maßnahmen ist klar: sie dienen der individuellen Weiterqualifikation der Mitarbeiterinnen und Mitarbeiter für die Erfüllung ihrer Aufgaben in Verwaltung und Service.

Personalentwicklung heißt hier vor allem:

a) Konzeption und Durchführung von Inhouse-Schulungsprogrammen im Rahmen von Change-Prozessen, zur Förderung einer Work-Life-Balance oder zur Gesundheitsbildung,
b) Organisation meist externer Führungskräfte-Weiterbildung oder Führungskräfte-Coaching,
c) Konzeption von Personalmanagementtools wie Mitarbeiter-Vorgesetzten-Gesprächen, Stellenbewertungstools, Strukturierte Auswahlverfahren etc.,
d) Organisationsuntersuchungen und Konzepte zur Organisationsveränderung,
e) Erstellung von Informationsmaterialien für Implacement-Prozesse,
f) Teamentwicklungsmaßnahmen,
g) Organisation von betrieblicher Wiedereingliederung.

Als Zielgruppe für Personalentwicklungsmaßnahmen werden oft z.B. Fakultäts- oder Dekanatssekretariate identifiziert, ebenso häufig sind die Führungskräfte der mittleren Führungsebene Zielgruppe von Maßnahmen.

Seltener vorzufinden sind Personalentwicklungsmaßnahmen für die mittleren Laufbahngruppen. Hier hat z.B. die Universität Bremen bislang zwei Förderprogramme etabliert, die die Erweiterung der Schlüssel- und Fachqualifikationen und die Vertiefung von Organisationskenntnissen mit dem Ziel der Vorbereitung auf die Übernahme neuer Aufgaben in den Blick genommen haben (http://www.uni-bremen.de/personalentwicklung/pe-fuer-nichtakademische-mitarbeiterinnen/verwaltungskraefte-der-mittleren-laufbahngruppen.html, Zugriff: 06.03.2015).

Unter Diversity-Gesichtspunkten interessant, jedoch derzeit noch nicht breit gestreut, wären Fragen des internationalen Mitarbeiterinnen- und Mitarbeiteraustauschs, der beispielsweise über die sog. Staff-Mobility im Erasmus-Programm der Europäischen Union finanziert werden kann. Internationale Erfahrungen in anderen (Verwaltungs-)Systemen bereichern den Blick auf die eigenen Prozesse und können dazu beitragen, dass alle Ebenen der Hochschule strategische Internationalisierung voranbringen können.

Denkbar wäre darüber hinaus die Förderung einer hausinternen Staff-Rotation, die Mitarbeiterinnen und Mitarbeiter in verschiedenen Einrichtungen der Hochschule einsetzbar macht, dazu beiträgt, in Change-Management-Prozessen die Perspektive der „anderen Seite" zu verstehen, und die Pluralität der Hochschule für alle Mitarbeiterinnen und Mitarbeiter nachvollziehbar werden lässt.

Vor dem Hintergrund sich häufiger ändernder Lebenskonstellationen, die mit einem familien- oder partnerschaftsgebundenen Ortswechsel zu tun haben können, könnte auch darüber nachgedacht werden, eine standortübergreifende Job-Rotation einzuführen, die es ermöglicht, Mitarbeiter/-innen innerhalb des Bundeslandes oder auch darüber hinaus flexibler einzusetzen.

Akademische Personalentwicklung

„Eine strategische Perspektive" lautet der Untertitel der Dokumentation des Stifterverbandwettbewerbs „Akademisches Personalmanagement", den dieser 2006 startete, ausgehend von einer durch die Universität Bonn durchgeführten Stifterverbandsumfrage unter den deutschen Hochschulen, die zwar ein hohes Problembewusstsein dokumentierte, jedoch in der Umsetzung von Projekt- und Problemlösungsansätzen allenfalls zaghafte Ansätze verbuchen konnte. So konnten von den Befragten gerade einmal 7% der Professor/-innen und 12% der Nachwuchswissenschaftler/-innen im Jahr 2006 von Personalentwicklungsmaßnahmen profitieren (vgl. Winde 2006, S. 5). Der Stifterverband stellte in seiner Ausschreibung insgesamt bis zu 600.000 € für drei Hochschulen zur Verfügung, die neuartige Personalentwicklungsstrategien unter Berücksichtigung der Erfahrungen aus privatwirtschaftlichen Kontexten konzipieren sollten.

Damit gab der Stifterverband zwei wichtige Impulse. Zum einen reagierte er auf die Tatsache, dass in den meisten Hochschulhaushalten noch kaum oder gar keine Mittel in Form fester Budgets für Personalentwicklungsmaßnahmen eingestellt waren – die Umfrage bestätigte, dass nur etwa 40 Euro pro Kopf und Jahr zur Verfügung stünden (vgl. Winde 2006, S. 5). Hier schaffte er einen materiellen Anreiz. Zum anderen intendierte der Stifterverband jedoch mit dem Wettbewerb die Schaffung eines Breitenbewusstseins für die Notwendigkeit akademischer Personalentwicklung als strategischem Prozess im Rahmen der Profilierung einzelner Hochschulen. Nur an 38% der befragten Hochschulen wurden überhaupt Personalentwicklungsmaßnahmen für das akademische Personal angeboten. Zu mutmaßen ist, dass es sich dabei überwiegend um hochschuldidaktische Veranstaltungsangebote handelte. Das Bewusstsein für einen integralen Zusammenhang von Hochschulentwicklung und der Entwicklung ihrer wichtigsten und wohl auch einzigen Ressource, dem Personal, war bis dato kaum präsent. Gründe für das mangelnde strategische Bewusstsein könnten vor allem darin liegen, dass die wissenschaftliche ‚Qualifikationsstiege' (Studienabschluss – Promotion – Habilitation) per se als ‚Personalentwicklung' fehlgedeutet wurde, Hochschulen sich also qua Existenz als personalentwickelnde Einrichtungen verstehen. Die Bewusstseinserweiterung an dieser Stelle sollte jedoch dadurch eintreten, dass die strategische und planende Komponente der Personalentwicklung verstärkt werden müsste. Konfrontiert mit der Hochschulwirklichkeit bedeutet dies, dass vor allem auf der Ebene der Systematisierung, in der bewussten Betrachtung des Qualifikationsprozesses Organisationsentwicklungsarbeit geleistet werden muss. Diese ist umso mehr nötig, als dass sie ein wichtiger Beitrag zur strategischen Entwicklung einer Hochschule angesichts der von außen (und innen) an sie herangetragenen Anforderungen von effizienter Effektivität und (inter-)nationaler Konkurrenzfähigkeit sein kann. Krumbiegel und andere bringen die Zusammenhänge von Organisationsentwicklung und Personalentwicklung auf folgende Formel: Die Hochschulen werden „nur in der Lage sein, die bevorstehenden Organisationsentwicklungsmaßnahmen zu bewältigen, wenn der Personalentwicklung künftig mehr Bedeutung beigemessen wird" (Krumbiegel et al. 1995, S. 532).

Der mit der „Best-Practice"-Philosophie konzipierte Wettbewerb konnte durch drei Hochschulen unterschiedlichen Typs erfolgreich beendet werden. Damit konnte eine erste Breitenwirkung in der deutschen Hochschullandschaft erzielt werden. Aufwind erhält das Thema zusätzlich durch die vielerorts praktizierten Mentoring-Programme, vor allem als ein Instrument zur Förderung gleichgestellter Karrieren in der Wissenschaft.

Gute Beispiele für Mentoring-Programme in der Wissenschaft lassen sich über das Netzwerk Forum Mentoring (http://www.forum-mentoring.de/) finden.

Aufgabe:
Recherchieren Sie, inwiefern einzelne Mentoring-Programme an Hochschulen spezielle Diversity-Dimensionen adressieren bzw. berücksichtigen.

Lebensereignisorientiertes Personalmanagement

Im Hinblick auf eine bessere Berücksichtigung lebensweltlicher Anforderungen der Beschäftigten und eine Synchronisierung der langfristigen Bedarfe der Unternehmen und der Beschäftigten kann das lebensereignisorientierte Personalmanagement ein zukunftsträchtiges Konzept darstellen (Rühl/Armutat 2009, vgl. auch Klammer et al. 2011, S. 151–153). Dabei werden unter Lebensereignissen nach Rühl und Armutat (2009, S. 31) die Herausforderungen gefasst, die einen größeren Einschnitt in die persönliche und berufliche Biografie verursachen. Die Zielsetzung eines an den individuellen Lebensereignissen der Beschäftigten ausgerichteten Personalmanagements ist es, einen Ausgleich zwischen den unternehmerischen Interessen und den individuellen Herausforderungen des einzelnen Mitarbeiters/der einzelnen Mitarbeiterin zu realisieren und damit die Grundlage für die Leistungsfähigkeit aller Beschäftigten als Quelle für den unternehmerischen Erfolg zu gewährleisten. Im Rahmen einer individualisierten Ausrichtung unternehmerischer Personalarbeit haben sowohl unternehmerische Zielsetzungen als auch individuelle Erwartungen der Beschäftigten Raum (Tab. 6, vgl. Nikutta 2009).

Unternehmerische Zielsetzungen	Erwartungen der Mitarbeiterinnen und Mitarbeiter
Flexibilität: Vorbereitung und Unterstützung der Mitarbeiter und Mitarbeiterinnen auf Veränderungen der eigenen Situation infolge von Lebensereignissen	**Rücksichtnahme:** Anerkennung und Ausrichtung der Personalmaßnahmen auf private und persönliche Belange der Mitarbeiter und Mitarbeiterinnen
Leistung: Individuelles Eingehen auf unterschiedlich ausgeprägtes Leistungsvermögen der Mitarbeiter und Mitarbeiterinnen aufgrund verschiedener Lebensereignisse	**Sicherheit:** Arbeitsplatzsicherheit durch Weiterbeschäftigung unter Wahrnehmung der individuellen Lebenssituation
Bindung: Steigerung der Arbeitgeberattraktivität, Unternehmenskultur mit hohen Diversitäts- und Förderaspekten	**Entwicklung:** Gestaltung von Entscheidungsspielräumen in Bezug auf den individuellen Arbeitsplatz; individuelle Qualifizierung und Kompetenzentwicklung an Knotenpunkten und im Verlauf der beruflichen und privaten Entwicklung

Tabelle 6:
Unternehmerische Zielsetzungen und Erwartungen der Mitarbeiterinnen und Mitarbeiter im Konzept des lebensereignisorientierten Personalmanagements.

Quelle: Eigene Darstellung in Anlehnung an Nikutta (2009), S. 32ff.

Die Ziele der Hochschule betreffend bedarf es einer Einstellung auf die Lebensereignisse der Beschäftigten. Die Gesundheitsförderung für alle Altersgruppen wie auch die Etablierung notwendiger Rahmenbedingungen zählen hierbei zur Verantwortung gegenüber den Beschäftigten und führen zum Erhalt und Aufbau der Leistungen der Belegschaft. Hierzu tragen auch eine Symbiose aus Erkenntnissen beruflicher und außerberuflicher Kontexte der Mitarbeiter und der Wissenstransfer in die Hochschule bei. Die wahrgenommene Arbeitgeberattraktivität wie auch eine auf Potenzialentfaltung der Mitarbeiter und Mitarbeiterinnen ausgerichtete Unternehmenskultur wirken sich positiv auf die Bindung der Beschäftigten ans Unternehmen/an die Institution (Retentionsquote) aus.

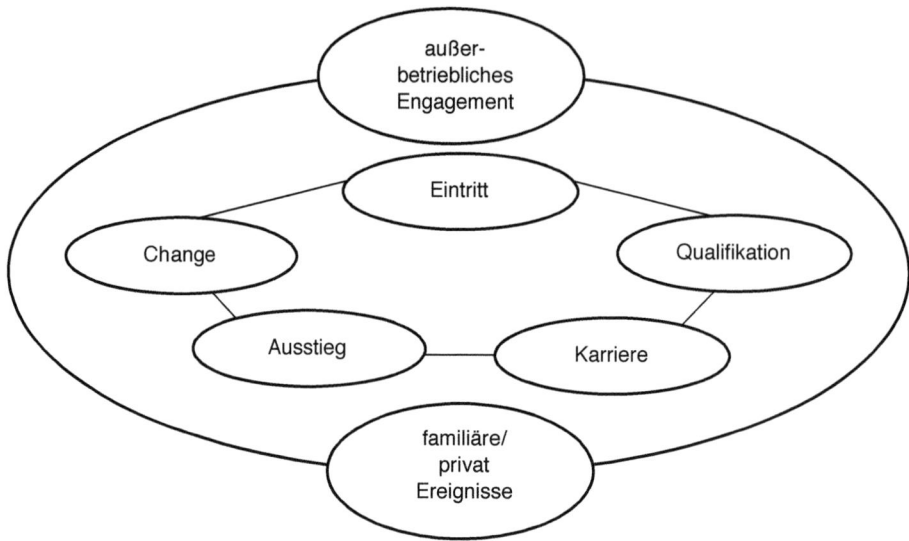

Abbildung 4:
Außer- und innerbetriebliche Lebensereignisse.
Quelle: Böhne (2009), S. 40.

Abb. 4 und Tab. 7 fassen zusammen, welche Aspekte seitens der Unternehmen bei den verschiedenen Lebensereignissen von Relevanz sein können. Dabei ist zu berücksichtigen, dass die verschiedenen Lebensereignisse im Verlauf des Lebens eines Mitarbeiters bzw. einer Mitarbeiterin nicht zwingend chronologisch verlaufen. So können sich Wiederholungen, Interdependenzen und Beeinflussungseffekte zwischen den einzelnen Lebensereignissen herausbilden. Daher dürfen die einzelnen Lebensereignisse nicht isoliert betrachtet werden.

Lebensereignis	Zu berücksichtigende Faktoren
Eintritt	• Erfolgreiche Integration des Mitarbeiters bzw. der Mitarbeiterin in das Arbeitsumfeld • Unterstützung bei der Organisation der privaten Situation, gegebenenfalls in einer neuen Umgebung • Persönliche Integration eines Mitarbeiters bzw. einer Mitarbeiterin z.B. nach längerfristiger Berufsunterbrechung
Qualifikation	• Notwendigkeit der Weiterbildung aufgrund wandelnder Arbeitsanforderungen und Berücksichtigung der möglichen zusätzlichen Belastung des Mitarbeiters/der Mitarbeiterin
Karriere	• Veränderungen der beruflichen und privaten Belastung bei Übernahme der ersten Führungspositionen • Wechsel der Karriererichtung durch Familiengründung bzw. Pflege Angehöriger
Change	• Anpassungsleistung der Beschäftigten aufgrund technischer Neuerung und Änderungen der Arbeitsprozesse und der Aufbauorganisation im Unternehmen
Private Ereignisse	• Umgang mit positiven Ereignissen, wie veränderten privaten Situationen durch Bindung an einen Partner bzw. eine Partnerin, Geburt eines Kindes und damit einhergehende wahrgenommene psychische und physische Mobilitätseinschränkungen • Umgang mit negativen Ereignissen, wie Beendigung der Partnerschaft, finanzielle Abhängigkeiten von Kreditgebern, Verantwortungsübernahme bei Pflege Angehöriger, psychische und physische Beanspruchung durch Vereinbarkeit von Familie, Beruf und gegebenenfalls Pflege
Außerbetriebliches Engagement	• Beitrag des freiwilligen Engagements zur Kompetenzentwicklung des Mitarbeiters bzw. der Mitarbeiterin und Möglichkeiten zur Integration in Konzepte der unternehmerischen Corporate Social Responsibility
Austritt/Ausstieg	• Kündigung seitens des Mitarbeiters/der Mitarbeiterin bzw. Auflösung des Arbeitsverhältnisses durch den Arbeitgeber • Adaption an neuen Tagesablauf und Veränderung der Einkommenssituation • Abnahme beruflicher Kontakte zu Gunsten einer Steigerung familiärer und freundschaftlicher Kontakte • Möglichkeiten eines beruflichen Wiedereinstiegs

Tabelle 7:
Lebensereignisse und ihre mögliche Berücksichtigung im Rahmen eines lebensereignisorientierten Personalmanagements.

Quelle: Eigene Darstellung in Anlehnung an Böhne (2009).

Es ist zu konstatieren, dass größere Konzerne wie die Daimler AG, die Deutsche Lufthansa AG und die Deutsche Bank AG das lebensereignisorientierte Personalmanagement bereits im Rahmen innovativer Personalkonzepte umsetzen. So hat die Daimler AG einen ganzheitlichen Personalmanagementansatz entwickelt, der alle Erwerbsphasen eines Mitarbeiters von seinem Eintritt bis zu seinem Austritt einschließlich der folgenden Altersversorgung berücksichtigt. Dazu sind erweiterte Laufbahn- und Rotationsprogramme entwickelt worden und es ist ein regelmäßiges Feedback der Vorgesetzten auf Grundlage eines umfänglichen Potenzialmanagements entwickelt worden. Die Arbeitsorganisation wurde unter Berücksichtigung ergonomischer Prinzipien so aufgebaut, dass Beschäftigte durch Rotationsangebote am Arbeitsplatz Möglichkeiten der Arbeitsentlastung haben. Gezielte Qualifizierungsmaßnahmen dienen der Förderung des lebenslangen Lernens. Die Phase des Austritts aus dem Unternehmen wird durch Lebensarbeitszeitkonten flexibel gestaltet (Daimler AG 2010; Lechner 2009; Siebrecht 2009). Bei der Deutschen Lufthansa AG werden alle Lebensereignisse in einem innovativen Personalkonzept zur Bewältigung der Herausforderungen des demografischen Wandels berücksichtigt (Rühl 2010). So erfolgen zum Beispiel für das Lebensereignis „Karriere" Nachfolgeplanungen für alle relevanten Stellen auf der Grundlage einer Analyse der vorhandenen Mitarbeiterkompetenzen. Für das Lebensereignis „familiäre und private Ereignisse" wird ein Wiedereinstieg ermöglicht und durch E-Learning-Konzepte flankiert. Mit Blick auf das Feld „außerbetriebliches Engagement" erfolgen Kooperationen mit Nichtregierungsorganisationen (NGOs). Der Ausstieg der Beschäftigten wird dadurch begleitet, dass diese auf Basis ihrer Expertise als Mentoren und Trainer eingesetzt werden. Die Deutsche Bank AG setzt auf generationenübergreifendes Personalmanagement (Drewniak 2003), wobei der strategische Fokus auf Altersgruppen im Rahmen des Diversity-Engagements der Bank gelegt wird (Flüter-Hoffmann 2010a, b).

Das Kapitel 3 hat einen Überblick über konkrete Maßnahmen und Projekte an unterschiedlichen Standorten gegeben und die damit verbundenen ‚good' oder ‚best practices' sollten exemplarisch zeigen, was an den unterschiedlichen Standorten zu den unterschiedlichen Handlungsfeldern von Diversity Management möglich ist und praktiziert wird.

Fragen zu „Diversity Management konkret"

- Fertigen Sie eine tabellarische Ist-Analyse für Ihre Organisation an. In welchen der beschriebenen Felder sind Ansätze/Projekte/Prozesse des Diversity Managements bereits etabliert?
- Erarbeiten Sie ein konkretes zweiseitiges Kurzkonzept für eine Diversity-Management-Maßnahme in der Lehre, bei dem Sie die Ebenen Struktur, Beratung und Lehr-Lern-Szenario aufeinander abstimmen.

Literatur zur Vertiefung

Heitzmann, D./Klein, U. (2012): Diversity konkret gemacht. Wege zur Gestaltung von Vielfalt an Hochschulen. Weinheim, Basel: Beltz.

4   Entwicklung einer Diversity-Management-Strategie

Die Übersicht über die vielen konkreten Diversity-Management-Maßnahmen und -Projekte aus dem vorangegangenen Kapitel hat gezeigt, in welch unterschiedlichen Feldern Diversity Management in Hochschulen und anderen Bildungsorganisationen möglich ist. Ebenso wurden konkrete Handlungsfelder mit Beispielen verdeutlicht. Dieses Kapitel befasst sich mit der Fragestellung, wie aus einzelnen Diversity-Management-Maßnahmen eine *Diversity-Strategie* werden kann. „Kann" heißt in diesem Zusammenhang, dass es keinesfalls eine logische Folge von Aktivitäten im Bereich des Diversity Managements sein muss, diese in einen Strategieprozess münden zu lassen. Jedoch ist vielerorts wahrnehmbar, dass das Feld des Diversity Managements an Hochschulen zur jeweiligen Profilbildung der Einrichtungen nutzbar gemacht werden soll. Zu beobachten ist, dass einige Hochschulen für das Feld bereits Prorektorate oder Stabsstellen eingerichtet haben, die das Thema auf die strategische Handlungsebene bringen sollen, einen hochschulinternen Diskurs moderieren oder aber ihre weitere Organisationsentwicklung durch den speziellen Blickwinkel des Diversity Managements bereichern wollen.

Ob eine Institution eine Diversity-Management-Strategie erarbeiten möchte, kann von ganz unterschiedlichen Faktoren abhängen. Zu bedenken sind inhaltliche Interdependenzen zwischen dem Diversity Management und anderen Feldern strategischen Handelns an Hochschulen und anderen Bildungseinrichtungen (z.B. Gleichstellung, Lehre, Organisationsmanagement, Personalentwicklung), organisatorische Hürden oder Begünstigungen, die den notwendigen Zeitpunkt bzw. die notwendige Gelegenheit für einen Strategieprozess beeinflussen (Rektoratswahlen, gesetzgeberische Änderungen) oder auch schlichtweg andere Priorisierungen im Bereich der Entwicklungsprozesse einer Organisation. Auch ohne eine Diversity-Management-Strategie kann eine Institution erfolgreiches Diversity Management betreiben. Sobald jedoch umfangreiche, ggf. sogar profilbildende Veränderungsprozesse geplant sind, sollten strategische Gedanken die Grundlage der Implementation entsprechender Maßnahmen bilden.

Die hier beschriebenen Wege hin zu einer Strategie sind als Regelprozess dargestellt, sollen als Orientierung dienen, können jedoch nur allgemeine Planken für einen Prozess setzen, der in jeder Institution seine Spezifikationen, Abweichungen und Brüche aufweisen wird.

Eine Diversity-Management-Strategie bündelt die Aktivitäten einer Organisation vor dem Hintergrund strategischer Zielsetzungen und macht das Themenfeld zur institutionellen Agenda. Die konkreten Beispiele des vorherigen Kapitels haben gezeigt, wie stark Diversity-Management-Ansätze in Hochschulen mit Change-Management-Prozessen einhergehen, die ein hohes Commitment der Mitglieder einer Organisation benötigen. Diversity Management benötigt umso mehr strategischen Rückhalt, insofern im System Hochschule das Machtgefüge und Hierarchien zu berücksichtigen sind, wenn es darum geht, Teilhabechancen zu ermöglichen und Zugänge zu schaffen. Darin verborgen ist ein inhärentes Konfliktpotenzial, das jedem Change-Management-Prozess innewohnt, das jedoch vorausschauend einkalkuliert und genutzt werden kann. Die Besonderheit von Hochschulen als Organisationen (vgl. Kapitel 2) unterstreicht umso mehr, dass Diskursräume geschaffen werden müssen, die der Tatsache Rechnung tragen, dass die ‚geordnete Anarchie' (Cohen et al. 1972) bzw. die „Expertenorganisation" (Pellert 1999; Mintzberg 1979) bzw. das „lose gekoppelte System" (Weick 1976) organisationalen Veränderungen auf verschiedenen Ebenen entgegentreten werden. So ist im gesamten Prozess der Entwicklung einer Diversity-Management-Strategie darauf zu achten, dass die Expertenkultur der Hochschule berücksichtigt wird, indem Akteure bewusst in den Entwicklungsprozess einbezogen werden, eine klare Gremienkommunikation vorbereitet wird und Motivationsanreize zur Mitwirkung durchdacht sind.

In Anlehnung an das klassische fünfstufige Phasenmodell strategischen Managements (z.B. Mintzberg 1987) soll die Entwicklung einer Diversity-Strategie hier in den Stufen

a) Definition strategischer Ziele (4.1),
b) strategische Analyse (4.2),
c) Strategieentwicklung (4.3),
d) Strategieimplementierung (4.4) und
e) strategische Kontrolle (4.5)

dargestellt werden. Da Zielsetzungen und Maßnahmen des Diversity Managements sehr heterogen sein können (von Personalmanagementansätzen über Internationalisierungsbemühungen bis hin zur diversitätsgerechten Weiterentwicklung der Lehre), sollen hier die für alle strategischen Prozesse geltenden Schritte notwendigerweise allgemein dargestellt werden und je nachdem um spezifische Sichtweisen des Diversity Managements ergänzt werden. Über den Strategieprozess hinaus stellt das Kapitel ebenso ein Beispiel zur Umsetzung eines strategischen Management-Prozesses durch eine Balanced-Scorecard (4.6) und die Möglichkeit der Auditierung eines Diversity-Management-Systems vor (4.7). Abschließend wird die Frage thematisiert, wie eine Diversitykultur in einer Institution gestärkt werden kann (4.8). Die Einteilung des strategischen Management-Prozesses ist hierbei nicht als präskriptives Erfolgsmodell zu verstehen, dessen aufeinander folgende Logik eingehalten werden muss. Die Praxis zeigt vielmehr, dass sich Phasen auch ineinander verschränken können. Die Phasenbeschreibung dient hier lediglich der handlungsleitenden Systematisierung, um Aufgaben und Abläufe geordnet darzustellen.

4.1 Definition strategischer Ziele

Wichtigstes Instrument der Diversity-Strategieentwicklung ist zunächst die Formulierung organisationaler Ziele durch die wichtigsten Entscheidungsträger an der Hochschule. Dies sei an dieser Stelle nochmals betont, da in vielen Organisationen eine emergente Zieldefinition oftmals erst während der ersten Schritte, manchmal sogar nach ersten Maßnahmen erfolgt. Besonders auffällig ist dies für den Bereich des Diversity Managements an Hochschulen. Dort ist die Regel eher das langsame Herantasten an eine Strategie über erste Projekte.

Bei der konkreten Zieldefinition muss gewichtet werden, worauf sich die Diversity-Management-Strategie in der Hochschule bezieht. Ist etwa der Bereich Studium und Lehre im Fokus oder aber eine Personalstrategie zur Berufung möglichst verschiedener Expertinnen und Experten, um einen möglichst breiten Forschungsansatz zu schaffen, ist Internationalisierung im Fokus des Handelns oder vielleicht der barrierefreie Zugang zu Informationen und Gebäuden? Je genauer formuliert ist, welche Zielsetzung eine Einrichtung verfolgt, desto eher kann Diversity Management ein Managementansatz sein, um ein Ziel zu erreichen. Vage institutionelle Zielsetzungen beinhalten die Gefahr, dass Diversity Management als Modeerscheinung wahrgenommen wird, die möglicherweise sogar sich selbst als Zweck dient.

Bei der Definition von Zielen müssen grob fünf Schritte bedacht werden:
1) *Zielsuche*: Zunächst müssen die richtigen Ziele gefunden werden. Dabei können Umfeldanalysen, Umfragen sowie Konkurrentenanalysen hilfreich sein. Leitfragen können sein: Was ist unser Ziel oder Problem und was wollen wir mit einer Lösung erreichen? Was machen die anderen? Was wäre sinnvoll zu tun? Was passt in die aktuelle Lage der Hochschule?
2) *Operationalisierung von Zielen*: Ziele sollten klar formuliert sein, sollten in Umfang, möglichen Terminperspektiven und Zuständigkeiten präzise definiert werden.
3) *Zieleinordnung und Zielanalyse*: Die Zielsetzungen sollten in ein Zielsystem übertragen werden und auf ihre Priorisierungen und Realisierbarkeiten geprüft werden. Leitfragen sind: Passen die Ziele zueinander? Welches Ziel ist wichtiger? Wie dringend ist die Erreichung von Ziel A oder Ziel B? Lassen sich die Ziele im Rahmen des gesetzten Zeitraumes mit den noch zu beschaffenden Kapazitäten (Personal/Räume/Geld) realisieren?
4) *Zieldurchsetzung/Zielentscheidung*: Die Ziele sollten in einem vierten Schritt unter allen an der Zielfindung Beteiligten abgestimmt werden. Grundsätzlich gilt: Je früher die später Betroffenen an der Zielentscheidung beteiligt werden, desto größer ist die Wahrscheinlichkeit, dass ihre Identifikation mit dem Gesamtprozess erreicht werden kann.
5) *Zielreflexion*: Die ausgewählten Ziele sollten im weiteren Verlauf des strategischen Prozesses fortwährend reflektiert, wenn nötig angepasst oder sogar revidiert werden.

Bei der Zieldefinition kann das sog. SMART-Prinzip nach Doran (1981) methodisch hilfreich sein. SMART steht als Akronym für einen Kriterienkatalog zur Beschreibung von Zielen. Ziele müssen demnach
a) spezifisch,
b) messbar,
c) akzeptiert,

d) realistisch und

e) terminierbar sein.

Will man eine möglichst breite Reflexion der Zielebene erreichen, so empfiehlt es sich, die Entscheidungsträger an Hochschulen mit dieser Fragestellung an einem nicht durch Termindruck und Unterlagenfülle gekennzeichneten Zeitpunkt und Ort zusammenzubringen. Das zeitliche Investment in eine saubere Zieldefinition wird sich im weiteren Verlauf der strategischen Planung auszahlen. Inwiefern sich nach einer konzentrierten Zieldefinition weitere Schritte der Reflexion und Anpassung mit anderen formellen oder informellen Entscheidungsträger/-innen der Hochschule ergeben, hängt von der jeweiligen Struktur der Einrichtung ab. Aufgrund der geordnet anarchischen Struktur der Hochschulen ist es jedoch empfehlenswert, bereits zu diesem Zeitpunkt Rückkopplungen zu suchen.

4.2 Strategische Analyse

Sind Ziele gefunden, geht es daran, die Ziele im Rahmen einer strategischen Analyse tiefergehend zu festigen, indem – z.B. im Rahmen eines SWOT-Workshops – Stärken, Schwächen, Chancen und Risiken für die unterschiedlichen Zielsetzungen gewichtet und die zugrundeliegenden Problemstellungen im Detail analysiert werden. SWOT-Analysen sind in den 1960er Jahren an der Harvard Business School entwickelte Verfahren im Rahmen strategischen Managements in Unternehmen. Sie können in einer sehr einfachen Form auch im hochschulischen Bereich eingesetzt werden und sind in den letzten Jahren dort auch im Rahmen von Antragsverfahren bei Drittmittelgeber/-innen gern gesehene Analyseinstrumente. Dabei müssen Umfeld und Organisation in ihren Wirkungsweisen und Potenzialen zusammengeführt und Prognosen zur Zielerreichung erarbeitet werden. Es entsteht durch die Analysen ein möglichst präzises Bild der Hochschule, das für die Ableitung von Maßnahmen in einem Planungs- und Entwicklungsprozess wie auch für die Erfolgskontrolle von Maßnahmen wesentlich ist.

In der Betriebswirtschaft sind verschiedene Analysetheorien wie die Makroumweltanalyse oder die Branchenstrukturanalyse gängige Analyseinstrumente, die sich jedoch nur begrenzt auf Hochschulkontexte übertragen lassen. Müller-Böling (1998) hat eine Kreuztabelle zur Umweltanalyse an Hochschulen im Rahmen strategischer Analysen gefertigt, die sich auch für das Diversity Management anwenden lässt (vgl. Tab. 8).

Typen von Umwelt	aktuelle Trends in der jeweiligen Umwelt	Auswirkungen dieser Trends für die Hochschule	daraus resultierende Chancen und Risiken für die Hochschule
hochschulinterne Umwelt (Professuren, wissenschaftliches Personal, Hochschulverwaltung)			
nachfragebezogene Umwelt (Vollzeit- und Teilzeitstudierende, Arbeitgeber, Drittmittelgeber, Ehemalige, …)			
öffentliche Umwelt (Bund, Land, Kommune, Medien, Bürger, …)			
Makro-Umwelt (Demographische, wirtschaftliche und politische Entwicklungen, sozialer, technologischer und kultureller Wandel)			

Tabelle 8:
Analyse hochschulrelevanter Umwelttrends.

Quelle: Darstellung nach Müller-Böling (1998), S. 27.

Die Analysephase kann innerhalb der Hochschulen durch zusätzliche Befragungen, Erhebungen oder statistische Auswertungen unterfüttert werden. Im Falle der Erarbeitung einer Diversity-Management-Strategie sollte auch überlegt werden, inwiefern eine Befragung z.B. von Lehrenden, Studierenden oder Mitarbeiterinnen und Mitarbeitern zur Rahmensetzung für einen entsprechenden Strategieprozess beitragen kann. Grundsätzlich gilt jedoch für zusätzliche Erhebungen, dass diese nur dann Sinn machen, wenn durch ein entsprechendes Fragebogendesign bereits ein (thetisches) Bewusstsein für Zielgruppen, Problemlagen und Aktionsfelder besteht, dem eine Befragung dann auf den Grund gehen kann. Sind Zielsetzungen definiert, die sich auf spezifische Diversity-Merkmale oder -Zielgruppen beziehen, ist unbedingt der Kontakt zu Vertreterinnen und Vertretern der Zielgruppen zu empfehlen, da so erreicht werden kann, nicht an den Bedürfnissen der Zielgruppe vorbei zu planen.

Häufig ist zu beobachten, dass die Analysephase im Rahmen strategischen Managements an Hochschulen extern begleitet wird. Das hat zwei Gründe: Zum einen ist es gerade bei einer möglichst treffenden Analyse von Stärken und Schwächen im Prozess hilfreich, auf eine externe Sicht zurückzugreifen, da die Gefahr besteht, dass interne Analysen durch Zuschreibungen verfälscht werden können oder aber es an nüchterner Betrachtung fehlen kann, wenn persönliche Tabuzonen von Entscheidungsträgern betroffen sind. Zum anderen fehlt es nach wie vor an manchen Hochschulen an Arbeitseinheiten, die solche internen Analysen methodengestützt angehen. Das Feld der *Institutional Research* ist in Deutschland erst schwach entwickelt, selbst wenn jüngste Aktivitäten vor allem aus dem Bereich des Controllings bzw. des Qualitätsmanagements an Hochschulen zeigen, dass sich mehr und mehr Akteurinnen und Akteure zu dem in den USA weit verbreiteten Ansatz bekennen.

Institutional Research

Institutional Research (IR) als Forschungsansatz stammt aus der US-amerikanischen Hochschulforschung. Sinngemäß lässt sich IR als innerinstitutionelle Forschung zu Hochschulfragestellungen verstehen und ist in den ersten Hochschulen bereits in den 1920er Jahren implementiert worden. Verbindend scheint die Erhebung und Analyse von Daten, die das jeweilige Organisationssystem oder entsprechende Teilsysteme und seine Funktionen erforschen, um eine Analysegrundlage für Interpretations- und Entscheidungsprozesse zur Verfügung zu stellen.

In Deutschland wird noch nach einem eigenen Verständnis des IR-Ansatzes gesucht. Die Interpretation pendelt zwischen einem Zweig evidenzbasierter Hochschuldidaktik und einem Zugang zum wissenschaftsbasierten Controlling in Hochschulen.

Institutional Research hat gemäß Volkwein (1999, S. 17) vier Ziele und Rollen:

Organizational Role & Culture	Purposes and Audiences	
	Formative and Internal – for Improvement	Summative and External – for Accountability
Administrative & Institutional	To describe the institution – I.R. as **information authority**	To present the best case – I.R. as **spin doctor**
Academic & Professional	To analyze alternatives – I.R. as **policy analyst**	To supply impartial evidence of effectiveness I.R. as **scholar and researcher**

4.3 Strategieentwicklung

Die Strategieentwicklung ist die Phase, in der Planung in die Durchführung übergeht und in der die Maßnahmen erarbeitet werden, um die strategischen Ziele der Hochschule zu erreichen. Hier geht es darum, formulierte Ziele durch Maßnahmen strukturiert erreichbar zu machen. Maßnahmen werden auf der Basis der in der Analysephase gewonnenen Erkenntnisse geplant und können anhand der folgenden Fragen erörtert werden:

a) Was soll getan werden?

b) In welchem Zeitraum soll etwas getan werden?

c) Mit welchen Ressourcen (welche Akteure/welches Geld/welche Räume)?

d) An welchen Indikatoren soll der Erfolg gemessen werden?

Im Rahmen der Strategieentwicklung sollten mehrere Maßnahmenvarianten formuliert werden, die eine Priorisierung von Maßnahmen ermöglichen und es letztlich den Entscheidungsträger/-innen ermöglichen, eine Auswahl zu treffen. Aufgrund der besonderen Strukturen von Hochschulen, der Dichotomien von beispielsweise Leitungsebene und Studiengang, Verwaltung und Akademia, professoraler Ebene und Mittelbau empfiehlt es sich, Maßnahmenpakete als Mehrebenenkonstrukt vorzusehen. Maßnahmendefinitionen sollten Elemente enthalten, die in Analogie zum SMART-System zur Zieldefinition (4.1) möglichst konkrete Informationen festhalten. Dazu gehören mindestens

a) eine verständliche Beschreibung,

b) eine zeitlich realistische Planung, die verschiedene erreichbare Meilensteine enthält, zu denen der Maßnahmenplan jeweils auf seine ersten Erfolge hin evaluiert werden kann,

c) ein realistisch kalkulierter Ressourceneinsatz,

d) eine Maßnahmenstruktur mit Verantwortlichkeiten,

e) eine Planung zur begleitenden Kommunikation der Maßnahmen,

f) eine Planung zur Qualitätssicherung von Maßnahmen,

g) eine Formulierung der Erfolgsindikatoren.

Auch an diesem Punkt kann bereits partizipativ geplant werden. Vielerorts wird jedoch eine breitere Partizipation erst im folgenden Schritt der Strategieimplementierung realisiert.

Am Ende der Entwicklungsphase sollte ein Maßnahmenplan stehen, der die Herleitung aus der Zielebene enthält, die Stärken und Schwächen als Ausgangslage dokumentiert und mit den konkreten und geplanten, mit Meilensteinen versehenen Maßnahmen ein Entwicklungskonzept abrundet.

Ein interessantes Beispiel mit einer Reihe messbarer Prozesse stellt der Equity & Diversity-Managementplan australischer Hochschulen dar. Beispiele sind z.B. die Pläne

• der University of Newcastle/Australia (http://www.newcastle.edu.au/__data/assets/pdf_file/0008/57149/UoNl-E-and-D-Mmt-Plan-2013_2015.pdf);

• der University of Queensland (http://www.uq.edu.au/equity/docs/UQ%20Equity%20and%20Diversity%20Plan.pdf).

4.4 Strategieimplementierung

Die Strategieimplementierung wird an Hochschulen mit der formalen Beschluss-fassung durch verantwortliche Gremien eingeleitet. In den einzelnen deutschen Bundesländern gibt es hier sehr unterschiedliche gesetzliche Vorgaben, welches Hochschulgremium bei welchem Entscheidungsprozess formal zu berücksichtigen ist. Bei einem Thema strategischen Ausmaßes sehen alle Gesetze jedoch mindestens eine beratende Funktion für alle wesentlichen Gremien vor. Dies sind Rektorat/Präsidium, Senat und Hochschulrat.

Spätestens wenn die Implementierung geplant ist, gilt es, eine Gremienkommunikation zu planen, die es erlaubt, wichtige strategische Fragestellungen so zu diskutieren, dass sich deutliche Mehrheiten für Zielsetzungen und Maßnahmen ergeben. Je früher daher ein Mitdenken von Gremien oder auch Gremienvertreter/-innen im Gesamtprozess möglich wird, desto größer ist die Wahrscheinlichkeit, dass die verschiedenen Interessenträger/-innen sich mit dem Prozess und seinen Zielen identifizieren werden.

Selbst wenn in den meisten Bundesländern Senate durch die Gesetzänderungen der 2000er Jahre zunehmend ihrer beschlussfassenden Kompetenzen beraubt wurden, empfiehlt es sich, solche für die Hochschule grundsätzlichen Fragen nicht ohne Beteiligung der Senate umzusetzen, auch wenn rechtlich die Kompetenzen dazu für Rektorate, teilweise unter Einbezug von Hochschulräten, gegeben sind.

4.4.1 Partizipation

Betrachtet man den inhaltlichen Anspruch von Diversity Management als Konzept zur Ermöglichung von Teilhabe und zum Abbau von Zugangsbarrieren, ist – wie bereits ausgeführt wurde – jeder Hochschule nahezulegen, möglichst viele Akteure/Akteurinnen auf dem Weg hin zu einer Strategie mitzunehmen. Partizipation bei der Erarbeitung eines strategischen Prozesses dient dazu, die Expertise der Mitglieder der Organisation in den Prozess aufzunehmen, Akzeptanz für einen strategischen Prozess zu schaffen und die Logik und Klarheit einer strategischen Planung zu prüfen. Neben den wichtigsten „Playern" der „Expertenorganisation" ist es im Zusammenhang der Etablierung einer Diversity-Management-Strategie besonders wichtig, mit Vertreter/-innen identifizierter Zielgruppen zu sprechen. Hierdurch wird vermieden, dass Maßnahmen für eine bestimmte Zielgruppe geplant werden, die an der Realität der Zielgruppe vorbeigehen.

Partizipation kann im Hochschulgeschehen ermöglicht werden durch ...
a) die Bildung von Expertinnen- und Expertenkreisen,
b) die Durchführung von Großgruppenveranstaltungen bei der Erarbeitung von strategischen Planungen, spätestens jedoch zur Implementierung,

c) die Vorstellung und Diskussion der Strategie in Fakultätsräten, Fachschaften, Forschungseinrichtungen und offenen Diskussionsrunden/Open-Space-Formaten,

d) die Etablierung eines Internet-Forums, das Rückmeldungen und Online-Interaktion ermöglicht.

Geht man den Weg einer breiten Partizipation, muss der Gruppe der planenden Akteurinnen und Akteure klar sein, dass die Strategie hinreichend offen sein muss, um Einflüsse und Ideen der beteiligten Hochschulmitglieder aufnehmen zu können. Dies kann auch mit Konflikten einhergehen. Nichts ist jedoch frustrierender, als ein scheinbar breit angelegter Kommunikationsprozess, der sich als ‚closed shop‘ herausstellt, indem keine Mehrheitsinteressen aufgenommen werden. Im Laufe eines Partizipationsprozesses werden einige Elemente einer Strategie gänzlich ‚wegdiskutiert‘ werden, andere womöglich dazukommen. Henry Mintzberg hat dazu ein Modell entwickelt, das zeigt, wie sich eine Strategie beim Weg durch eine Institution verändert und einer institutionsemergenten Strategie angepasst wird (Abb. 5).

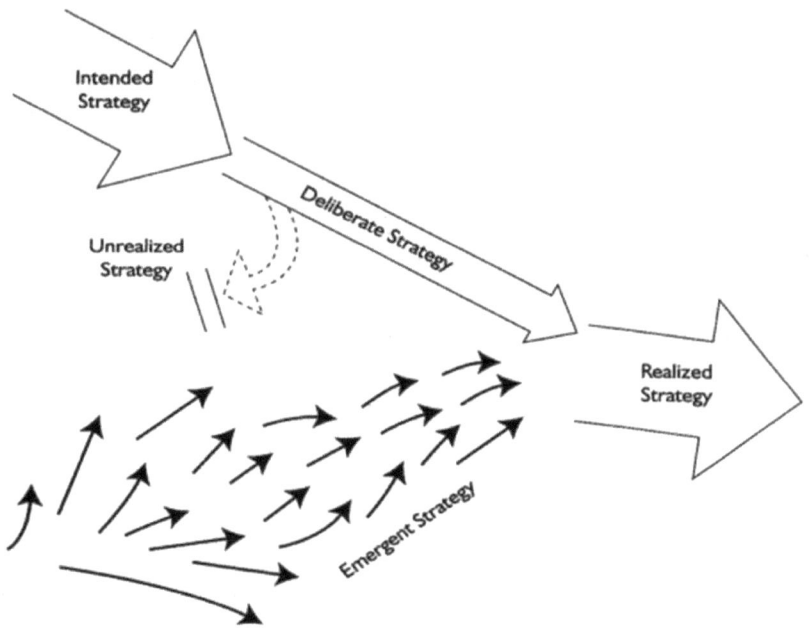

Abbildung 5:
Beabsichtigte und emergente Strategie

Quelle: Darstellung nach Mintzberg (1987).

Zu sehen ist, wie eine zunächst in ihren Grundzügen beabsichtigte Strategie im Prozess der Strategieimplementation zunächst im Kreise der strategischen Entscheider/-innen bedacht, kalkuliert und reflektiert und dadurch bereits begrenzt wird. In dem Moment der breiteren Partizipation in der Institution ‚begegnen' sich inhärente Verhaltensweisen, Zielsetzungen und Meinungen einer Institution in Form einer emergenten Strategie mit der kalkulierten Strategie. Ergebnis ist mitunter eine Annäherung beider Startpunkte in der realisierten Strategie. Die hinter dem Modell stehende Frage ist natürlich auch, wie mit konfligierenden Interessen innerhalb einer Organisation umgegangen wird. Schafft es eine Institution, strategische Prozesse klar und zielorientiert zu formulieren und trotzdem wesentliche interne Stakeholderinteressen zu berücksichtigen, kann ein erfolgreicher Veränderungsprozess eingeleitet werden.

4.4.2 Einbindung der Diversity-Strategie in die allgemeine Hochschulstrategie

Spätestens im Rahmen der Strategieimplementierung muss über die Rolle der Diversity-Management-Strategie im Verhältnis zu weiteren Strategien an der jeweiligen Hochschule nachgedacht werden. So wird sich eine Hochschule Gedanken machen, wie sie Forschung, Lehre oder IT-Fragen strategisch steuern möchte. Gerade bei einem Querschnittsthema wie Diversity Management, das in alle Bereiche einwirken kann, sind Fragen von Überlappungen, Priorisierungen oder Konkurrenzierungen nicht von der Hand zu weisen und können unter Umständen sogar zu Stolpersteinen werden. In diesem Sinne muss jede Hochschule abwägen, in welchem Feld des Diversity Managements Entwicklungschancen liegen, die entweder von vornherein synergetisch geplant oder aber in klarer Abgrenzung zu anderen Strategiefeldern definiert werden. Für die Kommunikation des Diversity-Management-Ansatzes in der Universität wäre es schädlich, wenn dieser Ansatz zunächst interne Priorisierungskämpfe beispielsweise mit dem Bereich Studium und Lehre, Internationalisierung oder Gleichstellung ausfechten müsste. Trotzdem kann das Thema – abhängig von den gewählten Zielsetzungen – auch dazu dienen, strategisch vernachlässigte Aktionsfelder zu beleben.

4.4.3 Zielvereinbarungen

Zur Umsetzung bzw. Implementierung von Strategien können Ziel- und Leistungsvereinbarungen (ZLV) auf unterschiedlichen Ebenen eingesetzt werden, die das strategische Interesse der Entscheidungsträger mit den Bedarfen und Vorstellungen der operationalen Ebenen abgleichen. Bei der Implementierung einer Diversity-Management-Strategie können ZLV auf individueller Ebene (z.B. im Rahmen von Berufungsverhandlungen) oder struktureller Ebene (Fakultät oder Studiengang) abgeschlossen werden und so mit Maßnahmen des Strategieprozesses verbunden werden. Das Instrument eignet sich im Besonderen für die mittelfristige Implementierung von Diversity Management. Mit Zielvereinbarungen als Instrument partizipativen Managements an Hochschulen hat sich Nickel (2007) auseinandergesetzt. Sie stellt fest, dass das Instrument in Universitäten „vergleichsweise gut […] akzeptiert ist: Zielvereinbarungen werden auch hier als vergleichsweise ‚weiches Steuerungsinstrument' wahrgenommen, das vor allem eine kommunikative Wirkung entfaltet" (Nickel 2007, S. 134). Meist ist ein dialogisches Gegenstromverfahren zwischen den unterschiedlichen Leitungsebenen vorgesehen, um zu einem vereinbarten Ergebnis zu gelangen. Nickel entwirft darüber hinaus ein Phasenmodell, das den typischen Ablauf der Verhandlungen in acht Schritte unterteilt (vgl. Nickel 2007, S. 135f.).

1. Schritt: Abstimmung der Universitätsstrategie mit den Zielen der Fakultäten/Fachbereiche
2. Schritt: Definition der Projekte und Maßnahmen, welche die Fakultäten/Fachbereiche zur Unterstützung der Universitätsstrategie durchführen wollen.
3. Schritt: Festlegung der benötigten finanziellen, personellen und materiellen Ressourcen, des Zeitbudgets, gegenseitiger Pflichten und Unterstützungsmöglichkeiten.
4. Schritt: Abschluss von Zielvereinbarungen zwischen Universitäts- und Fakultäts-/Fachbereichsleitung.
5. Schritt: Umsetzung der Veränderungsprojekte und -maßnahmen durch die Fakultäten/Fachbereiche.
6. Schritt: Bericht über den Erfolg oder Misserfolg bei der Umsetzung der Projekte und Maßnahmen (möglichst anhand von Indikatoren).
7. Schritt: Auswertung und Reflexion der Zielvereinbarungsergebnisse in einem Gespräch zwischen Universitäts- und Fakultäts-/Fachbereichsleitung.
8. Schritt: Fortschreibung oder Neuabschluss von Zielvereinbarungen.

Wichtig ist, dass das Instrument mit hinreichend großen Anreizsystemen arbeiten kann, um den Kontraktnehmern zusätzliche Anreize zur Umsetzung der Vereinbarung zu geben.

4.5 Strategische Kontrolle

Bei der Strategischen Kontrolle einer Diversity-Management-Strategie spielt das Monitoring von Indikatoren zur Messung von Maßnahmenerfolg, aber auch das kontinuierliche Beobachten von Zielgruppen und möglichen Veränderungen eine besondere Rolle.

Zum Ersten ist zu berücksichtigen, dass ein Monitoringsystem entwickelt wird, das die Informiertheit der handelnden Akteure über die Entwicklung von Diversity-Indikatoren an Hochschulen („Datenmonitoring") sicherstellt. Zum Zweiten gilt es, ein Monitoring zu entwickeln, das anhand von quantitativen und qualitativen Daten deutlich macht, wie erfolgreich Maßnahmen waren, um die eingangs gesetzten Ziele zu erreichen („Performanzmonitoring"). Beide Ebenen zusammen bilden den Kern des Diversity-Monitorings, sind derzeit in den allermeisten Hochschulen jedoch noch nicht strategisch entwickelt.

4.5.1 Datenmonitoring – Etablierung geeigneter Zielgruppenbeobachtung

Zur Beobachtung und Messung der Entwicklung von Diversity-spezifischen Indikatoren gibt es mehrere Möglichkeiten, wie innerhalb von Hochschulen und im Rahmen geltender Datenschutzbestimmungen Informationen generiert werden können. Je nach Möglichkeit der Organisation können z.B.

a) Sekundäranalysen vorhandener Daten,
b) hochschulstatistische Entwicklungen,
c) einzelbefragungsbasierte Entwicklungen (Wiederholungsbefragungen) oder
d) längsschnittanalytische Panel-Befragungen

Aufschluss über die Entwicklung von Diversity-Indikatoren, z.B. in Studium und Lehre oder im Bereich Personalentwicklung, bieten. Gute Beispiele sind mittlerweile an einzelnen Hochschulen etabliert. Zu nennen sind hier auf nationaler Ebene die datengestützten Analysen der Universität Duisburg-Essen zur Situation der Studierenden bzw. zu Studium und Lehre auf allen der vier genannten Ebenen (www.uni-due.de/diversity) sowie auf internationaler Ebene die Monitoring-Daten im englischen Hochschulraum, beispielsweise der

- Open University (http://www.open.ac.uk/equality-diversity/p7_1.shtml),
- der Cranfield University (http://www.cranfield.ac.uk/hr/diversity/diversity%20 report.pdf),
- der University of the Arts London (http://www.arts.ac.uk/media/oldreddotassets/ docs/ ED_Monitoring_Report_2009-10_-_Exec_Summary.pdf)
- oder der Sheffield Hallam University (http://www.shu.ac.uk/university/over view/ diversity/documents/des.doc),

die jedoch allesamt in ihren jeweiligen Datengrundlagen nicht über die Ebenen a) und b) hinausgehen.

Einen Einstieg in das Monitoring von Diversity-Indikatoren im Bereich von Studium und Lehre kann die Auswertung der periodischen Sozialbefragung des Deutschen Studentenwerkes ermöglichen. Auch mit CHE-QUEST lassen sich erste Schritte gehen. Dieses Befragungstool arbeitet mit einem Ansatz aus soziometrischen und psychometrischen Befragungsitems.

4.5.2 Performanzmonitoring – wie erfolgreich sind die Diversity-Management-Maßnahmen?

Wichtig ist bei allen Ansätzen zur strategischen Reflexion, dass die Validität und Reliabilität der Daten gesichert sein muss, um ein effektvolles Monitoring der

Evidenz von Diversity-Maßnahmen sicherzustellen. Streng genommen bedarf es hier multivariater ökonometrischer Analysen, die jedoch besonders aufwändig sind und in der hochschulischen Praxis nicht permanent geleistet werden können. Diesen Bereich gilt es – unter Abwägung von Kosten und erwartbarem Nutzen – in Deutschland erst zu entwickeln. Hinzu kommt, dass viele Maßnahmen, die auf die Entwicklung einer entsprechenden Hochschulkultur abzielen, schwierig zu messen sind. Hier müssen einige Diversity-Management-Maßnahmen in der Tat anders bewertet werden als Gleichstellungsmaßnahmen, bei denen es oft aufgrund der Zielsetzung quantitativer Veränderungen, beispielsweise des Geschlechterverhältnisses in bestimmten Positionen und Fachbereichen, leichter ist, Situation und Veränderungen bzw. Erfolge zu messen. Ziel bleibt es, klare Ursache-Wirkungszusammenhänge darzustellen; machbar ist dies in einigen Feldern des Diversity Managements jedoch nur sehr begrenzt.

Aufgabe:

Benennen Sie, welche Schritte bei der Entwicklung einer Strategie berücksichtigt werden sollten und übertragen Sie diese Schritte in einen Zeitplan für eine Strategieentwicklung an Ihrer Hochschule/Bildungsorganisation.

Diskutieren Sie mögliche Indikatoren zur Messung des Erfolgs im Rahmen eines Diversity Monitorings!

4.6 Das Balanced-Scorecard-Modell als Instrument zur strategischen Steuerung von Diversity Management

Kaplan und Norton haben zu Beginn der 1990er Jahre das Instrument der Balanced Scorecard (BSC) zur Übersetzung von Vision und Strategie von Unternehmen in messbare Ziele bzw. Kennzahlen und zur Ableitung sowie zum Monitoring umsetzbarer Maßnahmen konzipiert. Die Balanced Scorecard hat in ihrem Grundkonzept insgesamt vier Perspektiven: Die Finanz-, Kunden-, Prozess- und Potenzialperspektive (Abb. 6). Die BSC ist dabei ein relativ flexibles Instrument zur strategischen Steuerung, da sie an die je spezifischen strategischen Steuerungsfelder von Organisationen, also auch Bildungs- und Wissenschaftsorganisationen, anpassbar ist.

Für jede der vier Perspektiven werden aus der Gesamtstrategie abgeleitete Ziele formuliert, die durch passende Kennzahlen ergänzt werden. Die Organisationsagenda wird durch Vorgaben und abgeleitete Maßnahmen gesetzt. So entsteht ein übersichtliches System, in dem die Zielerreichung mit einem Blick auf die unterschiedlichen Perspektiven beobachtet werden kann. Gerade für komplexe Organisationsformen wie Hochschulen können interdependente Ursache-Wirkungs-Zusammenhänge anhand der BSC nachvollzogen werden.

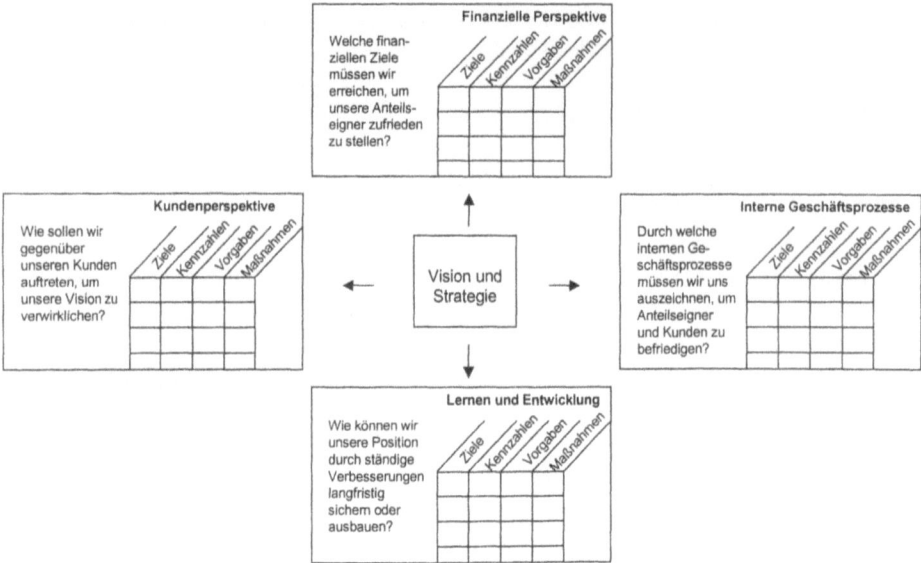

Abbildung 6:
Balanced-Scorecard-Modell

Quelle: Scherer/Alt 2002a, S. 14 in Anlehnung an Kaplan/Norton 1997, S. 9.

Das Grundmodell der Balanced Scorecard wurde bereits von unterschiedlichen Autor/-innen auf das Feld des Diversity Management in Unternehmen der Privatwirtschaft übertragen. Hubbard (2004) ist hier als wichtigste Referenz zu nennen. Er hat auf der Basis des Grundmodells eine in den Perspektiven abgewandelte und ergänzte Diversity Scorecard konzipiert, mit der eine Quantifizierbarkeit des Anteils des Diversity Management am Unternehmenserfolg messbar werden sollte. Seine insgesamt sechs Perspektiven sind:
1) Diverse Customer/Community Partnership,
2) Financial Impact,
3) Workforce Profile (Entwicklung des Arbeitskräftepotenzials durch die Zusammensetzung der Belegschaft anhand der Diversity-Kategorien),
4) Workplace Climate/Culture (Zufriedenheit mit Arbeitsplatzfaktoren),
5) Diversity Leadership Commitment (Grad der Unterstützung für die Diversity-Strategie durch das Management),
6) Learning and Growth.

Eine konkrete ‚Anleitung' zur Umsetzung einer entsprechenden Diversity Scorecard mit einer guten Werkstattperspektive bietet Rieger (2006). Obgleich die Diversity Scorecard in erster Linie für Anwendungen in marktagierenden Organisationen gedacht ist (wer ist beispielsweise in Hochschulen der Kunde?), sollte darüber nachgedacht werden, inwiefern das Instrument auch für Diversity-Management-Strategien in Hochschulen Verwendung finden kann.

Erste Schritte in diese Richtung unternehmen einige US-amerikanische Hochschulen. Zu nennen ist hier exemplarisch die University of Texas/Dallas (http://www.utdallas.edu/diversity/departments/institutional-diversity/diversity-scorecard.html, Zugriff: 20.10.2014).

Der Einsatz der Balanced Scorecard für strategisches Management an Hochschulen ohne den speziellen Fokus auf Diversity-Strategien, wohl aber mit Daten und Zielsetzungen, die Diversity-Management-Maßnahmen inkludieren, ist verbreiteter. Gute – und etablierte – Beispiele sind:

- Die University of California mit ihren zehn Standorten am Beispiel der UC Berkeley
  (http://bas.berkeley.edu/strategy-management/balanced-scorecard);
- die University of Virginia
  (http://www.virginia.edu/cio/goals_metrics.html);
- die University of the West Indies mit ihrer BSC-Perspektive „Outreach"
  (http://www.uwi.edu/strategicplan/about/core-perspectives/outreach/).

Interessant ist auch das „Sustainability Tracking, Assessment & Rating System™ (STARS®)" der Association for Advancement of Sustainability in Higher Education (aashe). Dieses untersucht bei insgesamt 659 Institutionen weltweit verschiedene Zielsetzungen und Indikatoren, u.a. auch einen größeren Block zum Thema Diversity.

Die in den USA häufiger verbreiteten Equity Scorecards – so viel auch zur Abgrenzung eines Tools, unter dem recht viel firmiert – sind dagegen oft „nur" Tools zum Datenmonitoring; sie werden meist nicht genutzt, um stärker in die wirkungsbasierte Analyse zu gehen.

Aufgabe:
Überlegen Sie, wie das Diversity-Scorecard-Modell auf eine Bildungseinrichtung übertragen werden könnte! Wer ist Kunde? Welche Rolle haben Studierende? Welche Rolle spielt die Finanzperspektive?

4.7 Auditierung eines Diversity-Management-Systems

Nachdem bereits das ‚audit familiengerechte hochschule' der beruf und familie GmbH in deutschen Hochschulen für Bewegung bei der Vereinbarkeitsfrage von Studium mit Beruf und Familie gesorgt hat, wurde zu Beginn der 2010er Jahre unter Initiative des Stifterverbandes für die deutsche Wissenschaft im Rahmen des Projekts „Ungleich besser. Verschiedenheit als Chance" erstmals – zunächst in der Form eines Benchmarking-Clubs – an einem Audit für die ‚Diversity-gerechte' Hochschule gearbeitet. Acht Hochschulen waren in einem durch CHE-Consult begleiteten Projekt an der Erarbeitung von Auditkriterien beteiligt. Das Landeswissenschaftsministerium NRW hat 2012 einen Wettbewerb unter den Landeshochschulen gestartet, sich um einen durch das Land finanzierten Auditierungsprozess mit CEDIN Consulting zu bewerben, in dessen Rahmen das Auditierungsverfahren des Stifterverbands weiterentwickelt werden sollte. Insgesamt wurden zehn Hochschulen durch das MIFW für ihre eingereichten Diversity-Konzepte ausgezeichnet. In 2013 konnten Auditierungsprozesse zum ‚Diversity Audit' an acht Hochschulen in NRW gestartet werden; die Übergabe der Zertifikate nach erfolgreichem Auditierungsprozess erfolgte Ende 2014 (http://www.cedin-consulting.de/vielfalt-gestalten-in-nrw/, Zugriff: 06.03.2015).

Zielsetzungen des Audits sind:
a) Kriterien für den produktiven Umgang mit Diversität im Hochschulalltag zu entwickeln;
b) eine Begleitung der Hochschulen bei der nachhaltigen Verankerung von Diversität in den hochschulischen Strukturen und Prozessen zu ermöglichen.

Kennzeichnend ist der Gedanke, dass die Hochschulen voneinander lernen sollen, weshalb der Auditierungsprozess auch die Bildung eines ‚Diversity-Forums' beinhaltet, in dem der periodische Austausch ermöglicht wird. Ähnliche Bestrebungen des best-practice-orientierten Austauschs zwischen Expertinnen und Experten kennzeichnen auch das in NRW durch Bund und Land NRW geförderte Kooperationsprojekt der Universität Duisburg-Essen und der Fachhochschule Köln „Zentrum für Kompetenzentwicklung für Diversity Management in der Lehre an Hochschulen in NRW (KoMDiM)" (http://www.komdim.de/). Hier kommen Expertinnen und Experten miteinander ins Gespräch und teilen ihre Expertise in Diversity-Management-Fragen, um an den Hochschulen des Landes Diversity-Management-Projekte und -Strategien weiterzuentwickeln.

Inwiefern das ‚Diversity Audit' zu einer ähnlichen Marke wie das ‚audit familiengerechte hochschule' wird, muss sich noch zeigen. Internationale Audits sind bislang im Bereich des Diversity Managements für deutschsprachige Hochschulen noch nicht von Belang.

4.8 Diversitykultur

Audits liefern oft eine realistische Einschätzung, inwiefern Veränderungsprozesse bereits in der Organisationskultur angekommen sind. Sie untersuchen daher im Sinne eines Mainstreamingansatzes, inwiefern Regelprozesse im Sinne einer speziellen Agenda inhärent reflektiert werden. Edgar Schein hat dieses Phänomen inhärenter Reflexion beschrieben als

> "[…] a pattern of basic assumptions – invented, discovered, or developed by a given group as it learns to cope with its problems of external adaption and internal integration – that has worked well enough to be considered valid and, therefore, to be taught to new members as the correct way to perceive, think, and feel in relation to those problems" (Schein 1985, S. 9).

Scheins Kulturebenen-Modell kann hier als Ausgangspunkt dienen, um die Frage nach der Etablierung oder Stärkung von Diversitykultur zu beantworten. Edgar Schein (ebd., S. 25) unterscheidet drei Ebenen voneinander:

1. die Ebene der **Artefakte**, sichtbarer Verhaltensweisen, offensichtlicher Strukturen oder Prozesse,
2. die Ebene der **Werte**, die durch die Organisation kommuniziert und vertreten werden und
3. die Ebene der **Grundannahmen** („basic assumptions"), die als unausgesprochene, tief verwurzelte Prinzipien in das alltägliche Handeln einfließen.

Will man eine Diversitykultur etablieren oder stärken, ist es zwingend notwendig, diese drei Ebenen zu betrachten und auf allen drei Ebenen nachzuvollziehen, was getan werden muss, um hier das Denken zu verändern und einen organisationalen Veränderungsprozess zu erzielen.

Auf der Ebene der Artefakte lässt sich dies noch am ehesten darstellen. Prüfsteine können sein, ob hinreichend Parkplätze für behinderte Menschen vorhanden sind, Dokumente in gendergerechter Sprache vorliegen oder aber Belohnungs- oder Sanktionsmechanismen (Leistungsorientierte Mittelverteilung) vorliegen, die Diversity-gerechtes Verhalten honorieren oder bestrafen.

Schwieriger wird es indes, Diversitykultur auf der Ebene der Werte zu stimulieren. Dies kann z.B. durch strategische Dokumente gestärkt werden, gezielte Pressearbeit, Feiern und Veranstaltungen für Mitarbeitende und Studierende, die Werte wie Internationalität, Heterogenität und Toleranz vermitteln bzw. stärken. Hier ist es jedoch schon zunehmend schwierig, den Wertekanon der Organisation zu beeinflussen und es bedarf einer gewissen Zeitspanne, um hier allmählich Einstellungsänderungen zu bewirken.

Besonders schwierig ist die Förderung von Diversitykultur auf der Ebene der Grundannahmen, der unumstößlichen Prinzipien einer Organisation. Sind hier entsprechende Grundannahmen bereits vorhanden, ist eine Diversity-Strategie recht einfach zu etablieren. Widerstrebt jedoch das durch Grundannahmen und stille Konsense gelebte Handeln jedes einzelnen Organisationsmitglieds einem Diversity-Management-Ansatz, kann eine Diversitykultur nicht bis zum Kern der Organisation durchdringen. Interessant wäre es hier zunächst zu erheben, welchen innersten Handlungsprinzipien sich die Mitarbeiterinnen und Mitarbeiter einer Organisation verpflichtet fühlen, um ein Bild über die Diversitykultur der Einrichtung zu gewinnen. Gerade bei personalintensiven Einrichtungen wie Hochschulen muss daher im Personalmanagement darauf geachtet werden, dass hier Personal angesprochen und akquiriert wird, das bereits eine Offenheit für Vielfalt mitbringt und bereit ist, seine Grundannahmen, seine tief verwurzelten Prinzipien im Sinne einer Diversitykultur in der Organisation weiter zu entwickeln und wertschätzend mit anderen Mitgliedern der Organisation zu kommunizieren.

Fragen zur „Entwicklung einer DiM-Strategie":

- Benennen Sie, welche Schritte bei der Entwicklung einer Strategie berücksichtigt werden sollten und übertragen Sie diese Schritte in einen Zeitplan für eine Strategieentwicklung an Ihrer Hochschule/Bildungsorganisation.
- Listen Sie auf, welche Organisationseinheiten Ihrer Hochschule/Einrichtung derzeit bereits mit Diversity-Management-Themen befasst sind, nehmen Sie sich ein erkennbares Strategiefeld vor und entwerfen Sie eine Strategie unter Berücksichtigung der hier vorgenommenen Phasen, wie dieses Feld entwickelt werden kann.

5 Schlussbemerkungen

In den letzten Jahren hat das Thema „Diversity Management" an Hochschulen einen enormen Bedeutungszuwachs erfahren. Viele Universitäten und Fachhochschulen haben sich inzwischen auf den Weg gemacht, um Antworten auf die wahrgenommene Vielfalt und die oft als Herausforderung betrachtete Heterogenität der Studierenden, teilweise auch der Beschäftigten, zu finden. Unterschiedliche Förderprogramme unterstützen diese neue Orientierung durch die Bewilligung von Drittmitteln. Exemplarisch kann hier der so genannte „Qualitätspakt Lehre" (QPL) des Bundesministeriums für Bildung und Forschung (BMBF) und der Länder genannt werden, über den zwei Milliarden Euro an Bundes- und Landesmitteln für die Verbesserung der Lehre in die deutschen Hochschulen geleitet werden. In dem wettbewerblichen Verfahren wurde eine Förderlinie für „Maßnahmen (…) zur Ausgestaltung der Studieneingangsphase im Hinblick auf eine heterogener zusammengesetzte Studierendenschaft" ausgeschrieben (BMBF 2010c). In der QPL-Projektdatenbank lassen sich aktuell, im Jahr 2015, 111 (!) Projekte unter den Stichworten Diversität/Heterogenität finden. 125 geförderte Projekte fokussieren die Studieneingangsphase, die sich als ein wesentliches Gestaltungsfeld im Umgang mit studentischer Heterogenität herauskristallisiert hat (Datenbank: www.qualitätspakt-lehre.de/de/3013.php, Zugriff: 05.03.2015).

Die gestiegene Bedeutung des Themas für die Hochschulen und die allgemeine bildungspolitische Diskussion waren Anlass zur Verfassung des vorliegenden Buches. Ziel war es, interessierten Akteurinnen und Akteuren aus Hochschulen und anderen Bildungsinstitutionen eine auf Hochschulen bezogene Einführung in die Thematik des Diversity-Management-Ansatzes sowie praktische Anregungen für die Etablierung von Diversity-Management-Maßnahmen zu geben – sei es auf der Ebene einzelner, fokussierter Projekte und Programme oder auf der Ebene der Entwicklung einer Gesamtstrategie. Da sich die Adressierung von Vielfalt und Heterogenität in einer Hochschule auf viele Felder und Prozesse beziehen kann, musste an dieser Stelle eine Auswahl getroffen werden. Vor allem die skizzierten Praxisbeispiele sind insofern als exemplarisch zu verstehen, sie könnten beliebig erweitert werden. Die Publikation hat jedoch ihr Ziel erreicht, wenn der Leser/die Leserin nach der Lektüre auf der Basis gestärkter theoretisch-methodischer Grundlagen in der Lage ist, zu entscheiden, ob und ggf. welche Maßnahmen des Diversity Managements für die eigene Bildungsinstitution sinnvoll sind. Die theoretische Herleitung in den Kapiteln 1 und 2, die Konkretisierung einzelner Handlungsfelder im Kapitel 3 und nicht zuletzt die Beschreibung des Prozesses, wie aus einem Handlungsfeld eine Strategie werden kann, liefert das Rüstzeug, mit dem sich Akteurinnen und Akteure des Diversity Managements in ihren Einrichtungen auf den Weg machen können. Deutlich wurde auch das Potenzial des Ansatzes, Beiträge zu unterschiedlichen strategischen Feldern wie der Lehre, der Internationalisierung, der Personalentwicklung und der Forschungsförderung zu leisten. Dabei ist daran zu erinnern, dass es nicht immer um eine „allumfassende Diversity-Management-Strategie" gehen muss, sondern Aktivitäten in unterschiedlichen Feldern und Strategien unterschiedlicher Komplexität denkbar sind und sinnvoll sein können.

Allerdings sind die eingeschlagenen Wege immer wieder aufs Neue zu überprüfen. Wenn in der vorliegenden Publikation auch der mögliche positive Beitrag von Diversity Management für die Gestaltung von Studium und Lehre herausgestellt wurde, so muss doch abschließend festgehalten werden, dass es bisher an Studien zur Wirksamkeit vieler an den Hochschulen etablierter Diversity-Maßnahmen mangelt. Ein allgemeiner Bezugsrahmen für die theoretische Fundierung und empirische Überprüfung diversitätsbezogener Lehr- und Studienangebote steht bisher noch aus. Auch liegen noch keine verlässlichen Forschungsergebnisse zur Frage vor, welche Bedeutung einerseits sozialen, andererseits individuellen Differenzen im Bedingungsgefüge eines erfolgreichen Studiums zukommt. Ansätze, ein Monitoring für Diversität und Diversitätsmanagement an Hochschulen zu entwickeln, stehen vor verschiedenen Herausforderungen. Zum einen mangelt es in der deutschen Hochschulstatistik an verfügbaren und vergleichbaren Daten zum Hintergrund der Studierenden und zu ihrem Studienverlauf. Zum anderen bedarf es neben quantitativer Daten auch qualitativer Untersuchungen zur Nutzung und zu den Auswirkungen von diversitätsbezogenen Angeboten. Hier sind Desiderate für die zukünftige Forschung zu Diversität und zum Diversity Management zu sehen.

Zudem ist zu berücksichtigen, dass Forderungen nach diversitäts- und potenzialorientierter Lehre häufig mit den Rahmenbedingungen der Institution Hochschule kollidieren. Ein konstruktiver Umgang mit Diversität und Heterogenität erfordert in der Regel stärker individualisierte Ansätze, die jedoch in Zeiten steigender Studierendenzahlen und Gruppengrößen bei gleichzeitig gesunkener Grundfinanzierung von Hochschulen leicht an Grenzen stoßen. Auch in den universitären „Belohnungssystemen" steht die individualisierte Lehre (wie auch Lehre allgemein) bisher nicht im Zentrum der Aufmerksamkeit. In der öffentlichen Hochschulfinanzierung spielt die Frage, *welche* Studierenden zu einem akademischen Abschluss gebracht werden, bisher keine Rolle – anders als z.B. in Großbritannien, Australien, Brasilien und einigen anderen Ländern. Den Ergebnissen der Bildungsforschung zu den Prädiktoren von Studienerfolg folgend, wäre es daher möglicherweise für eine einzelne Hochschule kurzfristig rationaler, sich auf die Gewinnung von Studieninteressierten mit sehr guten Abiturnoten und aus akademischen Elternhäusern und damit eine homogene Studierendenschaft zu konzentrieren, anstatt bspw. die Öffnung der Hochschule für neue Zielgruppen und Bildungsgerechtigkeit für Bildungsaufsteiger/-innen ins Zentrum der (Diversity-) Strategie zu stellen. Analog könnte die gut erforschte Tendenz zur „homosozialen Kooptation" bei der Personalgewinnung durch den Wunsch nach Komplexitätsreduktion zu erklären sein. Gesamtgesellschaftlich betrachtet dürfte dies jedoch in einer bunter gewordenen Gesellschaft und an vielfältiger gewordenen Hochschulen keine angemessene Strategie sein. Sie verkennt zudem die Chancen, die für uns alle darin liegen, uns durch die Begegnung mit vielfältigen Perspektiven und der Auseinandersetzung mit dem „Anderen" weiterzuentwickeln.

Anhang

6   Internetadressen

- ANKOM-Initiative des BMBF:
  http://ankom.his.de
- Audit familiengerechte hochschule der berufundfamilie gGmbH:
  http://www.beruf-und-familie.de
- Audit „Vielfalt gestalten":
  http://www.wissenschaft.nrw.de/fileadmin/Medien/Dokumente/Broschueren/Abschlusspublikation_Workshopreihe_Diversity.pdf
- 5. Bildungsbericht 2014 der Autorengruppe Bildungsberichterstattung:
  http://www.bildungsbericht.de/zeigen.html?seite=11123
- Forschungsorientierte Gleichstellungsstandards der DFG:
  http://www.instrumentenkasten.dfg.de/
- Gender-sensible Studieninhalte:
  http://www.gender-curricula.com
- HBS-Arbeitspapier „Ungleichheiten und Benachteiligungen im Hochschulstudium":
  http://www.boeckler.de/pdf/p_arbp_202.pdf
- Leuvener Kommuniqué im Rahmen des Bologna-Prozesses:
  http://europa.eu/legislation_summaries/education_training_youth/lifelong_learning/c11088_de.htm
- Lissabon-Konvention (deutsche Ratifikation):
  http://www.hrk.de/fileadmin/redaktion/hrk/02-Dokumente/02-07-Internationales/02-07-05-Mobilitaet-und-Anerkennung/lissabonkonvention.pdf
- Mentoring-Programme in Deutschland:
  http://www.forum-mentoring.de/
- Methodenpool der Universität Köln zur Arbeit an Diversity-gerechten Lehr-/Lernformen:
  http://methodenpool.uni-koeln.de
- 20. Sozialerhebung des Deutschen Studentenwerks:
  http://www.studentenwerke.de/sites/default/files/01_20-SE-Hauptbericht.pdf
- Zentrum für Kompetenzentwicklung in Diversity Management in Studium und Lehre (KomDim):
  http://www.komdim.de

7   Schlüsselwortverzeichnis

8 Glossar

Allgemeines Gleichbehandlungsgesetz (AGG)
ist die seit 2006 geltende bundesgesetzliche Grundlage, die Benachteiligungen/Diskriminierungen aus Gründen der Rasse, der ethnischen Herkunft, des Geschlechts, der Religion oder Weltanschauung, einer Behinderung, des Alters oder der sexuellen Identität verbietet.

Alter
ist eine Kerndimension von Diversity und beschreibt in diesem Sinne die unterschiedliche Einstufung von Personen in Lebensphasen. Das Alter ist Träger biologischer, medizinischer, entwicklungspsychologischer, anthropologischer, religiöser, kultureller und sozialer Zuschreibungen.

Barrierefreiheit
bedeutet im Grundsatz, dass niemand von der Nutzung einer Sache, einer Dienstleistung oder eines Inhalts ausgeschlossen werden darf. Zunächst handelt es sich dabei um den Zugang zu Gebäuden, Verkehrsmitteln, Websites oder Publikationen, in erster Linie für körperlich, psychisch und geistig beeinträchtigte Menschen. Begrifflich wurde im Deutschen auch der Begriff „behindertengerecht" benutzt. Barrierefreiheit geht jedoch in seiner Bedeutung darüber hinaus. Sie kann auch auf andere benachteiligte Gruppen und den problemlosen Zugang zu den o.g. Bereichen erweitert werden.

Behinderung
ist eine Kerndimension von Diversity und gemäß des Sozialgesetzbuchs IX definiert: „Menschen sind behindert, wenn ihre körperliche Funktion, geistige Fähigkeit oder seelische Gesundheit mit hoher Wahrscheinlichkeit länger als sechs Monate von dem für das Lebensalter typischen Zustand abweichen und daher ihre Teilhabe am Leben in der Gesellschaft beeinträchtigt ist. Sie sind von der Behinderung bedroht, wenn die Beeinträchtigung zu erwarten ist" (lt. § 2 des SGB IX). Menschen sind laut § 2 Abs. 2: „.... schwerbehindert, wenn bei ihnen ein Grad der Behinderung von mindestens 50 vorliegt."

Bildungsgerechtigkeit
ist ein politisch-philosophischer Begriff, der fordert, dass für jedes Individuum unabhängig vom Vorhandensein herkunftsbezogenen ökonomischen, sozialen und kulturellen Kapitals bei gleichem Talent gleiche Chancen und Zugänge zu Bildung ermöglicht werden.

Bologna-Prozess
ist der zentrale gesamteuropäische Hochschulreform-Prozess der 2000er Jahre. Insgesamt 47 Staaten (Stand: 2014) sind an der Schaffung eines europäischen Hochschulraums beteiligt und verständigen sich seit 1997 auf Kernziele und -prozesse.

Chancengleichheit
bezeichnet eine sozialpolitische Maxime, die für alle Bürgerinnen und Bürger unabhängig von Herkunft, Alter, Geschlecht, Rasse, sexueller Orientierung oder Behinderung das Recht auf gleiche Lebens- und Sozialchancen in Ausbildung und Beruf fordert. Die

Maxime fordert für alle zumindest gleiche Startchancen, d.h. Zugang zu allen Bildungs- und Ausbildungsgängen und ggf. eine materielle Unterstützung, um diese wahrnehmen zu können. Chancengleichheit setzt damit den Schwerpunkt auf die individuellen Ausgangsbedingungen und das Bildungsangebot und grenzt sich damit auch von Forderungen ab, die an Ergebnisgleichheit orientiert sind.

Change-Management
ist eine Managementtheorie, bei der umfassende strategische, strukturelle, verhaltens- oder systembezogene Veränderungen gesteuert und aktiv gestaltet werden.

Demografischer Wandel
bezeichnet eine Veränderungstendenz in der Bevölkerungsstruktur. In Deutschland sind damit im Wesentlichen die absehbaren Veränderungen hin zu einer älter (weniger Kinder, weniger Erwerbspersonen, mehr Rentner), zunehmend bunter (migrationsbedingt) und in Summe weniger (Bevölkerungsschrumpfung) werdenden Gesellschaft gemeint. Der demografische Wandel hat weltweit, aber auch regional recht unterschiedliche Wirkungen.

Diskriminierung
ist eine merkmalsspezifische Benachteiligung oder Herabwürdigung von Individuen oder Gruppen. Soziale Diskriminierung im engeren Sinne ist die rein kategorische Benachteiligung von Personen aufgrund einer (meist negativen) Beurteilung. Ausgangspunkt jeder Diskriminierung kann eine Bewertung von Personen anhand von tatsächlichen oder zugeschriebenen gruppenspezifischen Merkmalen sein. Man unterscheidet zwischen unmittelbarer und mittelbarer Diskriminierung.

Diversity/Diversität
lässt sich mit Verschiedenheit, Ungleichheit, Andersartigkeit, Heterogenität, Vielfalt oder auch Individualität übersetzen.

Diversity Management
bezeichnet die Anerkennung und Nutzbarmachung von Vielfalt in Unternehmen und Organisationen.

Diversity-Merkmale/-dimensionen
sind Verschiedenheits- und Gemeinsamkeitsdimensionen von Menschen, die sich nach Merkmalsgruppen kategorisieren lassen. Die sechs persönlichkeitsbestimmenden Hauptmerkmale von Diversity sind: Alter, Behinderung (Physische Fähigkeit), Ethnie (Nationalität), Geschlecht, Sexuelle Orientierung und Religion (Weltanschauung). Im Rahmen des Diversity Managements an Hochschulen werden häufig spezifische Dimensionen wie Bildungshintergrund oder soziale Herkunft adressiert.

Diversity Monitoring
ist die wiederkehrende systematische Erfassung, Beobachtung, Überwachung und Reflexion von Diversity-Merkmalen und -Kennzahlen in einer Organisation mit dem Ziel, Veränderungseffekte nachzuvollziehen und ggf. einen Maßnahmenerfolg abzuleiten.

Dritter Bildungsweg

bezeichnet die Aufnahme des Studiums ohne Hochschulzugangsberechtigung (Abitur). Der Terminus lehnt sich an den „Zweiten Bildungsweg" an, bei dem die Hochschulzugangsberechtigung nach erfolgtem Berufseinstieg nachgeholt wird.

Ethnie/ethnische Herkunft

ist eine Kerndimension von Diversity und bezeichnet eine Gruppe von Menschen, denen eine kollektive kulturelle Identität zugesprochen wird, die sich beispielsweise durch Sprache, Riten/Bräuche oder Territorialgrenzen herausgebildet hat.

Gender

ist eine Kerndimension von Diversity. Die Genderforschung unterscheidet zwischen dem biologischen Geschlecht (engl. „sex") und dem soziokulturellen Geschlecht (engl. „gender"). Gender unterstreicht daher die soziale Konstruktion des „Geschlechts".

Gender Mainstreaming

ist eine langfristige Strategie zur Förderung der Gleichstellung zwischen Frauen und Männern. Gender Mainstreaming bedeutet, in allen Planungs- und Entscheidungsprozessen von vornherein Geschlechter- und Gleichstellungsaspekte zu beachten und für deren Umsetzung Verantwortung zu übernehmen.

Gender-Pay-Gap

(deutsch: geschlechtsspezifische Lohnlücke) bezeichnet die empirisch belegbaren gehaltsbezogenen Differenzen zwischen dem Einkommen von Frauen und Männern. Man unterscheidet den unbereinigten und den (um Ausstattungseffekte) bereinigten Gender-Pay-Gap. Ziel der Differenzierung ist es, den Anteil des Gender-Pay-Gaps zu ermitteln, der auf eine Diskriminierung von Frauen auf dem Arbeitsmarkt zurückzuführen ist.

Habitus

ist ein soziologischer Begriff, der das Auftreten und Benehmen eines Menschen, die Summe seiner beobachtbaren Verhaltensformen beschreibt. Am Habitus eines Menschen lässt sich sein gesellschaftlicher/sozialer Rang bzw. seine Zugehörigkeit zu gesellschaftlichen Gruppen erkennen.

Inklusion

ist ursprünglich ein Begriff aus der soziologischen Systemtheorie und der Ungleichheitsforschung. Als bildungspolitische Leitidee wurde er erstmals in der Salamanca-Resolution im Jahr 1994 ausgerufen. Inklusive Bildung wird häufig vordergründig mit der Teilhabe von Menschen mit Behinderung am Bildungssystem assoziiert, meint jedoch weitergehend die Reflexion und den Abbau von Barrieren, Diskriminierung und Exklusion unterschiedlicher Gruppen und entsprechend die individuell notwendige Unterstützung jedes Einzelnen im Bildungsverlauf.

Intersektionalität

ist ein analytischer sozialwissenschaftlicher Begriff, der die Überschneidung von Diversitäts- und/oder Diskriminierungsmerkmalen in einer Person bezeichnet. Das Konzept basiert auf der Erkenntnis, dass soziale Kategorien wie Gender, Ethnizität, Nation oder Klasse nicht isoliert voneinander konzeptualisiert werden können, sondern in ihren ‚Verwobenheiten' oder ‚Überkreuzungen' (eng. „intersections") analysiert werden müssen.

Lehr-/Lernformen

sind methodische Gesamtkonstellationen zwischen Lehrperson, Lernerinnen und Lernern und Lernumgebung, die einen Lernprozess gestalten.

Lissabon-Konvention

Die Lissabon-Konvention, amtlich Übereinkommen über die Anerkennung von Qualifikationen im Hochschulbereich in der europäischen Region, ist ein 1997 geschlossener völkerrechtlicher Vertrag über die Anerkennung von Studienqualifikationen, hochschulischen Studienleistungen und Studienabschlüssen aus allen Ländern des Geltungsbereichs. 53 Staaten haben den Vertrag (Stand: März 2015) ratifiziert.

Mentoring

ist eine auf Wissens- und Erfahrungstransfer ausgelegte Lernbeziehung einer/s Mentor/in/s und eines/r Mentee. Ziel ist die Unterstützung des/r Mentee in einem Entwicklungsprozess sowie das wechselseitige Lernen voneinander. Schwerpunkte können sowohl formale als auch informelle Wissens- und Erfahrungsbestände sein.

Nichttraditionelle Studierende

sind im weitesten Sinne alle Personen, die zu den bis dato unterrepräsentierten Studierenden gehören und von Bildungsexpansion bzw. einer bewusst gestalteten Durchlässigkeit des Bildungssystems profitieren. Im engeren Sinne bezeichnet der Begriff Studierende ohne traditionelle Hochschulzugangsberechtigung.

New Public Management

ist ein Steuerungsansatz in der Öffentlichen Verwaltung, der auch unter dem Begriff Neues Steuerungsmodell bekannt ist.

Religion

ist eine Kerndimension von Diversity und bezeichnet eine Vielzahl kultureller Phänomene, die das Denken, Handeln und Fühlen von Menschen normativ beeinflussen und zu einem geschlossenen sinngebenden Wertesystem fügbar sind, das über Gottheiten, Symbole und Figuren repräsentiert wird.

Sexuelle Orientierung

ist eine Kerndimension von Diversity und kennzeichnet ein andauerndes Muster emotionaler, zuneigungsbasierter, sexueller und romantischer Anziehung eines Menschen zum Geschlecht eines möglichen Partners bzw. einer möglichen Partnerin. Gegenüber sexuellem Verhalten unterscheidet sie sich durch den Bezug auf Gefühle und Selbstkonzept.

Soziale Herkunft

ist ein für Chancengleichheit und Bildungsgerechtigkeit wesentliches Diversity-Merkmal, das nicht zu den klassischen Kerndimensionen zählt, jedoch in hochschulischen Diversity-Konzepten vielfach Aufmerksamkeit erfährt. Es bezeichnet das sozialkulturelle Erbe, die milieu- bzw. schichtspezifische Verortung eines Menschen durch die Betrachtung der Lebenssituation der Eltern.

Vereinbarkeit, Familie/Beruf und Studium
bedeutet die Möglichkeit, mehrere Lebensbereiche – insbesondere Familie mit Studi-um und/oder Beruf – gleichzeitig realisieren zu können. Bezogen auf Hochschulen geht es darum, sich als Studierende/r einerseits dem Studium zuwenden zu können und die Rollenerwartungen an Studierende zu erfüllen und sich anderseits auch Kindern bzw. Familie widmen zu können und die damit verbundenen Rollenerwartungen als Mutter/Vater oder Familienmitglied zu erfüllen oder aber im Falle der Vereinbarkeit von Stu-dium und Beruf auch die Rollenerwartungen einer/s Arbeitsnehmer/in/s zu erfüllen. Analoge Anforderungen stellen sich für Beschäftigte der Hochschulen mit Familienauf-gaben.

Work-Life-Balance
ist ein für jeden Menschen nach individuellen Kriterien/Erwartungen zu definieren-des Gewichteverhältnis zwischen Arbeits- und Privatleben, das es der Person möglich macht, ihre unterschiedlichen Rollen/-erwartungen zu leben und ohne massive Rollen-konflikte zu gestalten.

9   Literatur

Acker, J. (2006): Inequality Regimes. Gender, Class and Race in Organizations. In: Gender & Society, vol. 20 no. 4, S. 441–464.

Allen, D. K. (2003): Organizational climate and strategic change in higher education: Organizational insecurity. In: Higher Education, 46 (1), S. 61–92.

Altenschmidt, K./Miller, J. (2010): Service Learning in der Hochschuldidaktik. In: Auferkorte-Michaelis, N./Ladwig, A./Stahr, I. (Hg.): Hochschuldidaktik für die Lehrpraxis. Interaktion und Innovation für Studium und Lehre an der Hochschule. Opladen & Farmington Hills: Budrich Uni Press, S. 68–79.

Altenschmidt, K./Miller, J./Stark, W. (Hg.) (2009): Raus aus dem Elfenbeinturm? Entwicklungen in Service Learning und bürgerschaftlichem Engagement an deutschen Hochschulen. Weinheim/Basel: Beltz.

Andresen, S./Koreuber, M./Lüdke, D. (Hg.) (2009): Gender und Diversity: Albtraum oder Traumpaar? Interdisziplinärer Dialog zur „Modernisierung" von Geschlechter- und Gleichstellungspolitik. Wiesbaden: VS Verlag für Sozialwissenschaften.

Antidiskriminierungsstelle des Bundes (Hg.) (2011): Diskriminierungsfreie Hochschule. Mit Vielfalt Wissen schaffen. Erster Projektbericht, 2010/2011, erstellt von Czock, H./Donges, D./Heinzelmann, S. Antidiskriminierungsstelle des Bundes, Berlin.

Antidiskriminierungsstelle des Bundes (Hg.) (2012): Diskriminierungsfreie Hochschule – Mit Vielfalt Wissen schaffen, Endbericht zum Projekt, erstellt von Czock, H./Donges, D./Heinzelmann, S. Antidiskriminierungsstelle des Bundes, Berlin.

Antidiskriminierungsstelle des Bundes (Hg.) (2013): Leitfaden Diskriminierungsschutz an Hochschulen. Ein Praxisleitfaden für Mitarbeitende im Hochschulbereich. Antidiskriminierungsstelle des Bundes, Berlin.

Aretz, H.-J./Hansen, K. (2003): Erfolgreiches Management von Diversity. In: Zeitschrift für Personalforschung, 17. Jg. H. 1, S. 9–35.

Armutat, S. et al. (Hg.) (2009): Lebensereignisorientiertes Personalmanagement – eine Antwort auf die demografische Herausforderung. Bielefeld: WBV.

Ashcroft, B./Griffiths, G./Tiffin, H. (2002): The Empire Writes Back. London: Routledge.

Auferkorte-Michaelis, N./Stahr, I./Schönborn, A./Fitzek, I. (Hg.) (2009): Gender als Indikator für gute Lehre. Erkenntnisse, Konzepte und Ideen für die Hochschule. Opladen/Farmington Hills: Budrich Uni Press.

Autorengruppe Bildungsberichterstattung (2012): Bildung in Deutschland 2012. Ein indikatorengestützter Bericht mit einer Analyse zur kulturellen Bildung im Lebenslauf. Bielefeld: Bertelsmann.

Autorengruppe Bildungsberichterstattung (2014): Bildung in Deutschland 2014. Ein indikatorengestützter Bericht mit einer Analyse zur Bildung von Menschen mit Behinderungen. Bielefeld: Bertelsmann.

Axeli-Knapp, G. (2012): Verhältnisbestimmungen: Geschlecht, Klasse, Ethnizität in gesellschaftstheoretischer Perspektive. In: Axeli-Knapp, G.: Im Widerstreit. Feministische Theorie in Bewegung. Wiesbaden: VS-Verlag/Springer, S. 429–460.

Badura, B. (2004): Wettbewerbsfaktor Work-Life-Balance. Berlin: Springer.

Badura, B./Münch, E./Ritter, W. (1997): Partnerschaftliche Unternehmenskultur und betriebliche Gesundheitspolitik. Fehlzeiten durch Motivationsverlust. Gütersloh: Verlag Bertelsmann-Stiftung.

Baltes, A./Hofer, M./Sliwka, A. (Hg.) (2007): Studierende übernehmen Verantwortung: Service Learning an deutschen Universitäten. Weinheim: Beltz.

Banscherus, U./Gulbins, A./Himpele, K./Staack, S. (2009): Der Bologna-Prozess zwischen Anspruch und Wirklichkeit. Eine Expertise im Auftrag der Max-Traeger-Stiftung. Frankfurt a. M.: Gewerkschaft Erziehung und Wissenschaft.

Bargel, H./Bargel, T. (2010): Ungleichheiten und Benachteiligungen im Hochschulstudium aufgrund der sozialen Herkunft der Studierenden. Arbeitspapier 202. Düsseldorf: Hans-Böckler-Stiftung.

Bartsch, G. (2009): Wie kommt Service Learning in die Hochschule? – Implementierungsstrategien. In: Altenschmidt, K./Miller, J./Stark, W. (Hg.). Raus aus dem Elfenbeinturm: Hochschullehre im Spannungsfeld von Forschung, Praxis und gesellschaftlichem Engagement. Weinheim/Basel: Beltz.

Barzantny, A. (2008): Mentoring-Programme für Frauen. Maßnahmen zu Strukturveränderungen in der Wissenschaft. Wiesbaden: VS Verlag für Sozialwissenschaften.

Becker, R./Kortendiek, B. (Hg.) (2010): Handbuch Frauen- und Geschlechterforschung: Theorie, Methoden, Empirie. 3. Auflage. Wiesbaden: VS Verlag für Sozialwissenschaften.

Bendl, K./Holzer, D./Jütte, W./Schäfer, E./Schilling, A. (2006): Wissenschaftliche Weiterbildung im Kontext des Bologna-Prozesses – Ergebnisse einer internationalen Studie zur Neubestimmung des Verhältnisses von grundständigem Studium und wissenschaftlicher Weiterbildung im Rahmen des Bologna-Prozesses. Jena: Garamond.

Bendl, R./Hanappi-Egger, E./Hofmann, R. (Hg.) (2004): Interdisziplinäres Gender- und Diversitätsmanagement. Einführung in Theorie und Praxis. Wien.

Bertold, C./Meyer-Guckel, V./Rohe, W. (Hg.) (2010): Mission Gesellschaft. Engagement und Selbstverständnis der Hochschulen. Ziele, Konzepte, internationale Praxis. Essen: Edition Stifterverband.

Bloch, R./Burkhardt, A. (2010): Arbeitsplatz Hochschule und Forschung für wissenschaftliches Personal und Nachwuchskräfte. Düsseldorf: Hans-Böckler-Stiftung (Arbeitspapiere 207). http://www.boeckler.de/pdf/p_arbp_207.pdf. (Zugriff: 06.03.2015).

Bloch, R./Burkhardt, A./Franz, A./Schulze, H./Schuster, R. (2010): Entwicklung und Reform der Struktur des wissenschaftlichen Hochschulpersonals. In: Pasternack, P. (Hg.): Relativ prosperierend. Sachsen, Sachsen-Anhalt und Thüringen: Die mitteldeutsche Region und ihre Hochschulen. Leipzig: Akademische Verlagsanstalt, S. 109–175.

BMBF (Hg.) (2010): Die wirtschaftliche und soziale Lage der Studierenden in der Bundesrepublik Deutschland 2009, 19. Sozialerhebung des Deutschen Studentenwerks durchgeführt durch HIS Hochschul-Informations-System von Isserstedt, W./Middendorff, E./Kandulla, M./Borchert, L./Leszczensky, M. Bonn/Berlin.

BMBF (Hg.) (2010b): Internationalisierung des Studiums – Ausländische Studierende in Deutschland – Deutsche Studierende im Ausland. Ergebnisse der 19. Sozialerhebung des Deutschen Studentenwerks durchgeführt durch HIS Hochschul-Informations-System. Bonn/Berlin.

BMBF (2010c): Richtlinien zur Umsetzung des gemeinsamen Programms des Bundes und der Länder für bessere Studienbedingungen und mehr Qualität in der Lehre. http://www.qualitaetspakt-lehre.de/_media/Programm-Lehrqualitaet-BMBF-Richtlinien.pdf (Zugriff: 06.03.2015).

BMBF (Hg.) (2013): Die wirtschaftliche und soziale Lage der Studierenden in der Bundesrepublik Deutschland 2012, 20. Sozialerhebung des Deutschen Studentenwerks durchgeführt durch das HIS-Institut für Hochschulforschung von Middendorff, E./Apolinarski, B./Poskowsky, J./Kandulla, M./Metz, N. Bonn/Berlin.

BMFSFJ (Hg.) (2011): Neue Wege – Gleiche Chancen. Gleichstellung von Frauen und Männern im Lebensverlauf. Erster Gleichstellungsbericht. Bundestagsdrucksache 17/6240. Berlin.

Bode, J./Jäger, G./Koch, U./Ahrberg, F. (2008): Instrumente zur Rekrutierung internationaler Studierender. Ein Praxisleitfaden für erfolgreiches Hochschulmarketing, hg. von Gate Germany. Bielefeld: Bertelsmann.

Böhne, A. (2009): Lebensereignisse im Überblick. In: Armutat, S. et al. (Hg.): Lebensereignisorientiertes Personalmanagement – eine Antwort auf die demografische Herausforderung. Bielefeld: WBV, S. 40–51.

Bogumil, J./Heinze, R. G. (2009): Neue Steuerung von Hochschulen: Eine Zwischenbilanz. Berlin: Edition Sigma.

Bourdieu, P. (1997): Zur Genese der Begriffe Habitus und Feld. In: ders.: Der Tote packt den Lebenden. Hamburg: VSA-Verlag.

Bourdieu, P./Wacquant. L. (1996): Reflexive Anthropologie. Frankfurt a.M.: Suhrkamp.

Budäus, D./Finger, St. (1999): Stand und Perspektiven der Verwaltungsreform in Deutschland. In: Die Verwaltung, Heft 3, S. 313–34.

Burkhardt, A. (Hg.) (2008): Wagnis Wissenschaft. Akademische Karrierewege und das Fördersystem in Deutschland. Leipzig: Akademische Verlagsanstalt.

Center of Exzellence Women and Science (CEWS) (Hg.) (2008): Wissenschaftlerinnen mit Migrationshintergrund, cews.publik no 12.

CHE-Consult (2012): CHE Diversity Report: Der Gesamtbericht. Herausgegeben von Berthold, Ch./Leichsenring, H.: www.che-consult.de/services/diversity-report (Zugriff: 06.03.2015).

Cohen, M. D./March, J. G./Olsen, J. P. (1972): A Garbage Can Model of Organizational Choice. In: Administrative Science Quarterly 17, S. 1–25.

Cox, T. H. (1991): The multicultural organisation. In: Academy of Management Executive, Vol. 5, No. 2, S. 34–47.

Cox, T. H./Blake, S. (1991b): Managing cultural diversity: implications for organizational competitiveness. In: Academy of Management Executive, Vol. 5, No. 3, S. 45–56.

Crenshaw, K. (1989): Demarginalizing the Intersection of Race and Sex: A Black Feminist Critique of Antidiscrimination Doctrine. In: The University of Chicago Legal Forum, S. 139–167.

Crenshaw, K. (1991): Mapping the Margins: Intersectionality, Identity Politics, and Violence against Women of Color. In: Stanford Law Review, Vol. 43, No. 6, S. 1241–1299.

Daimler AG (2010): Nachhaltigkeitsbericht 2009. Stuttgart.

Dass, P./Parker, B. (1999): Strategies for Managing Human Resource Diversity: From Resistance to Learning. In: Academy of Management Executive, Vol. 13, No. 2, S. 68–80.

De Ridder, D./Jorzik, B. (Hg.) (2012): Vielfalt gestalten. Kernelemente eines Diversity-Audits für Hochschulen, Stifterverband für die Deutsche Wissenschaft. Essen.

Deutsches Studentenwerk (Hg.) (2012): beeinträchtigt studieren. Datenerhebung zur Situation Studierender mit Behinderung und chronischer Krankheit 2011. Berlin.

Deutsches Studentenwerk (Hg.) (2013): Studium und Behinderung. Praktische Tipps und Informationen für Studieninteressierte und Studierende mit Behinderung/ chronischer Krankheit, 7. Auflage. Berlin.

Dieter, M. (2012): Studienabbruch und Studienfachwechsel in der Mathematik: Quantitative Bezifferung und empirische Untersuchung von Bedingungsfaktoren. Dissertation. Universität Duisburg-Essen.

Doran, G. T. (1981): There's a S.M.A.R.T. way to write management's goals and objectives. In: Management Review, Volume 70, Issue 11(AMA FORUM), S. 35–36.

El-Mafaalani, A. (2012): BildungsaufsteigerInnen aus benachteiligten Milieus. Habitustransformation und soziale Mobilität bei Einheimischen und Türkeistämmigen. Wiesbaden: VS Verlag für Sozialwissenschaften.

Euler, D./Seufert, S. (2005): Von der Pionierphase zur nachhaltigen Implementierung – Facetten und Zusammenhänge einer pädagogischen Innovation. In: Euler, D./Seufert, S. (Hg.): E-Learning in Hochschulen und Bildungszentren. München: Oldenbourg.

Feldman, D. C. (1981): The multiple sozialization of organization members. In: Academy of Management Review, Volume 6, S. 309 ff.

Fine, M. G. (1995): Building Successful Multicultural Organizations: Challenges and Opportunities. Westport, CT: Quorum Books.

Fischer, H. (2012): Rechtliche Gleichgültigkeit – Lebenslanges Lernen im Spiegel gesetzlicher Vorgaben. In: Kerres, M./Hanft, A./Wilkesmann, U./Wolff-Bendik, K. (Hg.) (2012): Studium 2020. Positionen und Perspektiven zum lebenslangen Lernen an Hochschulen. Münster/New York/München/Berlin: Waxmann, S. 13–20.

Flüter-Hoffmann, C. (2010a): Der Weg aus der Demografie-Falle – Lebenszyklusorientierte Personalpolitik. In: Naegele, G. (Hg.): Soziale Lebenslaufpolitik. Wiesbaden: VS Verlag für Sozialwissenschaften, S. 411–428.

Flüter-Hoffmann, C. (2010b). Lebenszyklusorientierte Personalpolitik. In: Kaiser, S./Ringlstetter, M. J. (Hg.): Work-Life Balance: Erfolgversprechende Konzepte und Instrumente für Extremjobber. Berlin: Springer, S. 199–211.

Forschungszentrum Familienbewusste Personalpolitik (2008): Betriebswirtschaftliche Effekte einer familienbewussten Personalpolitik. Ergebnisse einer repräsentativen Unternehmensbefragung. Factsheet. http://www.beruf-und-familie.de/system/cms/data/dl_data/4d210737758372c653b0f2ba05a06dbf/Factsheet_BWL_Effekte_081105.pdf. (Zugriff: 06.03.2015)

Franzke, A./Gotzmann, H. (2006): Mentoring als Wettbewerbsfaktor für Hochschulen – Strukturelle Ansätze der Implementierung. Hamburg: Lit Verlag.

Frey, R. (2004): Entwicklungslinien. Zur Entstehung von Gender Mainstreaming in internationalen Zusammenhängen. In: Meuser, M/Neusüß, C. (Hg.): Gender Mainstreaming. Konzepte – Handlungsfelder – Instrumente. Bonn: Bundeszentrale für politische Bildung, S. 24–39.

Gardenswartz, L./Rowe, A. (1994): Diverse Teams at Work: Capitalizing on the Power of Diversity. Toronto: Irwin.

Gardenswartz, L./Rowe, A. (1998): Managing Diversity. A Complete Desk Reference and Planning Guide. New York: McGraw-Hill.

Grendel, T. (2012): Bezugsgruppenwechsel und Bildungsaufstieg. Zur Veränderung herkunftsspezifischer Bildungswerte. Wiesbaden: VS Verlag für Sozialwissenschaften.

Hamburger, F./Badawia, T./Hummrich, M. (Hg.) (2005): Migration und Bildung. Über das Verhältnis von Anerkennung und Zumutung in der Einwanderungsgesellschaft. Wiesbaden: Springer VS.

Hansen, K./Müller, U. (2003): Diversity in Arbeits- und Bildungsorganisationen. In: Belinszki, E./Hansen, K./Müller, U. (Hg.): Diversity Management. Best Practices im internationalen Feld. Münster: Lit Verlag, S. 9–60.

Heitzmann, D./Klein, U. (2012): Diversity konkret gemacht. Wege zur Gestaltung von Vielfalt an Hochschulen. Weinheim/Basel: Beltz.

Hellemacher, L. (2011): Gender-Pay-Gaps an Hochschulen. In: Die Neue Hochschule, H. 3/2011, S. 122–126.

Heublein, U./Spangenberg, H./Sommer, D. (2003): Ursachen des Studienabbruchs. HIS GmbH Hannover.

Hochschild, A. R. (2006): Keine Zeit. Wenn die Firma zum Zuhause wird und zu Hause nur Arbeit wartet. Opladen: Leske und Budrich.

Hochschulrektorenkonferenz (2008): Die deutschen Hochschulen in der Welt und für die Welt. Internationale Strategie der Hochschulrektorenkonferenz – Grundlage und Leitlinien. Entschließung der 4. Mitgliederversammlung am 18.11.2008. Bonn: HRK.

Hubbard, E. E. (2004): The Diversity Scorecard. Evaluating the Impact of Diversity on Organizational Performance. Burlington/Oxford.

Jacob, A. K. (2011): Beschäftigungsverhältnisse an Hochschulen. Ein problemorientierter Ländervergleich Deutschland – Norwegen. Dissertation.

Jehn, K./Northecraft, G./Neale, M. (1999). Why differences make a difference: A field study of diversity, conflict, and performance in work groups. In: Administrative Science Quarterly, 44(4), S. 741–763.

Johnston, W. B./Packer, A. H. (1987): Workforce 2000: Work and workers for the 21st century. Indianapolis: Hudson Institute.

Kaiser, E. (2004): Von der Diversity-Strategie zur Rendite – mit der Balanced Scorecard. In: Personal.Manager, H. 04, S. 8–10.

Kaplan, R. S./Norton, D. P. (1992): The Balanced Scorecard – Measures that drive performance. In: Harvard Business Review, No. 1, S. 71–79.

Kaplan, R. S./Norton, D. P. (1996): Using the Balanced Scorecard as a strategic management system. In: Harvard Business Review, No. 1, S. 75–85.

Kaplan, R. S./Norton, D. P. (2000): Having trouble with your strategy? Then map it. In: Harvard Business Review, No. 5, S. 167–176.

Kerres, M. (2001): Multimediale und telemediale Lernumgebungen. Konzeption und Entwicklung. München: Oldenbourg.

Kerres, M./Hanft, A./Wilkesmann, U. (2010): Lifelong Learning an Hochschulen – Neuausrichtung des Bildungsauftrages von Hochschulen. HSW 6, S. 183–186.

Kerres, M./Hanft, A./Wilkesmann, U. (2012): Schlussbetrachtung. In: Kerres, M./Hanft, A./Wilkesmann, U./Wolff-Bendik, K. (Hg.): Studium 2020. Positionen und Perspektiven zum lebenslangen Lernen an Hochschulen. Münster/New York/München/Berlin: Waxmann, S. 285–290.

Kerres, M./Hanft, A./Wilkesmann, U./Wolff-Bendik, K. (Hg.) (2012): Studium 2020. Positionen und Perspektiven zum lebenslangen Lernen an Hochschulen. Münster/New York/München/Berlin: Waxmann.

Kieser, A. (1990): Die Einführung neuer Mitarbeiter in das Unternehmen. Frankfurt a. M.: Luchterhand.

Klammer, U. et al. (2011): Gutachten der Sachverständigenkommission. In: BMFSFJ (Hg.): Neue Wege – Gleiche Chancen. Gleichstellung von Frauen und Männern im Lebensverlauf. Erster Gleichstellungsbericht. BT-Drucksache 17/6240 vom 16.06.2011. Berlin, S. 13–247.

Klein, U./Heitzmann, D. (Hg.) (2012): Hochschule und Diversity. Theoretische Zugänge und empirische Bestandsaufnahme. Weinheim und Basel: Beltz Juventa.

Klinger, C./Axeli-Knapp, G./Sauer, B. (Hg.) (2007): Achsen der Ungleichheit. Zum Verhältnis von Klasse, Geschlecht und Ethnizität. Frankfurt a.M./New York: Campus Verlag.

Koall, I./Bruchhagen, V./Höher, F. (Hg.) (2007): Diversity Outlooks. Managing Diversity zwischen Ethik, Profit und Antidiskriminierung. Hamburg: LiT Verlag.

Kolb, D. A. (1984): Experiential Learning. Englewood Cliffs, NJ.: Prentice Hall.

Kortendiek, B./Hilgemann, M./Niegel, J./Hendrix, U. (2013): Gender Report 2013. Geschlechter(un)gerechtigkeit an nordrhein-westfälischen Hochschulen. Studien Netzwerk Frauen- und Geschlechterforschung NRW Nr. 17. Essen: Netzwerk Frauen- und Geschlechterforschung NRW.

Kram, K. E./Hall, D. (1996): Mentoring in a context of diversity and turbulence. In: Managing Diversity: Human Resource strategies for Transforming the Workplace. Blackwell, Cambridge, MA, S. 108–136.

Kreft, A.-K./Leichsenring, H. (2012): Studienrelevante Diversität in der Lehre. In: Klein, U./Heitzmann, D. (Hrsg.), Hochschule und Diversity. Theoretische Zugänge und empirische Bestandsaufnahme. Weinheim und Basel: Beltz Juventa, S. 145–163.

Krell, G. (1996): Mono- oder multikulturelle Organisationen? „Managing Diversity" auf dem Prüfstand. In: Industrielle Beziehungen, 3. Jg., Heft 4, S. 334–350.

Krell, G. (2004): Managing Diversity: Chancengleichheit als Wettbewerbsfaktor. In: Krell, G. (Hg.): Chancengleichheit durch Personalpolitik. Gleichstellung von Frauen und Männern in Unternehmen und Verwaltungen. Rechtliche Regelungen – Problemanalysen – Lösungen. 4. Aufl. Wiesbaden: Gabler, S. 41–56.

Krell, G. (2008): Diversity Management: Chancengleichheit für alle und auch als Wettbewerbsfaktor. In: Krell, G. (Hg.): Chancengleichheit durch Personalpolitik. Gleichstellung von Frauen und Männern in Unternehmen und Verwaltungen. Rechtliche Regelungen – Problemanalysen – Lösungen. Wiesbaden: Gabler, S. 63–79.

Krell, G./Mückenberger, U./Tondorf, K. (2008): Gender Mainstreaming. Chancengleichheit (nicht nur) für Politik und Verwaltung. In: Krell, G. (Hg.): Chancengleichheit durch Personalpolitik. Gleichstellung von Frauen und Männern in Unternehmen und Verwaltungen. Rechtliche Regelungen – Problemanalysen – Lösungen. Wiesbaden: Gabler, S. 97–114.

Krell, G./Riedmüller, B./Sieben, B./Vinz, D. (Hg.) (2007): Diversity Studies. Grundlagen und disziplinäre Ansätze. Frankfurt a.M./New York: Campus Verlag.

Krumbiegel, J./Oechsler, W./Sinz, E. J./Vaanholt, S. (1995): Business Process Reengineering an der Universität. In: Personal, 47. Jg., H. 10, S. 526–533.

Lechner, A. (2009): Lebensereignisorientiertes Personalmanagement bei der Daimler AG. In: Gatermann, I./Fleck, M. (Hg.). Innovationsfähigkeit sichert Zukunft. Beiträge zum 2. Zukunftsforum Innovationsfähigkeit des BMBF. Berlin: Duncker & Humblot, S. 351–355.

Macha, H./Gruber, S./Struthmann, S. (2011): Die Hochschule strukturell verändern. Gleichstellung als Organisationsentwicklung an Hochschulen. Opladen/Farmington Hills: Budrich UniPress Ltd.

mehrwert – Agentur für Soziales Lernen gGmbH (2009): Do it! Learn it! Spread it! Praxisleitfaden Service Learning an Hochschulen.

Mense, L. (2010): Von der Frauenförderung über Gender Mainstreaming zum Diversity Management? In: Der Pädagogische Blick. Zeitschrift für Wissenschaft und Praxis in pädagogischen Berufen, Jg. 18, H. 2, S. 82–94.

Metz-Göckel, S./Möller, C./Auferkorte-Michaelis, N. (2009): Wissenschaft als Lebensform – Eltern unerwünscht? Kinderlosigkeit und Beschäftigungsverhältnisse des wissenschaftlichen Personals aller nordrhein-westfälischen Universitäten. Opladen/Farmington Hills: Barbara Budrich.

Mintzberg, H. (1979): The Structuring of Organizations. A Synthesis of the Research. Englewood Cliffs/New Jersey.

Mintzberg, H. (1987): The strategy concept: Five Ps for Strategy. In: California Management Review, Vol. 30, No. 1, S. 11–24.

Mintzberg, H./Ahlstrand, B. /Lampel, J. (1999): Strategy Safari. Eine Reise durch die Wildnis des Strategischen Managements. Wien.

Müller-Böling, D. (Hg.) (1998): Strategieentwicklung an Hochschulen. Gütersloh: Bertelsmann Stiftung.

Müller, N./Kupisch, T./Schmitz, K./Cantone, K. (2011): Einführung in die Mehrsprachigkeitsforschung. 3. Auflage. Tübingen: Narr Verlag.

Netzwerk Frauen- und Geschlechterforschung NRW (Hg.) (2012): Geschlechtergerechte Akkreditierung und Qualitätssicherung – eine Handreichung, Studien Netzwerk Frauen- und Geschlechterforschung NRW Nr. 14. Essen.

Nikutta, S. (2009). Ziele des lebensereignisorientierten Personalmanagements. In: Armutat, S. et al. (Hg.): Lebensereignisorientiertes Personalmanagement – eine Antwort auf die demografische Herausforderung. Bielefeld: WBV.

Pellert, A. (1995): Universitäre Personalentwicklung. Innsbruck: Studien Verlag.

Pellert, A. (1999): Die Universität als Organisation. Die Kunst, Experten zu managen. Wien/Köln/Graz.

Pellert, A. (2000): Expertenorganisationen reformieren. In: Hanft, A. (Hg.): Hochschulen managen? Zur Reformierbarkeit der Hochschulen nach Managementprinzipien. Hochschulwesen Wissenschaft und Praxis. Neuwied: Luchterhand Verlag, S. 39–55.

Pellert, A./Widmann, A. (2008): Personalmanagement in Hochschule und Wissenschaft. Münster: Waxmann.

Peus, C./Weisweiler, S./Frey, D. (2009): Coaching für Habilitand/innen am Beispiel der LMU München. In: OSC 16, S. 9–16.

Pfeifer, G. (2012): Flexibel, individuell, fachorientiert. Teilzeitstudium an der TU Darmstadt. In: HRK (Hg.): Diversität. Chancen erkennen – Vielfalt gestalten. www.nexus-de Herausforderung. Bielefeld: WBV, S. 32–40.

Plöger, L./Riegraf, B. (Hg.) (1998): Gleichstellungspolitik als Element innovativer Hochschulreform. Bielefeld: Kleine Verlag.

Prager Kommuniqué (2001): Auf dem Weg zum europäischen Hochschulraum. Kommuniqué des Treffens der europäischen Hochschulministerinnen und Hochschulminister, 19. Mai 2001. Prag, http://www.bmbf.de/pubRD/prager_kommunique.pdf. (Zugriff: 06.03.2015)

Prognos (2005): Work life balance. Motor für wirtschaftliches Wachstum und gesellschaftliche Stabilität. Berlin: BMFSFJ.

Quinlan, K. M. (1999): Enhancing mentoring and networking of junior academic women: what, why, and how? In: Journal of Higher Education Policy and Management, Vol. 21 No. 1, S. 31–42.

Reinders, H./Ditton, H./Gräsel, C./Gniewosz, B. (2011): Lehrbuch Empirische Bildungsforschung (2 Bde.). Wiesbaden: VS Verlag.

Richter, A. (2004): Portfolios als alternative Form der Leistungsbewertung. In: Berendt, B. (Hg.): Neues Handbuch Hochschullehre. Lehren und lernen effizient gestalten. (Losebl. Ausg.) Berlin: Raabe (H 4.2, S. 1–18).

Rieger, C. (2006): Die Diversity Scorecard als Instrument zur Bestimmung des Erfolgs von Diversity-Maßnahmen. In: Becker, M/Seidel, A: Diversity Management. Unternehmens- und Personalpolitik der Vielfalt. Stuttgart: Schäfer-Poeschel Verlag.

Roosevelt, T. (1990): From Affirmative Action to Affirming Diversity. In: Harvard Business Review, S. 107–117, http://intranet.library.arizona.edu/xf/mroc/documents/Thomas-Article-HarvardBusinessReview.pdf. (Zugriff: 30.05.2011).

Rosmanith, B./Backes, H. (2008): Work-Life-Balance und Familiengerechtigkeit. Beispiel Hochschule. Saarbrücken: Verlag Alma Mater.

Rühl, M./Armutat, S. (2009): Elemente eines lebensereignisorientierten Personalmanagements. In: Armutat, S. et al. (Hg.): Lebensereignisorientiertes Personalmanagement – eine Antwort auf die demografische Herausforderung. Bielefeld: WBV, S. 29–32.

Sandholtz, J./Ringstaff, C./Dwyer, D. (1997): Teaching with Technology. New York: Teachers College Press.

Schedler, K./Proeller, I. (2006): New Public Management. 3. Auflage. Bern/Stuttgart/Wien: Beltz Verlag.

Schein, Edgar H. (1985): Organizational Culture and Leadership. A Dynamic View. San Francisco: Jossey-Bass Publishers.

Schlüter, A./Winde, M. (Hg.) (2009): Akademische Personalentwicklung. Eine strategische Perspektive. Essen: Edition Stifterverband.

Schmidt H. G. (1983): Problem-based learning: Rationale and description. In: Medical Education 1983, 17, S. 11–16.In:

Scholle, A.-L. (2011): Minderjährige Studierende. Uni U 18. In: Der Tagesspiegel, 09.08.2011, http://www.tagesspiegel.de/wissen/minderjaehrige-studierende-uni-u-18/4481144.html (Zugriff 18.10.2014).

Schreyögg, G. (1989): Zu den problematischen Konsequenzen starker Unternehmenskulturen. In: Zeitschrift für betriebswirtschaftliche Forschung, Nr. 41/1989, S. 94–113.

Selent, P./Schürmann, R./Metz-Göckel, S. (2011): Arbeitsplatz Hochschule. Beschäftigungsbedingungen und Kinderlosigkeit des wissenschaftlichen Personals an Universitäten in Deutschland. In: Klammer, U./Motz, M. (Hg.): Neue Wege – Gleiche Chancen. Expertisen zum Ersten Gleichstellungsbericht der Bundesregierung. Wiesbaden: VS Verlag, S. 331–361.

Siebrecht, H.-J. (2009). Demografie – Drama oder Chance. Praxisbeispiel Daimler. In: Gatermann, I./Fleck, M. (Hg.): Innovationsfähigkeit sichert Zukunft. Beiträge zum 2. Zukunftsforum Innovationsfähigkeit des BMBF. Berlin: Ducker & Humblot, S. 201–205.

Simons, K./Hellemacher, L. (2009): W-Zulagen und Entgeltgleichheit an Hochschulen. In: Die Neue Hochschule, H. 4-5/2009, S. 14–15.

Sporer, T./Eichert, A./Brombach, J./Apffelstaedt, M./Gnädig, R./Starnecker, A. (2011): Service Learning an Hochschulen: das Augsburger Modell. In: Köhler, T./Neumann, J. (Hg.): Wissensgemeinschaften: Digitale Medien – Öffnung und Offenheit in Forschung und Lehre. Münster: Waxmann, S. 70–80.

Stahr, I. (2010): Mentoring und Diversity in Studium und Lehre – die Universität Duisburg-Essen gewinnt Profil. In: Der pädagogische Blick, 1, S. 1–5.

Statistisches Bundesamt (2014): Bildung und Kultur. Personal an Hochschulen. Fachserie 11. Reihe 4.4. Wiesbaden.

Stefaniak, A. (2002): „Alles, was Recht ist." Entgeltgleichheit durch diskriminierungsfreiere Arbeitsbewertung in Deutschland, Großbritannien und Österreich. Ergebnisse eines Forschungsprojektes. München: Hampp.

Streit, O. (1997): Strategische Planung an deutschen Universitäten, Univ. Diss. Dortmund.

Tannenbaum R./Schmidt, W. H. (1958): How to choose a leadership pattern. In: Harvard Business Review, 36/1958, S. 95–102.

Teichler, U. (2005): Hochschulstrukturen im Umbruch. Frankfurt a.M./New York: Campus.

Thomas, R. R. Jr. (1996): Redefining Diversity. New York: Amacom.

Thomas, D. A./Ely, J. E.(1996): Making difference matter. A new paradigm for diversity management, S. 79ff.

Tremmel, J./Bschaden, A./Wagermaier, A. (2014): Die wachsende Zahl der Senioren-studierenden in Deutschland unter dem Aspekt der Generationengerechtigkeit – Harmonie oder Konflikt? In: Tremmel, J. (Hg.), Generationengerechte und nach-haltige Bildungspolitik. Wiesbaden: Springer, S. 203–241.

Umans, T./Collin, S.-O./Tagesson, T. (2008): Ethnic and gender diversity, process and performance in groups of business students in Sweden. Intercultural Education, 19(3), S. 243–254.

UNESCO (2002): ICT in teacher education. A planning guide. Paris.

Vedder, G. (2006): Die historische Entwicklung von Managing Diversity in den USA und in Deutschland. In: Krell, G./Wächter, H. (Hg.): Diversity Management. Im-pulse aus der Personalforschung. München: Hampp, S. 1–23.

Vedder, G. (2009): Diversity Management. Grundlagen und Entwicklungen im interna-tionalen Vergleich. In: Andresen, S./Koreuber, M. /Lüdke, D. (Hg.): Gender und Diversity. Albtraum oder Traumpaar? Wiesbaden: VS Verlag für Sozialwissenschaf-ten, S. 111–131.

Volkwein, J. F. (1999): The Four Faces of Institutional Research from New Directions for Institutional Research, 104, S. 9–19.

Wank, R. (2009): Freibrief für Benachteiligung? Zum Einstellungsalter von Professoren. In: Forschung und Lehre, Jg. 16, H. 7, S. 504–506.

Wanous, J. P. (1992): Organizational entry. Recruitment, selection, orientation and so-cialization of newcomers. Reading, MA: Addison-Wesley.

Watson, W. E./Johnson, L./Merrit, D. (1998): Team orientation, self orientation and diversity i~~~ ¹   ...up & Organization Management, 23(2), S. 161–188.

Watson, W. E./ Johnson, L./ Zgourides, G. D. (2002): The influence of ethnic diversity on leadership, group process, and performance: An examination of learning teams. In: International Journal of Intercultural Relations, 26(1), S. 1–16.

Weick, K. E. (1976): Educational organizations as loosely coupled systems. In: Admin-istrative Science Quarterly, 21, S. 1–19.

Welsch, W. (2009): Was ist eigentlich Transkulturalität? In: Darowska, L./Machold, C. (Hg.): Hochschule als transkultureller Raum? Beiträge zu Kultur, Bildung und Dif-ferenz. Bielefeld: transcript, S. 39–66.

Wild, E./Becker, F./Stegmüller, R./Tadsen, W. (2010): Die Personaleinführung von Neuberufenen – systematische Betrachtungen zum Human Ressource Management von Hochschulen. In: Hochschulmanagement, 4, S. 98–104.

Wildt, J. (2002): Studienanfänger. Wie kann die Hochschule beim Übergang von Schule zu Hochschule helfen? In: Berendt, B./Voss, H.-P./Wildt, J. (Hg.): Neues Handbuch Hochschullehre. Lehren und Lernen effizient gestalten. Berlin: Raabe, S. 1–10.

Wissenschaftsrat (2010): Empfehlungen zur Differenzierung der Hochschulen. Lübeck: WR.

Wolter, A. (2006): Wissenschaftliche Weiterbildung und Bologna-Prozess: Randele-ment oder Entwicklungschance? In: Cendon, E./Marth, D./Vogt, H. (Hg.): Wis-senschaftliche Weiterbildung im Hochschulraum Europa. DGWF, Beiträge 44, S. 85–102.